目次

はじめに 社会にとって「趣味」とは何か　　北田暁大 7
テイストをめぐる文化社会学の方法規準

第1部　理論篇
テイストの社会学をめぐって

第1章 テイストはなぜ社会学の問題になるのか　　岡澤康浩 21
ポピュラーカルチャー研究における
テイスト概念についてのエッセイ

第2章 社会にとって「テイスト」とは何か　　北田暁大 45
ブルデューの遺産をめぐる一考察

第2部 分析篇①
「読む」
——テイストはいかに作用する/しないのか

第3章 読者たちの「ディスタンクシオン」
小説を読むことと
それが趣味であることの差異をめぐって
岡澤康浩
團 康晃
131

第4章 ライトノベル、ケータイ小説、古典小説を読む若者たち
ジェンダーとオタク/サブカル自認
岡沢 亮
159

第5章 マンガ読書経験とジェンダー
二つの調査の分析から
團 康晃
179

第3部	分析篇② 「アイデンティティ」 ――界を生きる	
第6章	「差別化という悪夢」から目ざめることはできるか？	工藤雅人 205
第7章	「おたく」の概念分析 雑誌における「おたく」の使用の初期事例に着目して	團 康晃 231
第8章	動物たちの楽園と妄想の共同体 オタク文化受容様式とジェンダー	北田暁大 261
Invitation	「趣味の／と文化社会学」のためのブックガイド	315
	文献一覧	327
あとがき	「ふつうの社会学」のために	北田暁大 341
	索引	353

●図表作成：天野誠、神保由香

はじめに 社会にとって「趣味」とは何か
テイストをめぐる文化社会学の方法基準

北田暁大

　日本語圏の出版業界を「サブカルチャー論」「オタク論」が席巻したのは、そんなに昔のことではない。1980年代頃から話題になり始めた「オタク」という言葉や「サブカル」という不可思議な趣味傾向のジャンル名は、他の言語圏ではあまりみられないような独自の進化を遂げ、批評家ばかりではなく、社会学者による「サブカル」「オタク」論も、一時期の勢いは失ったとはいえ、SNSなどネット言論の世界ではいまだ健在だ。社会学者や文化研究者による「サブカルチャー研究」は90年代以降ますます勢いを増し、かつて見田宗介や鶴見俊輔といった碩学がどこかぎこちない仕草で限界芸術、大衆文化を、マルクス主義の「大衆芸術論」「民衆芸術論」とは異なる形で語り、明確な反共産党の立場(『マチウ書試論』)から出発した吉本隆明が、大衆の原像を求めたあげくに、デザイナーズブランドを身にまとい『an an』に登場したのも、はるか昔のことのように思える。

　「知識人が大衆文化を肯定的に論じる」という語り口は、浅田彰や中沢新一らのニューアカデミズム(フランス現代思想や文化人類学・民俗学を中心とした難解な思想書がファッションとして流通した現象)を経て、90年代にはもはや、ことさらにひとを驚かせるようなものではなくなっていた。全共闘世代の気鋭の論客津村喬が、後に社会党の後押しを得て東久留米市の革新市長となった東京大学新聞研究所の稲葉三千男を「マンガを読めないひとがマンガを語るな」と揶揄してみせたのももうかれこれ40年前のことになる。90年代に入る頃には、どこか見下した視線で大衆文化を肯定的に論じる知識人の語り方は、陳腐なものとなっていたように思う。

　マンガやアニメをわざわざ「あえて」語るのではなく、率直に、自ら

のアイデンティティと不可分な形で論じる東浩紀の論壇への登場は、そうした知識人の欺瞞を明白にする出来事であった。彼は「あえて」などというアイロニーなく、ひとりのオタクとして、オタク文化を括弧を外して論じた。鶴見や吉本、浅田に垣間見られたアイロニーは、出色のデリダ論・博士論文で気鋭の論客の名をほしいままにしつつ、オタク文化をいささかのアイロニーもなく生真面目に語る東の登場によって、ほぼ無化・無害化されたといえる。大学教授が大衆文化を語る剰余価値など、ここ30年ぐらいのあいだにすっかり費消され尽くしたのである。

この傾向を90年代に東とともに推し進めたのが、宮台真司である。宮台は、同世代の社会学者大澤真幸や吉見俊哉と同じように、若いうちに浩瀚な学術書・学術論文をものすると同時に、同時代の消費文化について、批評と社会学との境界線を揺るがしていくような著作を次々と上梓した。その論壇デビュー作といえるのが1993年に、大塚明子・石原英樹との共著という形で上梓された『サブカルチャー神話解体』（PARCO出版）である。この分厚い書のなかで宮台は、複数の大学で行われたアンケート調査をもとにした音楽分析、膨大なサブカルチャー渉猟の成果といえる「意味論」分析を行った。

ここで使用された計量データは、翌年の『制服少女たちの選択』（講談社）でも使用され、人物イラストを伴いながら、「ミーハー自信家」「頭のいいニヒリスト」「バンカラ風さわやか人間」「ネクラ的ラガード」「友人ヨリカカリ人間」といった人物類型図を創り出す礎となった。宮台の議論の詳細をここで紹介する必要はないが、重要なのは、彼が独自のルーマン解釈にもとづき、友人関係や趣味行動への質問項目から、人物類型を構築し、それぞれの類型の平均的なあり方を説明していったということである。もともと硬派な論文を書いている頃から宮台には類型化への強い執着がみられたが、それが理論的な類型化を越えて、人物像の類型化へと向かった。この類型化への意志には、そうした彼の気質に限定されない時代的背景があったように思う。

まず、宮台らが調査を行ったのは80年代末から90年頃であるから、

総体的には「ニューアカ」の残り香は存在しており、とにもかくにも「人や地域を類型化する」という語りの様式が流行していた時代である。

マル金・マルビという流行語を生み出した 1984 年の渡辺和博『金魂巻』(主婦の友社)、東京 23 区の特徴をパロディ的に描き出した泉麻人の『東京 23 区物語』(主婦の友社、1985 年) といった、田中康夫の『なんとなく、クリスタル』(河出書房新社、1981 年) の技法をややいびつな形で反復していった 80 年代の潮流、テレビの「お約束」や「楽屋裏」をそのものとしてパロディとして提示してしまう『オレたちひょうきん族』やとんねるずの番組などが「ブラウン管」を席巻した時期である。

社会はいつの時代も、社会を生きる成員たちの認知的複雑性を縮減するために成員のカテゴリーを生み出すものではある。しかし、「マーケッター」「コピーライター」といった職種が憧憬の的となった 80 年代の「類型化」への欲望は、いま振り返っても常軌を逸していた。類型・カテゴリーは、人びとの理解可能性を担保するものというよりは、たえず類型を再定式化し、「あるある!」というパロディ的な笑い、嗤いを誘発する方法論に転化していった。「オタク」といったカテゴリーも、まさにそうした時代背景のもとで生み出されたものであった。

宮台の人格類型論は、学問的な体裁をとっているが、基本的にこうした 80 年代的な類型化への欲望を継承している。というか、反復している。90 年代以降も宮台が繰り返し、「あえて」の戦略、アイロニーという戦略について語っていることがそのことを証左している。第 8 章の注(11)で言及した大澤真幸がいうように、アイロニーとは、世界観の相対主義の極北に立つ超越的位置への欲望を示唆するものである。大学が生み出す知も、文学者の言葉も、テレビのトークも、サブカルチャーの居酒屋談義も、いずれも優越した位置にはなく、相対的な価値しかもたない。「その相対主義を分かっている自分は、分かっていないひととは違う」という実に逆説的なポジショニングである。相対主義が、相対主義を知る自らの位置を特権化する。人びとを類型化し、その諸類型を等価に考察しうる観察者自身は、特定の平凡な類型に拘る人びととは

異なる位置にある。80年代的なマスコミ「ギョーカイ」の特権視は、個別類型のフレームの外部に立ち、視聴者をはじめとする人びとを類型化・パロディ化しうるという前提のもとに成り立っている。音楽から政治・哲学、オタク文化にいたるまで、その博覧強記ぶりをことあるごとに指し示す宮台の言説は、そうした80年代的な「アイロニカルな没入」の範型を示すものであった、といえるだろう。

　私たちが本書に提示された共同研究を立ち上げたのは、そうした宮台的な類型化論とは異なる若者文化論を提示する必要があると考えたからだ。

　もちろん、まずは宮台の議論を貫く類型化の方法（体験／行為によるコミュニケーション様式の類型化）を内在的に批判していく必要がある。そのため、宮台らの元の調査で見られた質問項目の問題性（トートロジーに陥りかねない操作）を考慮し、さらに、ウェブ調査によるプレ調査を行い、宮台的な人物類型論が現在においても、「体験／行為」という軸から構成可能であるかを精査した。その結果は、「ある程度はあてはまる」というものであった。人格類型構成のために必要な質問項目を整え、体験／行為と他者への期待を組み合わせて考察する、という方法は一定程度、現代においても有効であると考えられた。

　しかしそのうえで「この類型化になんの意味があるのか」という問題が浮き上がってきた。考えてみれば他者の行為の予期を体験／行為で分類し、適当な統計的操作を加えれば、何通りかの類型が得られる。それは当たり前のことだ。問題はそうした類型化がなんのためになされねばならないのか、類型化のための類型化とならずにすむにはどうしたらよいのか、ということであった。

　宮台らの調査と、その20年以上後となる私たちの調査のあいだには、多くの若者文化についての議論が積み上げられてきた。宮台や東が文化論壇をリードしていたことは間違いないが、93年あたりを境とする経済的環境の変化は、文化論そのものの構図にも変更を迫っていった。

　その代表例が、本田由紀・後藤和智らの『「ニート」って言うな！』

（光文社新書、2006年）であり、後藤や雨宮処凛、杉田俊介らが先導したロスジェネ論壇と呼ばれるものだろう。とりわけ、95年には大卒労働市場が本格的な氷河期に入り、80年代の楽観的な空気は消え去りつつあった。あわせて00年前後には、「神戸連続児童殺傷事件」「西鉄バスジャック事件」「佐世保小6女児同級生殺害事件」など、人目を引くような若年者による凶悪事件がマスコミを賑わせ、この時期に「14歳」であったり、「17歳」であった世代への風当たりが強くなった時期であった。イギリスで生まれた「ニート」という言葉が、「職探しもしないやる気のない若者」と誤解されたまま広がり、1970年代末〜80年代初頭生まれの若者をターゲットとした否定的な議論がメディア上でむやみに躍った。赤木智弘の「「丸山眞男」をひっぱたきたい──31歳、フリーター。希望は、戦争。」が『論座』に掲載されたのも2007年のことである。おりしも大学では00年代以降大学院重点化と、独立行政法人化による運営費交付金・補助金の漸次削減が本格化し、将来のアカデミック・ポストの獲得に悲観的にならざるをえない若い研究者たちを多く生み出し、そのなかには「ロスジェネ論壇」にコミットするひとも少なくなかった。景気の一時的な回復とは異なる次元で、「社会的デフレ」とでも呼ぶべきものが急速に広がっていったのである。

　こうした状況のもと、宮台や東らを筆頭とする「論壇」とは異なる言説の回路が創り出されていく。ロスジェネ論壇の言葉を引き受け、後藤が「俗流若者論」と呼ぶような若者論のevidence上の脆弱さを突く、という作業を、学術サイドも引き受けていった。上記の本田由紀はその筆頭であるが、小谷敏、浅野智彦、辻大介といった社会学者・社会心理学者が俗流若者論の学問的問題点を指摘し、ロスジェネ論壇をバックアップしていった。実際のところ、後藤が指摘する俗流若者論の問題性は、すでに社会学や社会心理学において共有されていたのだが、この時期に明確な輪郭をもって社会へと提示されたといえるだろう。

　2008年に出版された後藤和智『おまえが若者を語るな！』（角川oneテーマ21）で俗流若者論の主犯格としてとりあげられているのは、宮台

真司、香山リカ、荷宮和子、三浦展、東浩紀、鈴木謙介、寺脇研、宇野常寛、そして私北田である。この書における後藤の批判の仕方には納得しかねるものがあったが、80年代の空気を引きずったまま、雇用・労働問題ではなく、文化論的な一般化をする論者を一刀両断にするこの書の筆力には感心した記憶がある。80年代をどこかで引きずりながら、00年代以降も「文化的」若者論を展開する論者たちへの疑念は、00年代の言論風景を顧みるに、ごく当然のものであった。同時並行的に、学術サイドでの「俗流若者論批判」も広がりをみせていく。もはや若者を交遊や趣味のパターンで——その社会的な問題意識を欠如したまま——類型化することなど不可能である。そうした空気が10年代の初頭にはできあがっていたように思う。

　私たちの共同研究・調査は、まさにそうした「若者論」激動の時期に設計され、実行された。たんなる類型化にはとどまらない、若者たちの「政治性」や「社会性」を文化実践との関連で見ていかなくてはならない。そうした問題意識がとくに、寺地幹人さんや小川豊武さんには強かったように思う。私もまた「俗流若者論を広めた主犯格」とされた汚名を返上するために、大多和直樹氏との編著『子どもとニューメディア（リーディングス　日本の教育と社会　第10巻）』（日本図書センター、2007年）や、小谷敏他編『若者の現在　文化』（日本図書センター、2012年）のもととなる学会報告などを用意しているときであった。

　さらにいえば、社会の成員によるカテゴリー、理由空間のあり方を精査するエスノメソドロジー、概念分析の薫陶を受けた岡澤康浩さん、團康晃さんの問題意識も加わり、類型化そのものよりも類型の理解が可能になる条件の追尾もまた共同研究のテーマとなっていった。「類型のための類型」を再生産するのではなく、その類型がいかにして人びとによって理解可能なものとなり、また社会における他者理解・集合性の理解に寄与しているのか。

　当時大学院生であった諸氏と議論を進めていくうちに、次第に研究の力点は、「類型化」そのものの持つ問題性と、それでも「類型」が可能

となる条件の模索という課題へと移行していった。岡澤さんがリードする院生の「解体研」の問題意識と、北田自身が考えていたブルデュー理論の濫用という問題系が、岡澤さんの超人的な力能により結びつけられ、本書を貫徹する「社会にとって「趣味」とは何か」という問題が立ち上がってきた。後に研究会に加わってくれた岡沢亮さんの問題意識もあり、「類型のための類型づくり」ではない、「類型はいかにして理解可能か」の模索へと、焦点は移行し、そのなかで、「若者」「腐女子」「オタク」といったカテゴリー使用の可能性を可能な限り計量的に示す、そのことによって、「俗流若者論」だけではなく、ブルデューを援用した学的議論の限界を測定し、「他なるアプローチの可能性」を指し示す。それが本書を作り上げる段での主要テーマとなっていた。

＊

そういった次第でようやく出版にこぎつけたのが本書である。

本書が目指しているのは、ある世代の若者を文化論的に囲い込むことではないし、また「類型のための類型化」でもない。文化社会学や若者論、文化研究で「援用」されることの多い、きわめて偉大な先行者であるピエール・ブルデューに正面切って対峙することにより、「新しい文化社会学の方法の規準」を打ち立てていくことにある。「類型のための類型化」も「俗流若者論」も、「ブルデューを（その理論的・方法的含意を検討することなく）「援用」したフィールドワーク・批評」も、印象批評風の「サブカル語り」も、ご免だ。

2010年代も後半となる現在、後藤らの問題意識をあらためて引き受け、また、大量生産されている「道具箱としてのブルデュー理論」という像からも離れて、**趣味（hobby）がもたらす趣味（taste）が、集合的な社会性を獲得する具体的なあり方（界）を、摘出するための基本的な理論的・方法的視座を提供することとしたい**。それは趣味をめぐる「界」の析出の方法論にまで踏み込むことになるだろう。質的／量的という業界的区分とも本書は無縁である。

第1部理論篇「テイストの社会学をめぐって」では、本書の通奏低

音をなす岡澤康浩の問題設定「テイストはなぜ社会学の問題になるのか」が、日常を生きる社会の構成員、それを再帰的に問題・定式化する社会学の視点から提示される。「趣味のよさ」が個人的なことであると思う人でも、「趣味の悪さ」についての言及が何らかの社会性を持ってしまっていることは理解できてしまえるだろう。そうした「テイスト、センス」という曰く言い難いと形容されてきたような事柄を社会学のテーマとする根拠がここで提示される。

続く第2章北田暁大「社会にとって「テイスト」とは何か」は、岡澤が差し出した問いが問いとして成り立ちうる条件を、ピエール・ブルデューという社会学の巨人の方法論を子細に検討することによって考察したものである。やや社会学の専門用語や統計用語、哲学的な議論が立ち並ぶ面倒くさいといえば面倒くさい章なので、第1章を読んだ後に、第2部・第3部へとスキップしていただいてかまわない。むしろ第2部・第3部での個別事象の検討から遡及する形で読んでいただいたほうが分かりやすいだろう。

第2部は「「読む」——テイストはいかに作用する／しないのか」と題して、小説・マンガ・ライトノベルなどを読むという行為（読書行為）と、テイストとの関連性を考察する。

第3章の岡澤康浩・團康晃「読者たちの「ディスタンクシオン」」は、「読んでいることが恥ずかしい」と読者自身が思うような小説の読み方、（悪）趣味と読書行為との関連を入り口として、現代日本の若者たちの趣味空間において、「小説を読む」という行為が持ちうる意味を考察する。「文学・小説の死」は何度も語られ続けてきたが、現代の若者のあいだにおいても、古典的な小説が持つ卓越性、文化資本の指標としての妥当性は失われてはいない。「文学は死んだ」と文学者たちによって繰り返される言説の潮流のなかで、いかに揶揄されようとも「文学」はテイストを証明する保証書として生きてしまっている。この逆説を描いたのが第3章である。

続く第4章、岡沢亮「ライトノベル、ケータイ小説、古典小説を読

む若者たち」は、前章の問題提起を受けつつ、それを小説読者自身の「オタク」「サブカル」自認、カテゴリーの自己への適用とむすびつけて議論を展開する。「オタク／サブカル」という対立構図は、その無効性が言われて久しいが、評論などあずかり知らない人びとにとっては、自らの行為・体験のあり方を人格的に定式化する方法論として採用されている。岡沢は「ライトノベル」と「オタク自認」とが、ジェンダーと関連して有意味な境界線設定の理論として機能していることを丁寧にトレースする。

「読み方」というメディア論的な設定のなかでジェンダーという変数が持つ意義については、第5章の團康晃「マンガ読書経験とジェンダー」においてつまびらかにされている。「マンガを読む」という実践の希少性、意味とが男女でどのように異なるのか、読書行為をめぐる問いは、読み手・受け手のアイデンティティの問題へと近接してくる。

　第3部は、そうしたアイデンティティとテイストとの関連を主題とした論文によって構成されている。

　第6章「「差別化という悪夢」から目ざめることはできるか？」と題された工藤雅人の論文は、消費社会論において重要な意味を担わされた「他者との差異化・差別化・卓越化」といった論点が、ユニクロなどのファストファッションにおいて無効化されたのか、それとも以前とは異なる形で残存しているのかを分析の俎上にのせる。消費社会的差別化といえばファッション、ファッションといえば他者との差異化、というほどに、ファッションは消費社会論・記号論的社会分析において特権的な位置を占めてきた（ロラン・バルト、内田隆三、上野千鶴子）。ファッションのファスト化の拡大は、その差異化・卓越化の論理そのものの失効を意味するのであろうか。ここで工藤はファッションを「自己表現ではないのに、他者との違いを意識する」という奇妙な層の存在に着目する。差別化＝自己表現であり、かつまたそれが上野千鶴子がいう「地獄」であるとするならば、そうした人びとの存在は、はたして地獄からの解放を意味しているのだろうか。それとも、差異化の意味自体が異な

ってきているのだろうか。モード、卓越化の典型的な手段として言及され続けてきたファッションにこそ、卓越化理論の社会理論としての性能を見きわめる鍵がある、といえるかもしれない。

続く第7章、團康晃「「おたく」の概念分析」では、ときに他者との差別化をきわめていると言われ、またときに他者との差異化に関心がないとされる「おたく」という自己執行的・他者執行的なカテゴリーの生成期に注意が向けられる。「おたく」は差異化・卓越化を目指し知を蓄積・披瀝する近代の極北ともいえるし、一方で異質な他者との差異化に関心を持たない内向性をきわめた存在として、ずいぶんと便利にメディアや批評において使われ続けてきたカテゴリーである。しかし私たちの調査では「自分はオタクである」という質問項目に肯定的に回答した率は実に4割にのぼる。現在における「オタク」カテゴリーの運用と草創期のそれとははたして異なるといえるだろうか、いえるとすれば、どのような意味においてか。團論文はこの点を草創期に遡る形で探究する。この論文で行われている作業が、「オタク史」とは異なる「おたくカテゴリーの運用実践」の系譜であるという点にくれぐれも注意してほしい。

そうした團の問題意識と第1部での読書行為論の成果を承けつつ、第8章、北田暁大「動物たちの楽園と妄想の共同体」は、差異化の論理そのものを失効させるという点で共通しつつも、「二次創作」にコミットする男性オタクと女性オタク（腐女子）を、作品の読み方（受容姿勢）という観点から分類したうえで、両者が同じ「オタク界」に位置するとしても、ジェンダー規範空間という観点から見た場合、いかに同床異夢の状態にあるか、を自認とは別の角度から（操作的に定義された類型にもとづき）問題化している。差異化・卓越化の論理が消失したともいえる界における男女差は何を意味するのか。ここにおいても、ジェンダーという変数の重要性が確認される。

各章は、部分的に重なりつつも、それぞれまったく異なる対象をもとにして、それぞれのhobbyとtasteとの関連、つまり界の固有性・特徴を浮かび上がらせようとしている。第1部での問いは、第2部・第3

部によって部分的な答えを与えられ、再度問いの出発点に立ち戻ったうえで、後続するであろう読者のみなさんによる「批判的継承」へと架橋されることだろう。ものすごくベタな意味で本書の問いは開かれており、読者による継承によって、その意味を更新し続ける。そのシステム連関を生み出すことこそが、私たちがブルデューから学んだ最大の事柄である。

*

やや大きく出てしまったが、本書は「ブルデュー以降の、新しい文化社会学の方法規準」を提示しうる教科書ともなりうると考えている。始発点の「宮台『神話解体』の神話解体」という目的からすると、ずいぶん遠くへきてしまった気もする。しかし、『Cultural Sociology』や『Poetics』といった英文の文化社会学ジャーナルが基本的に計量的・実証的方法を基調とする現在、日本語圏での文化社会学の現状はけっして健全とはいえない。もちろん、計量的研究が質的研究に勝るなどというつもりは毛頭ない。重要なのは、カテゴリーの理解可能性を問う「理解社会学」と、数量的に現れる傾向性・関連性とを結びつける、真の意味での社会学的想像力である。

それぞれの章で登場してくる統計的手法については、ググればなんとかわかるだろうし、哲学的な議論、質的調査にかかわる議論も、ちゃんと理解しようと思っていただけるようなら、ブックガイドなどを適宜参照しながら、理解を深めていってもらえるよう編集している。それぞれの章がまるで違った方法と規準を用いているように思うのであれば、それは完全な誤解である。読者に苦痛を強いるつもりはないが、文化社会学の持つ可能性を肯定するにしても、批判するにしても、本書を貫く問題意識を念頭に置きながら読み進めていただきたい。

正直に言って、本書は読者を選んでいる。

できるかぎり文体は平明なものとし、可読性を高める努力はした。口を開いて天井を眺めていれば専門用語も容易に分かるはず、という読者のことは念頭に置いていない。学的共同体は各人の贈与と象徴的返礼の

循環において成り立つ。その共同体に加わる意志のある読者にのみ、読んでいただきたいと思う。

「思想」は遊戯といえば遊戯であるが、共同的で持続可能な――プレイヤーが入れ替わっても継続可能な――遊戯でなくてはならない。名人芸の一子相伝に依存しているかぎり、学的共同体の広がりと深化は期待できない。本書がそうした名人芸の伝統継承に限定されない、学術共同体の構築のための一助となれば、と願っている。

＊

本書は、2009 年度〜 2011 年度科学研究費若手研究（B）「サブカルチャー資本と若者の社交性についての計量社会学的研究」の成果の一部である。

また、本書の計量分析のデータは、とくに断りのないかぎり、次の質問紙調査（アンケート調査）に基づいている。なお本書では、同調査について「練馬調査」という略称を用いる。

【アンケート題目】「若者文化とコミュニケーションについてのアンケート」調査

【実施時期】2010 年 12 月

【調査協力者】1988 年 1 月 1 日から 1990 年 12 月 31 日に出生した当時東京都練馬区在住の男女 2000 名。練馬区住民基本台帳から、区全体を対象とした系統抽出法を採用。

【回収方法】郵送法。

【回収率】32.6%。有効ケース 647。

本調査を実施するにあたり、ご助力いただいた練馬区区役所、調査協力者のみなさんに心よりお礼を申し上げたい。

なお、本調査の質問紙や単純集計などのより詳しい情報については、以下のウェブサイトを参照していただきたい。https://sites.google.com/site/kaken21730402/home

第1部 理論篇

テイストの社会学をめぐって

第1章 テイストはなぜ社会学の問題になるのか
ポピュラーカルチャー研究におけるテイスト概念についてのエッセイ

岡澤康浩

1 テイスト、センス、趣味のよさ

　大学に入ってはじめて一人暮らしを始めたときに少しがんばって自炊などをやってみたりした経験があるひとは多いだろう。自分で作った料理がおいしいとうれしいし、少しずつ自分が作れる料理が増えていくのは単純に楽しい。スマートフォンが普及した現在では即座に写真を撮ってTwitterやInstagramといったSNSにアップロードしたり友達に送ってみたりすることで手軽に手作り料理を自慢することができるようになった。友達のブログやSNSにアップロードされた手料理写真を見て、このひとは料理が上手だな、とか、この人はそれほどでもないな、とか、自分の料理の腕を棚に上げて評価してみたりする。

　だが、写真では肝心の料理の味も匂いも伝わらないので、いきおい写真を撮るテクニックや彩りや盛りつけの華麗さが重要となる。料理を装う器もまたそうした料理写真の重要な脇役だろう。食器なんていうものは食べ物をのせられればいいので、お茶碗、お椀、あとはお皿が大小ひとつずつくらいあればまあだいたいのことはなんとかなりそうなものだけれど、店頭にならぶ食器には柄、材質、サイズや形にさまざまなバリエーションが存在する。実際、インターネットに無数に存在する料理写真をみてみればひとによって使う食器には大きな幅があることがわかるだろう。

　日用品である以上、食器をなにひとつもっていない、という人間はまれだろう。だから私たちはこの無数に存在する食器から、いくつかを選びとり自らのものとする。これだけのバリエーションが存在するならば、私たちが選びとるお皿と他人が選ぶものとが一致しないとしても不思議

ではない。おそらく、私たちはそれぞれ異なる好みをもつのだろう。あるひとはこのお皿を気に入り、他の人はこのお皿を気に入らない。それが好みというものである。

　好みに多様性があるならば、もちろん他人の使っている食器が自分の好みとずれているということがしばしば発生する。今日の献立の参考にと芸能人がブログにアップした料理写真をチェックすれば、私たちはしばしば食器に対するコメントを見つけることができる。たとえば、そのお皿は「趣味が悪い」、このひとは食器の「センスがない」といったふうに。これが批判や悪口である、ということを私たちはたちどころに理解する。だが、ここで批判されているのはいったいなんなのだろうか。どうやら好みの違いがあるらしい。この人はこの食器を気に入った、そしてかれらはそれが気に入らなかった。ただそれだけのことだ。私たちは好きな食器を使い、好きなものを食べればいいのであり、個人の好き嫌いにいいも悪いもないのである。かれらは「自分とは好みが違う」とか「この人とは趣味が合わない」、といえばよかったのであり、いいとか悪いとかいう不正確な言葉を持ち出すべきではなかったのだ。

　だがもちろん事態はもっと複雑である。友達の家に招かれたときにだされたコーヒーカップの「センスのよさ」や、訪れたレストランでだされた食器の「趣味のよさ」に私たちは感嘆したりすることがたしかにありそうな気がするからだ。もし「趣味のよさ」や「センスのよさ」について語ることができるならば、その「悪さ」について語ることもおそらく可能なのではないだろうか。

　私たちが選び取るお皿やティーカップが私たちの好み以上のなにものかを示し、そこには優劣が存在すると考えるとき、お気に入りのお皿に盛りつけた料理の写真をアップロードしたり、自宅に遊びに来た友達にお気に入りのティーカップを差し出すことは試験や、スポーツの試合のようなものとなる。私が選んだこのお皿や、このティーカップはセンスがいいのだろうか、趣味がいいのだろうか。そこに試されることへの不安や圧迫感を感じるひともいるだろうし、スポーツの試合前のような期

待と興奮がいりまじった高揚感をいだくひともいるだろう。

　好みに優劣なんてないという思いと、世のなかには趣味のよい人たちやセンスのよいひとたちがいるという思い、その二つは矛盾していて同時に共存できないように思えるのだが、しかしどちらかが明確に間違っているようにも思えない。食器が私たちの間で時に引きおこす不安や満足感や悲しみや高揚感、それは私たちの生活のリアリティの重要な一部のようでもあり、単なる自意識過剰な気にしすぎのようでもある。結局のところ、それは私たちの日々の生活のなかに無数に存在するささいな事柄のひとつに過ぎず、まったくもってどうでもいいことなのではないだろうか、と思わないでもない。

　そうではないのだ、とフランスの社会学者ピエール・ブルデュー（Pierre Bourdieu）はいった。ブルデューはフランス語で「グー goût」と呼ばれるもの、つまり人びとの「センスのよさ／悪さ」や「趣味のよさ／悪さ」が私たちの生活の中の取るに足りないくだらないことではなく、きわめて独特な社会性をもつことを指摘し、それが社会学の正当な対象であるのだと主張した。かれの主著である『ディスタンクシオン』（Bourdieu 1979=1990）はこの「グー」についての社会学的探求にささげられたのであった。ブルデューの議論はお世辞にもわかりやすいとはいえなかったのだが、かれの残した分厚い本にはひとを感嘆させ、知的想像力をかきたてるなにかがあった。かれの著作は英語、日本語、その他多くの言語に訳され、文化について研究する世界中の研究者にインパクトを与えた。多くの偉大な著作がそうであるように、それはブルデューの意図を超えたレベルで読まれ、流通し、翻訳された。「グー」は英語では「テイスト taste」と訳され、テイストの社会学というひとつの研究領域を作り出したのであった。

　ブルデューが研究の対象としてとりあげた「テイスト」とは、どのようなものなのだろうか。それは日本語の「センスがいい」とか「趣味がいい」とかいうものとどう関係するのだろうか。テイストについて明らかにしそれについてよく考えるためにはどのような問題に気をつければ

いいのだろうか。なぜブルデューはセンスのよさや趣味のよさを含むようなテイストというものに注目したのだろうか。なぜテイストは社会学の問題になるのだろうか。本章はそうした疑問に答えることを目指している。

2　ピエール・ブルデューと文化的テイストの社会学

　ブルデューとかれの影響を受けた者たちはテイストが社会学的探究の正当な対象だと考えた。その理由を理解するために、まずテイストという言葉の日本語での語感とブルデューが対象としたようなテイストとが微妙に異なる可能性があるので、ブルデューが何を対象としようとしていたかを確認しておこう。

　ひとつの意味として、テイストは好みを意味している。たとえば、このマグカップとあのマグカップを前にして、こっちのマグカップのほうが気に入ったのだとしたら、それはある人のテイスト＝好みを意味しているといえるだろう。こうした用法は日本語においても存在するものだ。友だちへの引っ越し祝いを買いにインテリアショップにいったときに、このマグカップは友人のテイストに合いそうだ、と語るとき、私たちはテイストという言葉でそのひとの好みを指している。

　だが、ブルデューはテイストが単なる個人の好み以上のものでありうるということを指摘した。もしそれが単なる好みに過ぎないのだとしたら、そこに優劣をつけることはできないだろう。しかし、ブルデューが見た世界においては、たんなる好みに見えるものにしばしば優劣がつけられていたのであった。人びとが自分が何を好きか、あるいは嫌いかを示しあい、そうした好みをもとにある人が優れているか劣っているかが決められていくような世界、自分の好き嫌いについて語っていたはずが、なぜかそれが自分のセンスの優劣の話や、趣味のよさ／悪さの話にずれ込んでしまう世界、それがブルデューの見た世界であった。こうしたセンスや趣味の優劣に基づいて序列化されるもの、それがテイストのもう

ひとつの側面であった。

　社会学にとってテイストが注目に値するべき対象だとブルデューが信じた理由の一つは、各自のテイストに基づいて人びとが自分や他人を分類するという現象が生じるからであった。かれの主著のタイトルにもとられた「ディスタンクシオン distinction」という言葉には二つの意味がこめられている。それはまず単純な区別を意味する。たとえば、私たちがこのティーカップを好むのに対して、あのひとたちがあのティーカップを好むのだとしたら、なるほど私たちとかれらの間にはなんらかの違いが存在するといえるだろう。あのひとたちは私たちとは違う、という区別がここではひかれている。だが、ブルデューが強調したディスタンクシオンのもうひとつの意味とは卓越性、つまり優れていることである。それは抜きんでていることによってほかの人間から区別されるということである。「あのひとたちはずば抜けて優秀だ」と述べるときに私たちは他の人と対比させることで「あのひとたち」を自分たちから区別しているわけである。この区別はまったく平等ではなく、そこには優劣ももちこまれている。あのひとの使うお皿はけばけばしく、安っぽくて、趣味が悪い。あるいは、あのひとの使うお皿は洗練されていて、上品で、趣味がいい。ブルデューはこのようにテイストによって人びとが自分と他人の間、仲間とそうでない者の間に線を引くことに注目し、人びとが自分たちでつくりだす分類が人びとの生きる世界のなかでどのような意味を持つのかを明らかにすることが社会学の重要な課題なのだ、と主張した。

　テイストの社会性を解明するために書かれたブルデューの『ディスタンクシオン』であったが、この本は一冊のなかできわめて多くのことを達成することが企図されており、それはよく言えば野心的だともいえるし、悪く言えばかなりごちゃごちゃしたわかりにくい本だともいえる。その結果、ブルデューの影響を強く受けてはじまったテイストの社会学はそれぞれの研究者がブルデューの議論のどの側面を重視するかでかなり異なる方向に展開された。ブルデューの議論をもっとも有名にしたの

がかれの「階級」への注目であることは間違いないだろう。一方で、ブルデューの議論はテイストという現象を通じて人びとの文化的営みを理解しようという文化社会学の方面でも大きなインパクトをもたらした。要約的に記すならば、前者の階級に注目したグループは人びとが社会的成功を収める上で経済的な資本とは異なる重要な資源（それは「文化資本」と呼ばれる）としてテイストの問題を考えた。後者の文化実践の論理に注目するグループは、それぞれの文化的領域（これをブルデューは「界」という表現をつかって呼んだ）においてなにがよい／悪いテイストとして評価され、そうしたテイストのよさ／悪さがどのような帰結をもたらすのかという点に注目した。本章は主に後者について興味を持っているので、まず簡単に前者の階級についての議論にふれたあと、本章にとってより重要となる後者の文化社会学におけるブルデューの貢献とその後の展開について解説する。

文化資本としてのテイスト

階級や社会階層とその再生産に関心を持つ研究者たちはブルデューの議論の主眼を文化と階級の関係にあると理解し、この理解にしたがって一連の研究を生み出した。こうした研究においてはブルデューの貢献とは収入などの「経済資本」とは異なるものとして「文化資本」の存在を指摘したことだろう。

日本においては「階級」という言葉はあまり日常的な用語としてはつかわないので、テイストによって私たちは「階級」の違いを見分けるのだ、と言われても戸惑ってしまうかもしれない。ブルデューが「階級」という言葉で言おうとしたことはおそらく、私たちがあるひとを「いいお家」の出身などというときの、私たちの出自についてのある種の優劣が存在するという感覚のことをさしている。それは日本では地位とか身分という言葉に近いかもしれない。

ひとはさまざまな情報を利用して人びとを区別し、そして時に序列をつけたりする。たとえばお金をもっているかどうか、立派な職業につい

ているかどうか、学歴が高いかどうかにもとづいて人びとを区別したり、そのなかに優劣をつけようとするひとたちがいることを私たちは知っている。こうした情報にもとづいて優劣をつけ、それを競うというゲームは馬鹿らしい、と私たちはしばしば思うかもしれないが、そう言ってみたからといってこのゲームから逃れられるわけでもない。収入や職業や学歴によって私たちは判断され、分類され、社会のなかに位置づけられていくことを私たちは知っている。

　ブルデューの議論は人びとを分類する原理としてお金があるとか学歴が高いのと同程度に重要なものとしてテイストのよさがあると述べたのであった。たとえば、成金趣味という言葉はブルデューのとらえようとしたテイストの社会的側面をよくとらえているように思う。成金趣味というのは一代で財をなした人物が好むようなスタイルのことを指すのだが、基本的にはそうした人物を馬鹿にするための悪口である。財をなしていて社会的に成功しているのに、それでもそのひとの好みをもとにして馬鹿にすることが可能であるにはすくなくとも二つの前提がある。まず、好みには優劣があるという前提と、そして好みがその人の本来属すべきグループ、たとえば出自や階級を示すという前提である。短期間で財を築いた成金たちはお金はもっているものの、高い階級に属し育ちがいいとされるひとたちがもっているとされる趣味がよいものと悪いものを見分ける能力をしばしば欠いており、趣味の悪い絵画などを自宅に飾ってみたりする。この意味でテイストはその人たちが本来属する出自を刻印するものとして理解される。テイストは低い階級から高い階級にうつってきた「成り上がり」たちを見分けたり、階級的アイデンティティを維持していくための重要な目印となるのだ。

　ブルデューの議論がとくに重要なインパクトをもったのは、こうしたテイストが階級の再生産にとっても重要だと考えられたからだろう。階級という問題において社会学者が興味を持っていたひとつのポイントは、それが親から子へと受け継がれていくのではないかというものであった。つまり、高い階級の親のもとに生まれた子どもは高い階級に、低い階級

の親のもとに生まれた子どもは低い階級にとどまるのではないか、ということである。この階級の再生産と呼ばれる現象は社会に不平等を引き起こし固定化しかねないので重要な社会的問題である。ブルデューの議論は収入や学歴だけでは説明し尽くすことができない階級差とその固定化を説明するための新たな理論として文化的テイストを持ち出したものとして理解された。

以上のように、ブルデューの議論はテイストがもつ階級の表示機能、およびそれをさらに展開したテイストにもとづく階級の再生産の理論のなかに位置づけられた。この意味でのブルデューの議論は比較的わかりやすく、そしてお話としても筋が通っているように思われた。だが、研究が蓄積されるにつれ、ブルデューの理論が現実を本当に示しているのかについては疑問が向けられるようにもなった（Goldthorpe 2007[(2)]）。

文化実践の論理のなかのテイスト

ブルデューはあきらかに文化と階級の関係について深い関心をもっていた。だが、ブルデューの文化への関心は階級という側面にかぎられたものではなかった。かれは文化的実践がどのような論理によって組み立てられているのかを解明することにも関心を持ちつづけており、かれの研究は多くの文化社会学者たちに影響を与えた。こうした文化実践の論理に関心をもつ文化社会学者たちはテイストの違いが人びとの生活や文化活動においてもつ意味を探究しようとする方向性を重視し、好みの違いを示すことで自らや他人が何ものかを判断していくという差異化、さらにそのなかでも違いによって人びとに自らの優越性を印象付ける卓越化に注目した。つまり、ブルデューの議論の中から人びとがテイストに基づいて区別を作り出し、その区別に基づいて競争し、連帯し、序列づける、という点に注目したのである。

こうした卓越化の実践は美術鑑賞、音楽鑑賞、さらには美食にいたるまで研究対象はさまざまな文化領域におよびうる。ブルデュー自身は洗練されたテイストと貧しいテイストの間を分割するいくつもの基本原理

が存在し、そうした諸原理は個々の文化領域だけにとどまらず、さまざまに異なる文化活動において活用することができるという点に興味を持っていたようである。イマヌエル・カント（Immanuel Kant）の美学的議論を批判的に参照しながら、必要性からの距離や、唯美的態度を受け入れる程度などといったものが基本原理として人びとによって利用されているのだとブルデューは論じた。ブルデューは具体例として食事の例をあげている。とりあえずおなかがいっぱいになるボリュームのある料理が空腹を満たすという必要性に縛られたものであるとすれば、洗練された料理を特徴付けるのは華麗な盛り付けといったとりたてておなかをいっぱいにする上では必要のないものである。ブルデューは美学的原理がどのように私たちの実際の文化活動で利用され、文化的議論を統制しているのかを明らかにしようという野心的な試みをもっていたようだ。だが、その議論は各文化領域の独自性というブルデューの議論とどのように両立するのかが必ずしも明瞭ではなく、文化社会学のなかでもあまり受け入れられなかった。

ブルデューによるテイスト論は文化社会学者たちに大きな影響を与えたが、それはかれの主張がすべて受け入れられたというわけではない。ブルデューへの批判としてもっとも重要なものは、ブルデューの議論からのポピュラーカルチャーの排除である。たとえば、トニー・ベネット（Bennett 2011）はブルデューがカントの美学的枠組みを採用したことの結果として、議論が伝統的にハイカルチャーとみなされる領域に閉じ込もってしまい、テイストのよさ／悪さを判断するさまざまな原則がありうるということが見えにくく単純化されてしまっていることを指摘している。

ブルデューのテイストへの問題関心を引き継ぎながら、その研究対象をポピュラーカルチャーにまで拡張できることを示したのがサラ・ソーントンのクラブカルチャー研究であった（Thornton 1995）。均質的で退屈で、差異が存在しないと批判されていたクラブミュージックに対して、ソーントンはダンスクラブ、レイブイベントを楽しむイギリスの若者た

ちのなかで「おしゃれさ hipness」をめぐる序列と闘争が存在することを指摘し、そうした競争のなかで人びとが示すテイストのよさが重要な資源となることを指摘した。ソーントンの研究はテイストのよしあしを分析者が勝手に設定するのではなく、調査対象となる人びとの間のなかでなにがよいとされ、なにがわるいとされるのかという論理を明らかにし、そして若者たちがどのように自己と他者を分類しグループを作り、尊敬したり軽蔑したりしながらグループの間に序列をつくりだしていくのかを記述した。ソーントンの研究はポピュラーカルチャー研究とブルデューのテイスト論を統合した点で文化社会学にとって重要な著作となった。

こうした文化社会学において議論されてきたブルデューやソーントンの議論を引き継ぎながら、私たちが日常的に楽しむ文化的な活動や文化的消費のなかにおけるテイストの問題について研究するためにどうすればいいのだろうか。次の節ではこの点について考えてみよう。

3 テイスト中毒者たちの理論とポピュラーカルチャー

前節ではテイストについての文化社会学的議論がブルデューによって開始され、ソーントンによってブルデューの議論がポピュラーカルチャーにまで拡張されたことを紹介した。そこでは三つの重要なポイントについて確認した。まず、ブルデューが解明しようとした (1) テイストのよさ/悪さについての判断を利用して人びとがみずからの属するグループやみずからと違うグループの間を区別していくという社会現象はとても興味深いものである。しかし、ブルデューが試みたようなテイストの良さ/悪さをわける一般的基準をみつけるという方向性はあまりうまくいかなそうなので、(2) なにがよいテイストでなにがそうでないと判断されているかについてのについての判断基準をそれぞれの文化領域ごとに明らかにすることが必要となるだろう。そして、ソーントンが示したように (3) テイストについての議論からポピュラーカルチャーは

排除されるべきではない。

　以上に述べた三つの点を踏まえ、テイストという対象について研究を進めていくうえで注意しなければならないことが存在する。それが北田暁大によって指摘された「過剰に差異化された人間像」というものである。北田自身がこの本の第2章でこの問題について詳細に論じているが、その主張を一言で述べると以下のようになる。すなわち、ブルデューが前提としているテイストのよさを資源とした競争というモデルはどんな文化的活動でもあてはまるわけではないので、そのことを無視してブルデューの前提を機械的に適用してあらゆる文化消費にテイストの差異を利用した実践を読み込もうとするならば、研究者は過剰に差異化された人間像を無理矢理つくりだしてしまう危険性がある。

　これだけではわかりにくいので、本章に必要な範囲でこの意味を簡単に解説しておこう。ブルデューの議論においてはテイストはたんなる好き嫌いの表現ではなく、そのよし悪しによって人びとが序列化されるようなものであった。つまり、あるひとのテイストは「よい」ものとして尊敬される一方、別の人のテイストは「それほどよくない」とか「わるい」とされて、低くランクづけられていくとされた。こうした議論ではテイストのよさが重要な資源、ブルデューの用語に従えば「資本」、となることが前提とされている。実際ブルデューが興味を持っていたような絵画鑑賞についてテイストのよさが重要な資源だという主張はもっともらしく響くだろう。私たちは絵画においては傑作と呼ばれるものがある一方で、たいしたことのない凡庸な作品、さらにはまったく価値のない落書きがある、というふうに絵画には優れたものと劣ったものがあることを知っている。絵画についてまったく興味がなければ、ピカソの絵とただの落書きの区別がつかないかもしれない。それでも、私たちはその両者に価値の上で明確な違いが存在することくらいは知っているのである。だから、絵画においてはある人が「見る目がある」とか「見る目がない」とか語ることは自然なのであり、どの絵画を好むかがこうした「見る目」、つまりテイストのよさや悪さを示しているのだと言われると、

なるほどそうかもしれないと思えてくる。

　だがポピュラーカルチャーについて考えはじめるならば、こうしたブルデューの前提は自然なものではなくなるかもしれない。このことを北田も具体例としてあげているアニメについて考えてみよう。アニメ作品について好き嫌いを語ることはもちろんできるだろう。だがそうした好き嫌いにもとづいて、人びとのアニメを見る目が優れているかどうかについて論じ始めることができるだろうか。たとえば、私たちが『けいおん！』よりも『魔法少女まどか☆マギカ』の方が好きだとしたら、私たちのテイストは『けいおん！』を好む人たちよりも優れていたり、劣っていたりするのだろうか(3)。そして、もし私たちが好きなアニメ作品によって序列化されるのだとしたら、私たちはまた好きなお笑い芸人によって、好きなゲームソフトによって、好きなテレビ番組によって、好きなサッカーチームによって、好きなお菓子によって優れていたり、劣っていたりすると序列をつけられていくのだろうか。

　こうした例を考えるならば、私たちが何を好むのかというものが、はたしてそこまで重要なのだろうか、という疑問をもつようになるだろう。気にしているといえば気にしているような気もするし、それほど気にしていないようにも思える。気にしている場合でも、その気にしかたは絵画鑑賞におけるのとはかなり性質が異なっているように思える。北田によるブルデューへの批判とは、あらゆる文化領域においてテイストの優劣をめぐる絶え間ない競争が繰り広げられているということは直感的にありそうになく、それは人びとが実際にやっていることを無視して研究者が作りあげた幻、過剰に差異化された人間像、に陥ってしまう可能性がある、というものである。もちろん、北田は人びとがテイストのよさ／悪さをもとにして競争を行うことがありうることは認めている。だが、それはあらゆる文化活動にとって自明の性質ではない。なぜなら、それぞれの文化消費実践においてそもそもテイストが資源となるかどうか、そしてもしなるとしたらどのようなテイストの違いが資源となるのかは歴史的背景の違いなどによって大きく異なる可能性があるからである。

そうであるならば、必要なことはテイストのよし悪しが常に重要な資源だと仮定するのではなく、テイストはどこで、どのように重要な資源となるのか／ならないのかを探究することになるだろう。

人びとは互いに異なっており、そうした人びとの間に存在する違いによってしばしば人びとは分割され、別々のグループへとわかれていく。だがあらゆる違いが人びとを分割するわけではない以上、重要なことはどの差異が人びとの分割にとって意味のある差異なのかを特定することである。その分割がテイストの違いを根拠に行われることもあれば、それとは別の違いによって可能になることもあるだろう。そしてどの差異が人びとにとって意味のある差異なのかはそれを分析する者たちが勝手に決めてよい問題ではない。ブルデューが分析の対象にあげたハイカルチャーのように長い歴史のなかで作品とその批評制度を生み出してきた対象にはテイストの差異が卓越をめぐる闘争において貴重な資源であるという仮定はもしかしたら妥当であったかもしれない。だが、テイストの社会学がブルデューを超えて現代のポピュラーカルチャーについても研究しようと望むならば、ブルデューのもともとの議論においては必ずしも問題化しなかったテイストについての仮定から再検討することが必要である。(4)

いままで北田の議論を参照しながらテイスト研究を行ううえでの注意点について述べてきた。北田の議論は第6章で展開される工藤雅人の議論にヒントをえているので、ここでは北田の議論を以下のように要約的にまとめ、これを工藤＝北田テーゼと呼ぶことにしよう。すなわち、ある特定の文化消費において、その文化消費を行うものたちの間でテイストの差異がそもそも人びとを分割するほどの注目に値すべき差異としてあつかわれるか、さらにそうした差異が単なる好き嫌いによる違いではなく優劣を伴う序列を生み出すかどうか、これらは理論的に仮定されてよいものではなく、それぞれについて具体的な研究を通して経験的に問われるべき問題である。この工藤＝北田テーゼはポピュラーカルチャーにおいてテイストを研究する上で基本的な前提となるだろう。

4　日本におけるテイスト研究の位置

　ここまでブルデューにおけるテイスト論、ソーントンによるテイスト論のポピュラーカルチャー研究への拡張、そして北田によるテイスト研究を行う上での注意について確認してきた。だが、こうしたテイスト論を参考にしながら実際に日本の事例について研究を行ってみようと考えるときに、テイスト論やテイストの社会学というものが日本ではあまり聞き慣れないものであることに気づくかもしれない。テイスト論とはいままで日本で行われてきた文化論や文化社会学的研究とまったく無関係なものなのだろうか。ここでは日本における過去の文化研究を整理しながら、いままで確認してきたようなテイスト論とどのように接続できるのかを考えてみよう。

　まず、テイストについて直接論じたものが存在しないわけではない。たとえば小泉恭子（2007）による高校生のポピュラー音楽受容の研究や難波功士（2007）による若者の集合的アイデンティティについての研究、神野由紀（1994, 2015）による百貨店の歴史研究などをあげることができる。また、テイストという言葉が使われていないことは、いままで議論してきたようなテイストという対象が日本においてまったく研究されてこなかったことを意味するわけではない。日本ではテイストのもつ不思議な社会性は注目されてきたのだが、それは消費社会論と呼ばれる別のフレームワークのなかで「差異化」論として議論されてきたのであった。

　消費社会論と呼ばれる議論の特徴は経済活動のうち伝統的に重視されてきた生産活動に代わって、消費活動および消費者としての普通の人びとの重要性を強調したことであった。消費行為についての注目は社会学でも、経済学においても昔から存在したものである。アメリカの経済学者・社会学者であるソースタイン・ヴェブレン（Thorstein Veblen）の経済社会学的著作である『有閑階級の理論』（1899=2016）は富裕層が衣服や家具などに巨額の富を費やすという一見不必要で非合理的にみえる消費行動を見せびらかし（「誇示的消費 conspicuous consumption」と呼ばれる）

という観点から分析し、そうした見せびらかしによって自らの財力や社会的地位の高さを示すと論じていたし、フランスの文化人類学者マルセル・モース（Marcel Mauss）の経済人類学的探究である「贈与論」（1925=2014）においては高価な贈り物や浪費を行うことで力を誇示するポトラッチと呼ばれる贈与形態が論じられていた。だが、「消費」の重要性が広く認識されるようになったのは基本的には第二次大戦後のことである。浪費という一見非合理的にみえる消費活動は「合理的な経済人」という当時の経済学主流派の前提を問い直しうるものとして経済学者や社会学者の関心をひいた。日本の文化社会学者にとっても消費が重要な問題だと広く認識されるようになったのは、フランスの社会学者ジャン・ボードリヤール（Jean Baudrillard）の『消費社会の神話と構造』（1970=1995）の翻訳初出版（1979年）以降、1980年代にかけてのことであった。[6]

　こうして1980年代に日本にも受け入れられた消費社会論であったが、その内容としては少なくとも社会変容論、文化産業批判論、そして消費実践研究という三つの側面が含まれていた。社会変容論としての消費社会論は、経済活動の中心が生産から消費に移行したことで高度産業社会や後期近代と呼ばれるような新しい社会が出現したと主張した。こうした意味での消費社会論は従来の社会とは異なる現代社会の構造を理解するための最新の社会理論として受け取られたのであった。文化産業批判論としての消費社会論はメディア、とくに広告や宣伝を通して人びとの欲望を喚起し操作するメディア・文化産業体制への批判的検討を主眼としていた。メディアによって人びとが操作されることへの懸念はマス・コミュニケーションの発達とともに社会学のなかで議論されてきたことであり、こうした意味での消費社会論はテオドール・アドルノ（Theodor Adorno）とマックス・ホルクハイマー（Max Horkheimer）の『啓蒙の弁証法』（1947=2007）以来の文化産業批判を発展させたものとして受け取られた。最後に、消費実践研究としての消費社会論は、日常的に行われるショッピングなどが人びとにとって持つ意味やそのリアリティを探究

するものであった。この最後の論点が消費を通した差異化について論じており、ブルデュー、ソーントン、北田らのテイスト論と接続することができるのでこれについてもう少し詳しくふりかえってみよう。

　消費社会論のなかではさまざまな商品を人びとが購入し、その商品がもつイメージによって自分や他人がどのような人間であるのかをカテゴライズしていくという「差異化」現象が注目された。こうした消費形態は記号消費などと呼ばれ、その典型としてブランド品などがあげられた。ここでの議論は高価な商品を購入して富を誇示し自らの社会的地位の高さを印象付けるという単純なものではなく、ある商品と別の商品の間にある微細な差異をよみとり、商品が体現するイメージの違いを利用することで、自己イメージを巧みに提示するという消費者の姿を描こうとした。たとえば、こうした消費社会論を背景に、上野千鶴子（1987→1992）は無数に存在する商品のなかからどの商品を購入するのかという選択によって他者との差異を示し、自らのイメージを織り上げていく人びと、とくに女性たち、のリアリティをとらえようとした。宮台真司ら（1993→2007）は当時の音楽ジャンルにおいて、音楽的な違いがほとんどないように見える楽曲に対して異なる音楽ジャンル名がつけられ、そうした音楽的ラベルに対する人びとの好き嫌いがわかれるという現象に注目し、若者たちが自分の好みを利用しながら自己や他者たちとの間に共通点や相違点を見出していく姿を描いた。こうした議論は個人の文化消費における選択や好き嫌いにもとづいて人びとが自らをさまざまにカテゴライズすること、またそうした違いがしばしば序列化のために利用される点などにふれながら、実際にそれがどのように行われているのかを明らかにし、その複雑な実践を支えている論理を解明しようとしている点でテイスト論と接続可能であるものを含んでいた。

　日本においても流行を見せた消費社会論であったが、2000年代までには影響力を大きく失い、現在日本の社会学者がボードリヤールの議論を参照することはほとんどない。こうした消費社会論の衰退にはさまざまな要因が考えられる。たとえば、社会変容論としての消費社会論の歴

史的妥当性への疑問や、そもそもボードリヤールが利用する分析概念のあいまいさ、さらに日本におけるボードリヤール受容を支えていたフランス系ポストモダニズムに対する激しい批判があげられるだろう。また文化産業論批判についてはイギリスのバーミンガム大学で発展したカルチュラル・スタディーズが日本に導入されたことで、消費社会論的枠組みを参照する必要性がうすれたこともあるだろう。

　ボードリヤールの議論自体は今日から見ればあまり明瞭ではなく、それをそのまま受け取るのに抵抗を覚えるのは自然なことである。またかれの前提とする大規模な社会変容なるものの歴史的妥当性にも疑問がつけられるだろう。さらには、かれの議論を支えていた記号論や構造主義、あるいはポストモダニズムと呼ばれるものは一時的な知的流行に過ぎなかったと結論されるかもしれない。だが、そうしたすべてが正しくても百貨店やセレクトショップ、ブランド品といったものは存続し続けており、そうした消費活動のリアリティをとらえることは社会学の課題の一つであり続けている。それならば、社会学者がすべきことはボードリヤールとは別の仕方で、人びとの消費実践がもつ重要性を説得的に示すことであり、その文化実践のリアリティに迫ることである。そのとき、ブルデューのテイスト論を参照することは私たちの探究を助けてくれるはずだ。

　ボードリヤールに影響を受けた消費社会論の文脈のなかで行われてきた議論をブルデューのテイスト論と接続する利点はいくつかある。まずテイストという現象自体の社会性に注目することで、消費社会論にみられた歴史的妥当性が不明な大規模な社会変容論を前提せずともテイストをめぐる私たちの日常的文化実践の解明を社会学の重要な研究課題として再提示することができる。また、そうすることで日本での議論と外国で行われているテイストの社会学との接続ができるようになる。[7] より重要な利点としては、消費社会論における消費者研究をテイスト論へと接続することで従来の消費社会論で行われていた差異化論や記号消費の議論を再検討することができることである。工藤＝北田テーゼを踏まえた

後ならば、人びとが常に差異を作り出すことに熱中しているといった議論の妥当性は疑わしくなるだろう。差異化論がそもそも日常的消費実践の解明を目指したものであるならば、重要なことは、どのようにしてある種の消費が差異を生み出し、どのようにしてある差異を示すことが誇示になりうるのか、そしてなぜある差異はそれほど重要な違いと扱われないのか、そういった実践の論理を明らかにすることである。

この観点から消費社会論の衰退以降に現れた日本文化論とテイスト論との接続についても簡単に素描しておこう。文化社会学者の遠藤知巳（2010）は現代日本の特徴を「フラットカルチャー」という言葉であらわし、そうした社会においてはある特定の領域における知識の多さやテイストのよさを誇ってみても、それはただの瑣末な事物に対して奇妙なこだわりを見せる「おたく」的なフェティシズムだとみなされてしまうと述べており、記号消費的な理解が今日では維持しがたい可能性を示唆している。

また日本の文化研究に大きな影響を与えた思想家である東浩紀（2001）の「オタク」的文化消費形態についての議論はボードリヤール的な記号消費に対する批判として構成されていると理解することができる。東の主張は多岐にわたるが、文化社会学者の長谷正人の要約に従って東の議論を以下のように図式的に整理することにしよう。ヘーゲル研究で名をなしたアレクサンドル・コジェーブ（Alexandre Kojève）の「欲望」と「欲求」という区別を参照しながら、東は二つの大きく異なる消費形態について論じている。それは「欲望」に駆られた消費形態とは他人に羨ましがられたいという思いから生じるものであるのに対して、「欲求」に駆られた消費形態は他人とは関係なくただ自らが望むものを手に入れたいというものであると要約できるだろう。前者において、人びとは自分が手に入れるものが他人からどう評価されるかにきわめて敏感であり、その点でボードリヤール的な記号消費やブルデューのテイストの優劣をめぐる競争といった議論となじみやすい。それに対して、後者においてはそもそも人びとは他人がどう評価するかなど気にすることなく自分が

好むものを消費しており、そこにはテイストの優劣などという感覚はリアリティを持っていないと言い換えられるだろう。東の議論は現代日本社会における後者の形の欲求に基づく消費の重要性を強調したのであった。

遠藤の議論も東の議論も現代日本における記号消費という消費形態やテイストの優劣をめぐる競争といった議論の限定性について触れており、その問題関心は私たちと共有可能なものである。一方、両者において記号消費やテイストのよさ競争とは違う新しい形態での文化消費の登場という社会変容論的枠組みがとられているのだが、私たちがテイストの研究をしていくうえでこうした枠組みは必ずしも必要ではない。さらに、現代社会においてテイストが有効なのかもはや有効ではないのかという問いを立てて、社会全体について答えを与えることはおそらく可能ではないし、それほど重要でもない。なぜなら、テイストのよさをめぐる競争は発生することもあれば、発生しないこともあると考えられるからだ。そうであれば、私たちが目指すべきなのは、それぞれの文化領域ごとでテイストのよさをめぐる競争、テイストのよしあしに基づいたグループ分けなどが起こっているのかについて調べ、もし起こっているのだとしたら、それぞれどういった論理がそうした現象を支えているのかをあきらかにすることとなるだろう。

5　テイストの社会学に向けて

ブルデューはひとつの問いを投げかけた。それに対してブルデューが与えたかった答えと、私たちがこの本のなかで与えようとしている答えはおそらくかなり違っているだろう。ブルデューの偉大さは、私たちの生きるこの世界のなかでしばしば遭遇する「テイスト」という不思議な存在に注目を向けたことであり、そしてそれが社会学の正当な対象として研究されるべきだ、と述べたことにある。このエッセイはブルデューの名前を挙げているものの、ブルデューが構想したようなテイストがど

のような社会的帰結をもたらすのかについての理論を呈示するものではない。それはこのエッセイがブルデューではないほかの理論家、たとえばボードリヤール、に依拠しているからではなく、そもそもそうしたあらゆる文化的領域において通用するようなテイストについての一般理論が存在するという考えに懐疑的であるからだ。だが、文化が享受されるということがどのようなことなのか、その経験に対して忠実であろうとするその一点においてこのエッセイはブルデューと問題関心を共有している。それはベネットら（Bennett et al. 2009）のようにブルデューのディスタンクシオンのプロジェクトを忠実に再生させるのとは大きく方向が異なるものの、ブルデューが文化社会学に残した遺産を継承する試みである。[9]

　現在においてもブルデューのテイスト論がもっともだと思える分野といったものはおそらく存在するだろう。たとえば、絵画などのいわゆる典型的な芸術鑑賞においては人びとはテイストのよさや悪さによって序列化されることがあるかもしれないし、そうしたよいテイストの獲得が家庭での教育に左右されるということもあるだろう。このエッセイが述べたかったことは、テイストのよさがある特定の文化領域において重要でありうるからといって、それがほかの領域にも当てはめられるとはただちには意味しないということだ。現代の文化社会学者たちはマンガ、ジャニーズ、コスプレ、鉄道おたく、ロックミュージック、ポルノグラフィ、タトゥー、そしてその他のあらゆるポピュラーカルチャーについて研究することができる。そうした文化が私たちの生活の一部を占める以上、そうした研究が行われることは疑いなく歓迎されるべきことだろう。私はこういったものが文化社会学の正当な対象であることを信じて疑わない。だが、そうした対象を文化社会学の正当な対象であると主張するために、私たちはそれらの文化的営みが美術鑑賞と同質のものであると主張する必要はまったくない。異なる文化的消費行為には異なるやりかたがあるとしてもそれは自然なことであり、ブルデューが美術鑑賞において人びとはテイストに基づいて他者の階級や教育程度を判断する

と述べたとしても、そこからただちにあらゆる文化消費においてひとはテイストに基づいて階級や教育程度を判断するとか、テイストに基づいて序列化するとかいう必要はない。社会学が人びとの営みに忠実であろうとするのならば、社会学者は人びとの営みがどのように組み立てられているのか、そのなかでテイストを含むさまざまな概念がどのような役割を果たしているのかを特定するところからはじめなければならない。工藤＝北田テーゼの問題意識はこのようにいいかえることができるだろう。

これを踏まえるならば、私たちはテイストについての経験的な探究へと向かうことができるだろう。そして、私たちは「テイスト」という概念がそれぞれの文化消費において本当に適切で意味のある概念であるかどうかについて考察するところから始めることとなるだろう。仮にある文化領域においてテイストについて語ることが有意味であり、さらにテイストによって序列化が行われるのだということが確認されたならば、次に私たちはテイストがどのようなタイプの対象に向けられるのかと問うてみることができるだろう。ブルデューはこの点について作家や作品、スタイルといった美術鑑賞に由来する基礎カテゴリーが特権的な役割をはたしうることを指摘していた。私たちは、モネやゴッホという作家について、モナリザやゲルニカという個々の作品についてあるいは印象派といったスタイルについて語ることができる。こうした作家、作品、スタイルというものはテイストを語る上で重要な資源になりうる。だが、同時に個々の文化領域においてテイストを語る単位は独自に発展することもあるだろう。たとえば、音楽におけるテイスト研究ではしばしば「ジャンル」というものがとりあげられ、アンケートによってあるジャンルの好き嫌いが尋ねられたりする。だが、音楽において「ジャンル」が有意味であるということは他の領域においてもジャンルが常に適切で、有意味な分類区分であることを意味しない。

洋服や食器においてジャンルといわれても私たちはピンと来ないであろう。さらに、絵画や音楽についてはある作品ごとに好き嫌いを語るこ

とに違和感がないかもしれないが、洋服やインテリアにおいては個々のアイテム単体ごとに評価を与えることは必ずしも適切ではないだろう。華やかな洋食器と、美しい徳利、シンプルですっきりした木製のお椀が並んでいるときに個々の食器の美しさと、それがあつめられたときに全体としてうけるちぐはぐな印象は、食器やインテリアにおいてはそれぞれのアイテムがしばしばコーディネートのなかで見られるということを私たちに気づかせてくれる。作家や作品、スタイルといった芸術に由来する基礎カテゴリーがしばしば重要となるというブルデューの鋭い洞察は、同時にそれらが重要な基礎カテゴリーとして利用されない領域の特徴を明確にしてくれる。私たちが進むべきなのは、それぞれの領域でなにが適切な基礎カテゴリーになるかを探究し、それを通してそれぞれの文化消費がもつ特徴を明らかにすることである。

　テイストについて研究するということは、ひとが示す好みの差異やそれの序列化だけに注目するということではない。まさにそれが存在しないということが重要となる局面もあるだろう。単なる好み以上の何かとしてのテイストの存在を感じることがありそうな気がするからといって、私たちの生活がテイストのよさを示し続けなければならないテイストのよさ競争によって埋め尽くされていると考えるならば、それは私たちのリアリティから乖離してしまうだろう。友達と服を買いに行くたびに誰が一番センスがよいか競争を繰り広げていたら、友達と買い物に行くのは苦痛でしかない。友達と一緒にいった服屋さんで友達が気に入った洋服に対して「これかわいくない？」と同意を求められたとき、正直に言うと自分はそれを好きではないのだが、「なにそれださい。こっちのほうがいいよ」とはいわずに、「あー、好きそうー」と答えになっていないような答えを返すとき、私たちはそこにおいてテイストのよしあしを問題化すること自体を避けているのだろう。なぜなら、テイストのよさをめぐる競争は人の名誉を傷つけるかもしれないからだ。[10]

　テイストはときに私たちを結びつけ、引き離す。それは私たちが何者であり、私たちがどのように文化とかかわっているのかを示すだろう。

私たちは文化的消費において個人の好き嫌いが重要なのだという感覚と、そこには個人の好き嫌いを超えたよさ／悪さがあるのだという感覚をもつ。この二つの相反するような感覚はその両者のどちらかが正しいというよりは、そうした二つの感覚を巧みに使い分けながら私たちは日々の生活を織りあげていくのだろう。そうであれば、テイストのよしあしを気にしたり、気にしなかったりする私たちの論理を解明することがテイスト研究の目指すべき目標となるだろう。もし社会学の目標に私たちの生活と経験を可能にする論理の解明が含まれるならば、ここで述べたようなテイスト研究とはまさにそういったことを目指しており、その意味でテイストは社会学の重要な対象だといえるのだ。[11]

注
(1) ブルデューの議論における「界」の解説としてはシュワルツ（Swartz 1997）の第6章、または磯（2008）が参考になる。
(2) 次にあらわれたのがピーターソン（Richard Peterson）によって提案されたオムニボア仮説であり、これはブルデューの議論を大幅に組み替えながら、テイストの階級的分断というブルデューのアイディアをいかそうという試みであった（Peterson and Simkus 1992; Peterson and Kern 1996）。ピーターソンらによればブルデューが美的鑑賞能力の配分が階級的分断と対応し、それゆえにどのような文化財を好んで消費するかは階級と対応すると考えたのに対し、ピーターソンらは低い階級はある特定の文化だけを消費するのに対して階級が高いものはより幅広くさまざまな文化を消費するという仮説を唱え、これに雑食を意味するオムニボアという名前を与えた。つまり、ここでは階級差は享受する文化財の対象によってではなく、幅広さにこそあらわれるのだとされた。オムニボア仮説について、日本では片岡栄美による研究がある（片岡 2003）。これらの研究に興味がある人は本書巻末の北田によるブックガイド「ブルデューをめぐって」が役に立つだろう。
(3) 『けいおん！』と『魔法少女まどか☆マギカ』は練馬調査実施前後に人気のあったアニメ作品。
(4) ソーントン自身がこの問題をどう考えていたのかはよくわからない。ソーントンは自らの研究対象をクラブに通う人たち、つまりクラブファンに限定しているが、こうしたファンコミュニティに限定するならこうした問題があまり大きな問題として現れないということはありそうなことである。ファンダム研究とテイストの問題については本書第2章での北田の議論も参照してほしい。
(5) 日本においてテイスト研究が盛んにならなかった原因の一つとしては、「テイスト」という言葉がヨーロッパ系の言語において非常に独特な歴史を持ち、日本語への移し変えが必ずしも簡単ではなかった可能性が考えらえる。「テイスト」という言葉の18世紀ヨーロッパにおける流行については美学史において議論されているようだ。たとえば、小田部（2009）が参考に

なる。
(6) 文化社会学における消費社会論の進展についての解説としては吉見（1996）がまとまっている。
(7) たとえば英語圏における文化社会学の代表的雑誌の一つ *Poetics* 誌ではしばしばテイスト研究が行われている。
(8) 長谷は東の議論について以下のように要約している。「大衆消費社会の基盤となっていた、互いの欲望を模倣しあう間主観的な欲望が消失し、代わって「できるだけ他者の介在なしに、瞬時に機械的に満た」されるような「欲求」が支配するようになっていると主張した。彼らは他人の趣味に惑わされることなく「自分の好む萌え要素を、自分の好む物語で演出してくれる作品を単純に求めているのだ」」（長谷 2006, p. 627: 東からの引用は p. 135）
(9) ブルデューが社会学へ残した遺産を継承するという問題関心については2011年に酒井泰斗氏主催により開催された研究会「ブルデューの方法」から多くを学んだ。
(10) こうした誰かの体面（face）を傷つけるのを避けることについてはゴフマンの古典的な論文（Goffman 1967=2012）が参考になる。
(11) こうした文化実践の論理を解明しようという目標はなにも社会学だけが占有しているものではない。同様の問題関心を持っていると考えられるものとして、たとえば日常美学からのアプローチである松永（2015）が参考になる。

第2章 社会にとって「テイスト」とは何か
ブルデューの遺産をめぐる一考察

北田暁大

1 「文化」の社会学の現在

　1990年代以降の文化社会学の隆盛、カルチュラル・スタディーズの導入など、一時期日本社会学は「文化論的転回」（吉見 2003）を経たように見えた。出版化される社会学や批判理論の書の多くに文化の文字が躍り、2000年代のブームを形成したともいえるだろう。それは「文化」を素材として社会学研究をしている著者にとっては、大変喜ばしいことではあったが、いくつかどうしても気になって仕方のない喉元に刺さった骨のような違和があった。

　まず一つは、カルチュラル・スタディーズの視座にもとづく経験的な——作品の政治性批評、記号論的な内容解読ではない——フィールド研究が、00年代半ばにいたるまでさほど多くは出てこなかったこと。さらに、その後ようやく出てくるようになったフィールドワーク研究にピエール・ブルデューの卓越化（distinction）の議論を理論枠組みとしたものが散見されたこと、そして、にもかかわらず、カルチュラル・スタディーズとブルデュー的な議論の枠組みの接合可能性についてまとまった議論がなされず、サラ・ソーントン（Thornton 1995）などの引用を護符として、ファン文化の卓越化ゲームを描くというやり方がなかば論文生産のための方法論とされてきたように思えたということである。

　そしてこれらの現象——文化論的転回——は、見田宗介や大澤真幸、佐藤俊樹、佐藤健二、若林幹夫、長谷正人といった文化論的な志向を持つ社会学者の動向や、宮島喬、藤田英典、片岡栄美、橋本健二のようなある意味王道的ともいえる、ブルデューを用いた社会学的な階層・階級研究とほとんど接点を持たないまま進行していた。

考えてみるとこの状況は、かなり奇妙なことである。

カルチュラル・スタディーズ（以下 CS と略記する）的な「オーディエンスの能動性（やそれを取り巻く複雑な政治的連関）」の要請から、経験的対象として受け手のコミュニティが選択されるのだが、それが批判の対象としていたアメリカ的なマスコミュニケーション研究はほぼ検討された様子もなく（ソープオペラ分析であればヘルタ・ヘルツォークの古典的な研究があるのに、なぜかジャニス・ラドウェイの記述から始まるし、ジェンダーと都市文化ということでいえば、フランシス・ドノヴァンが挙げられるべきである）、アメリカ的応用社会学に正面きって対峙したブルデューの社会学の用語（文化資本・ハビトゥス・卓越化……）が多用される。これは実はけっこうに奇妙なことなのだ。

CS の古典の一つであるスチュアート・ホールの論文「エンコーディング／ディコーディング」（1973 年）やトッド・ギトリンの「メディア社会学――主流派のパラダイム」（1978 年）は明確に、仮想敵として「主流派」のコミュニケーション研究を念頭においていた。また、『美術愛好』などをみてみればわかるように、ブルデューもまた、ラザースフェルドらが主導していた社会心理学的な研究スタイルを踏襲しつつも、それを乗り越えようとしていた。しかし、ブルデューと CS の関係は、日本でのセット的受容が想定するほどには単純なものではない。たしかに、双方ともに「構造主義」以降の思想的な展開をどん欲に吸収しつつ、「行政管理的 administrative」な議論を批判したという点で共通性は見いだせるが、ブルデュー社会学とホール的批判理論との関連はそれほど明白ではない。

というよりも、『美術愛好』から『ディスタンクシオン』まで、一貫して統計的な分析手法と構造主義的な理論との架橋を図っていたブルデューと、ホールの理論枠組みに導かれ記号論的テクスト分析やフィールドワークを基軸とした CS とでは、アメリカ社会学への立ち向かい方がまるで異なる。

ヌヴーによれば（Neveu 2005）、実はブルデューは、CS 第一世代、リ

第 2 章　社会にとって「テイスト」とは何か

チャード・ホガードやレイモンド・ウィリアムズにはかなり好意的な姿勢をみせていた。実際、深夜叢書の統括編集者として、1970年のパスロンによる『読み書き能力の効用』の翻訳をフランス知識社会に送り出しているし、自身の編集誌である『Actes』に、E.P. トムソン、ウィリアムズ、ポール・ウィリスなどの翻訳を掲載している。いわゆる CS の「始祖」たちに対してブルデューは強い学問的共感を寄せていたといえる（ibid: 204）。
[6]

　問題は「ホール以降」である。ヌヴーの見立てでは、ブルデューは、大衆、人びとの受容の能動性や多様性を描き出す初期 CS の歴史研究、フィールドワークに共感を寄せつつも、フランス知識人界を席巻する記号論的テクスト分析の非経験的・名人芸的性格を警戒・牽制していた。ホールの記念碑的論文はよく知られるようにロラン・バルトの記号論的広告分析を「発展」させたものであり、以降（必ずしもこの論文だけが引き金となってというわけではないが）、CS においてポスト構造主義と呼ばれるフランス現代思想（とグラムシ）の言葉が頻繁に運用されるようになる。80 年代以降『Actes』にイギリスの CS 翻訳が掲載されることはなくなっていったというが（ibid: 205）、それは、ラザースフェルドらの王道的な実証的社会学とともに、「記号論」の文化解読と緊張感をもって対峙してきたブルデューらしい「象徴闘争」である。アメリカ的実証主義と対峙するなかで、記号論的なテクスト分析とは距離をとり、CS の始祖たちの経験主義・歴史主義と連帯しつつ、人びとの受容の多様性・能動性を汲みとる。この「象徴闘争」の戦術のなかで、記号論の用語を多用する CS はもはやブルデューにとって興味の対象とはならなかった（あるいは「敵」ですらあった）のであろう。アメリカ的実証主義社会学との内在的な「対決」は、ブルデューにとってきわめて重要な生涯をかけた問題設定であったが、ホール世代以降の CS にそうした意識が共有されているとは言い難い（計量研究の極端な少なさがそれを証左している）。

　アクティブ・オーディエンスも卓越化する主体のいずれも、文化をす

かし眼鏡として、構造に収まり切らない人びとの能動性を浮かび上がらせようとする試みであったとはいえる。だが、ブルデューはあくまで社会学者としてその摘出を試み──彼には「反アカデミズム」といった志向はなかった（Bourdieu 2001=2010: 246）──CS は記号論的な意味解釈、受け手の意味解釈といった方向性を前景化していた。構造主義への言及は共通してみられるものの、CS の初期文献にウィトゲンシュタインやハイデガーの名前を見いだすことは難しい。方法論のみならず、学問的な言及関係においても、両者には相当な懸隔があるはずなのだ。

しかしある時期から──おそらくはアメリカでの本格的なブルデュー理論受容と契機のひとつとなった DiMaggio & Ostrower（1992）やソーントンの出版あたりから──この二つの道筋は、難なく接合されるようになってしまった。日本の場合、ブルデューの本格的な紹介（『ディスタンクシオン』の邦訳が 1990 年）と CS の移入（ホールらを招いて行われた東大社会情報研究所の国際シンポジウム「カルチュラル・スタディーズとの対話」開催が 1996 年、上野俊哉・毛利嘉孝、および吉見俊哉の入門書はいずれも 2000 年出版）にあまりタイムラグがなかったということもあるだろう。そんななか日本では「ブルデュー理論を使った文化研究」が生産され続けてきた。

現在では、英語圏でも状況にそれほど差はなく、サブカルチャー研究、ファンダム研究を目指す若手研究者は、ブルデューの用語系と CS の用語系を容易に交差させながら──「量的」でない理由は明示されないまま──「質的」な調査を試みる。そのときの質的調査では、大きな歴史的蓄積を持つ社会学的フィールドワーク、都市社会学、地域研究の成果はほぼ参照されることはない。「卓越化の理論＋フィールドワーク」という組み合わせは、統計的手法や社会学の伝統を、「反社会学」としての CS を媒介させることによりスルーする論文生産パックとなってしまったとすらいえるだろう。

なぜこうした事態に陥ったのか。

たぶんに考えられるのは、CS 的なフレームワーク（というか比喩）

「抵抗的／折衝的／ドミナントな読み」「意味のせめぎあい」「陣地戦」がそれ自体として具体的な分析の方向性を指示するものではないので（使い勝手が悪いので）、社会性と文化受容の関連を問うブルデューの理論言語（界、文化資本、卓越化）が説明概念として援用されてきた、ということである。「抵抗的である／ない」の区別そのものは、サブカルチャー研究においてそれほど安易に同定できるものではない。被差別側にある人びとが自らの文化生産や消費を「抵抗的」と定式化することはそれ自体特異な状況であるし、分析者が「本人は分かっていないけれども本当は抵抗的」と診断するなら、それはCSが強調する――古典的な階級意識論や目的意識論とは異なる――「内在性」「厚い記述」の原理を裏切ることになってしまう。この点は、差別の社会学研究の文脈で幾度も問い返されてきたことである（岸2015）。この「抵抗である／ない」の区別を外挿する便利な道具としてブルデューの卓越化の論理が利用されてきた可能性は否めない。

　また、それと通じることではあるが、分析者が自分自身のサブカルチャー受容において特定の日常的態度を持っており、その態度をほとんど変更することなく、それどころかその態度に理論・概念・用語を与えてくれる道具箱としてブルデューが選出されている、ということが考えられる(7)。つまり「卓越化／差異化」の枠組みで（自分も含めて）文化を受容すること、文化受容を分析すること、である。記号論的な消費社会論が流行したのは、時代の当事者感覚（階級的刻印を脱色された卓越化ゲーム）と共振していたから、としばしば指摘されるが、それと同じことだ。

　記号論的な消費社会論は、非政治的であるから駄目とされるのだが、その批判の延長上にあるのは、政治化された受容の卓越化ゲームであった。前者が、分析者による現象分析でありテクスト分析であったのに対して、後者は受容者の解釈分析であるということはできるが、構造はよく似ている。「文化受容は卓越化のゲームである」という分析者の直観と、CS的な政治性要求が交わったところに、ブルデュー理論を用いた受け手共同体の卓越化分析が位置づく。問題は、それが文化受容を卓越

化ゲームとして捉えるという（直観的・分析的）姿勢についての理論的精査が欠如したときに生じる。

　もっとも大きい問題はもちろん、**①文化を趣味の正統性をめぐる卓越化の舞台として描き出すことの歴史的限定性である。さらには、②ブルデュー自身がこの問題をどのように対応しているかについての検討、③そしてブルデューの理論枠組みの文化社会学としての妥当性の検討の欠如が問題とされなくてはならない。**

　きわめて皮肉なことに、90年代以降の日本において、文化社会学やカルチュラル・スタディーズが隆盛するなかで、かつては瑣末とされていたようなあらゆる日常的な事象が学的分析の対象として認知されるとともに、文化を社会学的に分析する――CS は社会学ではない、という議論はおいておく。CS の導入者のひとり毛利嘉孝も現在は「社会学者」を名乗っている――とはどういうことなのか、そもそも文化とは何なのか、という方法論的な問いは忘却されていったように思える（あるいは過剰に哲学化／方法化されたといってもいい）。

　CS の始祖であるレイモンド・ウィリアムズは『文化と社会』において、文化概念の系譜学というべき見事な分析を行った。自分が着眼している文化なる概念がいったいいかなる歴史的経緯を経て形成され、どのような機能を近代社会において担ってきたのかを考える、という作業である。先立つ「文化は変哲のないものである Culture is ordinary」（Williams 1958 → 1989: 4）における、〈文化は知的・創造的作業の産物というだけではなく、総体的な生活様式である〉というおおよそ定義とはいえない定義が引用されることが多いのだが、ウィリアムズが行ったことは、そういう事実上の無定義概念（政治でも経済でも法でもなく、そして芸術でもない残余領域）として文化概念が構成されていく歴史過程を、文化と対照される概念との関連にそくして描くことであった[8]（しかしここには、その無定義性を逆手にとって労働者階級に文化を割り当てるという実践的動機もみられるわけで、独特の二重性を帯びた規定である。後続するCS はこちらの方向性を引きついだといえる）。

文化論的転回という言葉が地理学など対象同定の縛りが強い領域で使われることが多いのは、おそらくは「物理的に特定できる伝統的対象」を生活世界との関連でみていくことがラディカルに響くからである。だから、そもそも対象としての「社会」（言葉としての社会ではなく）の同定可能性が堅固とはいえない社会学やその近接領域にとっては、文化論的転回ということを言うこと自体の戦略的意味が不分明にならざるをえない。Bennett, et al.（2009）がいうように、ブルデュー理論が CS 的な「文化論的転回」の理論資源とされる一方で、ブルデュー自身は「文化論的転回」にはあまり関心を向けていない。文化に照準することそれ自体はとくだん「転回」と称されるような視座転換をもたらすものではないからである。

　学説史的に新カント派の価値論、ウェーバーの文化意義に遡行してもよいし、ボアズ派文化人類学における包摂的な文化概念──ウィリアムズの定義の原点である──を想起してもよい。ウィリアムズ的な無定義的定義にそくしていうなら、文化社会学とは社会社会学、文化文化学というトートロジカルな名称を持つ分野であるということにもなりかねない。「制度的・物理的に限定されてきた対象に、文化や価値連関（全体的な生活世界との連関）を読む」というエクスキューズは、そもそも対象の限定性を解除されている文化社会学あるいは CS にとっては禁じ手である。文化社会学や CS は、自らが対象とする文化なるものが何であるのかをある程度明示的な形で示すことができなくてはならない（先の問題①）。自分が扱う素材がなぜ「文化」社会学の研究対象となるのか、を説明可能でなくてはならない。もちろんそれは文化の客観的定義が必要であるということではない。

　先の「ブルデュー理論の概念装置＋フィールドワーク」というパッケージが見失っているのはこの点である。ブルデューが照準しているのは「趣味 hobby」の受容実践に現れる「趣味 taste」である。「趣味」という観点から文化を捉えるという視点そのものが、一定の歴史性を持つ──むしろ、趣味という限定的なものからもっと異なる何かへと変態し

た——とするならば、趣味の正統性をめぐる象徴闘争の媒体としてhobbyを捉えるという志向の歴史的および経験的限定性が問われなくてはならない（先の問題①）。つまり、18世紀頃から特異な意味を付加されてきた文化概念は趣味とどのような関係にあるのかということ、そして現代においてhobby受容をテイストtasteの観点から捉えるということがどのような意味を持っているかということが問われる必要がある。文化という現在において無定義的概念として流通する言葉を使用することで、かえってこうした問題が見えにくくなっているように思われる。(9)

　問題②③は、「hobby受容をtasteの観点から捉え（それと社会的な再生産との関連を考え）る」という視座の妥当性について、ブルデュー自身がどのような見解を持っていたか、ということである。

　ブルデュー自身は、趣味の持つ社会性には一貫して注意を向けていたものの、文化社会学者であるという自認は希薄であったように思う。彼はあくまでhobbyにかかわる実践とtasteと社会的属性との関連を問うことが、社会的な再生産（および個人の社会移動・軌道）を考える段において重要であると考えていたのだろう。その意味で、彼が文化概念を趣味概念に還元しようとしたとはいえない。しかし、同時に彼はhobbyの受容・実践とtasteとがどのように関連しているか、ほとんど問うていないようにみえる。ここで考えるべきはイアン・ハッキングの言説分析、概念分析が問題化してきたようなカテゴリー使用の社会性をめぐる問いである。質的な方法であれ量的な方法、いずれにもとづくのであれ、「趣味hobby」として前提とされるような行動・受容様式が、どのようなカテゴリー分類の論理にもとづいて列挙されているかを問い返すということだ。

　たとえば回答者が「音楽を趣味」とする場合の趣味と、「アニメを趣味とする」という場合の趣味と、「パチンコ」「ファッション」「国内旅行」「国外旅行」という場合の趣味とでは、趣味の意味は果たして同じといえるだろうか。すべての「趣味hobby」において「趣味taste」が同じような卓越化の戦略の資源と捉えることができるだろうか。もしか

すると、tasteをめぐる闘争としてhobbyの受容を捉えるということ自体が限られたhobbyにかかわる実践に特殊ローカルな現象なのではないか。私のみたところ、ブルデュー自身こうした問いについて集中的に議論をしているとはいえないし（問題②）、さらにブルデュー的な理論枠組みをフィールドワークや歴史研究に適用する論者においても考えられるべき問い（問題③）として認識されているとはいいがたい（同趣味の人と象徴的資源をめぐって競い合うという自身の体験——たいていは「中間層」的な文化受容経験——によって自明化されている）。

　文化の概念史検討にかかわる①の論点（問題①）は、本書の課題から大きく踏み出すものであり、膨大な歴史研究を参照しつつ、あらためて慎重に問われなくてはならない。一般的に、ドイツのヘルダーの文化Kultur概念が、フランス的な文明概念と対照的に再構成され、近代以前から連綿と続く民族的慣習・意識の総体として、つまり「局所的なものとして普遍化される」ことを通して、近代的な国民国家の成り立ちに寄与したとされる(10)（西川 2001、Finkielkraut 1987=1988）。そしてそのドイツ的文化概念を携え、アメリカに渡り現代的な文化人類学の祖型を創り出したボアズがそれを精緻化し、パーソンズなどによるドイツ的「文化」概念受容の素地が創り出された、と。ボアズの弟子筋に当たる「文化とパーソナリティ」派の議論の構図が、文化相対主義（マーガレット・ミード）や、日本特殊性論のひな型（ルース・ベネディクト）を政財学の連携のなかで生み出していったことも、多くの先行研究が示唆するところである。

　ウィリアムズの無定義的ともいえる文化概念もそうした系譜のうえに築かれたものであるが、この系譜を追うこと自体が、一生分の作業量を要するものだ。移民の子どもの頭蓋骨の可塑性を調査するという人類学の王道から、慣習的行為・行動・生産物の総体といったなかば無定義的ともいえる概念を生み出すにいたったボアズの動向をみるだけでも、また精神物理学的な志向を持つ心理学が、生物学との関連を断ち、文化主義的な行動主義を生み出していった経緯——しばしば誤認されているが、

アメリカのマスコミ研究でよく指摘されるラザースフェルドは、行動主義のなかでももっとも目的論的な志向をとった論者であり、むしろスキナー的行動主義と鋭く対立する立場にあった。「心」「意図」といった目的論的概念を操作主義的に括弧入れするという行動主義の原理は、今の言葉で言えば、反本質主義・構築主義の先駆けとなるものである——も、きわめて複雑である。ルーマンが吐き捨てるように「これまで作られてきたもののなかでも最悪の概念の一つ」（Luhmann 1995b: 109）と名指した汎用性が高すぎる文化概念の出自と転態は、容易に語りうるものではない。「文化論的転回」という言葉自体が、そうした文化概念の複雑さと歴史を覆い隠すものとなっている。

そういうわけで、本書では、「文化」とはいっても、ブルデューの言う意味での文化、つまり、趣味 taste と関連した hobby の消費・受容が持つ社会性（問題②③）に話を限定する。ボアズ・ウィリアムズ的な路線でいけば、そもそも「文化社会学」という表現は冗長であり、現在出版されている「文化社会学」「文化研究」の多くは（かつてであれば生活構造論などの余暇研究の対象とされていた）hobby の話に議論を特化している。「文化」概念の複雑性と重要性を尊重するためにこそ、ここでは、hobby、taste に絞りこんだ議論に徹することとしたい。

2 『ディスタンクシオン』の方法と理論

1節で述べた問題意識②について、やや詳細に考えるために、以下では、ブルデューの社会理論における「文化」の扱いをとりあげ、批判的に考察していく。まず、（1）ブルデューにおける「文化」にかかわる議論の中核をなす「文化資本」「ハビトゥス」概念が——思想史的概念としてではなく——経験的な学としての社会学において、維持可能なのであるかを、瀧川（2013）の精緻な議論を——他のブルデュー継承の動向を逐次参照しつつ——踏襲しながら理論的に検討し（問題②）、（2）ブルデュー的な"hobby"と"taste"の関わらせ方が経験的分析の方法

として妥当かどうかを、具体的なデータに基づき考察していくこととしたい（問題③）。

ブルデューの「文化」理論の核をなす概念である「文化資本」「ハビトゥス」については、すでに多くの階層研究者、教育社会学者などから、経験的科学としての社会学にとっての意義の如何が批判的に検討されている。

ブルデュー自身の「哲学的」な側面に照準し、理論的に検討を行うものもみられるが、こと階層研究の盛んなイギリスでは、ゴールドソープのようなきわめてトラディショナルな階層研究者や、ハルゼーのような教育社会学者を中心として、経験的（empirical）な計量研究、「手法 method」としてのブルデュー理論の妥当性が問われてきた（もちろん日本においても）。ブルデューの理論が持つ思想史的背景や哲学的な検討というよりは、彼が用いている分析手法が、社会における「文化」と「階層」の関係を分析していくうえで、適切かどうか、が問われているわけだ。

わけてもイギリス社会学の重鎮であるゴールドソープの「文化資本」論批判は、方法に内在的であるがゆえに手厳しい。「この論文にはオリジナルな部分と穏当な（sound）部分を多々見いだすことができる。問題は穏当な部分がオリジナルではなく、またオリジナルな部分は穏当ではないという点にある」（Goldthorpe 2007: 1）という「ある論文査読者の引用」から始まる Goldthorpe（2007）は、文化資本概念が相対的なもの、つまり実態に近似するための方法によって捕捉されるものではなく、理論上の構成概念であり、家庭生育環境で与えられる文化的資源（cultural resource）にかぎられず、「能力 skill」や「能力 ability」のような教育機関において修得されうるものも含むと考えるならば、それは伝統的な社会学における「社会化 socialization」「文化的資源」といった穏当な概念に置換できるはずであり、文化資本という理論負荷性の高い曖昧な概念は不必要であるとする。一方で、文化資本概念を「荒々しい」オリジナルなものと考えるならば、そうした概念拡張（既存概念の置換）

はブルデューの狙いを逸してしまい、趣味（taste）を涵養する家庭環境・生活様式の特異な作用を強調しなくてはならない。しかし階層移動にかんする経験的データは、そうした家庭環境の自律した効果を示唆するものではなく、教育機関で修得される能力・技術などの効果を十分に評価しなくてはならない（ブルデューの理論枠組みではそうした階層移動は「例外化」されなくてはならない（ibid: 10））。つまり、文化資本概念は穏当に解釈すれば余剰であり、ラディカルに解釈すれば（テイストの固有の作用を重視すれば）経験的研究の理論概念としては適切ではない、ということである。

こうしたやや挑発的なゴールドソープの議論は、1980年代のイギリス教育改革、サッチャー政権下の公教育投資削減の方向性と対峙していたハルゼーのような教育社会学者の議論を承けたものであり(12)（Halsey et al. 1980）、公教育の効果、有意義性を主張する社会学者、教育学者にとって公教育、教育機関の効果を低く見積もる方向性に解釈されかねないブルデューの「非学校的」な文化資本概念規定は、たんに方法論的のみならず、政治的にも警戒すべきものであった。この点、文化資本概念をサブカルチャー分析の「理論」としてわりと無批判に受容したアメリカや日本のCSと、標準的なイギリスの教育社会学者とでは立ち位置が異なっている。

そうした知識社会学的背景を抜きにしても、文化資本論への内在的・方法論的批判は、ブルデュー派の拠点フランスでも提示されている。文化資本を諸主体が内面化したハビトゥス（慣習に基づく行為・行動・信念などの総体、および傾向性）概念の不分明さを突き、「行為をもたらす傾向性」と「信念を持つにいたる傾向性」を精細に分別すべきであるとするLahire（2003）などがその典型だが、彼はブルデューにおける「経験的にテストされたことのない問題含みの想定」を厳しく批判している。実際、後にみるように、ブルデューの文化資本、ハビトゥス概念は、経験的データから導き出されたというよりは、かなり強い理論負荷性をもってデータを解釈する理論的構成物として提示されたと理解せざるをえ

ない。理論的構成物を用いることそれ自体は社会科学的に批判されるべきことではないが、それを諸行為・社会現象の説明概念のように実体化することは、いくつもの適切な因果推論のステップを省略してしまっている。ブルデューを「思想家」として扱うならばそうした批判は的外れということになるのだろうけれども、ブルデュー自身が経験的な社会学者であることに強い自負を持っている以上、こうした経験的社会学サイドからの方法論的批判は、けっしてお門違いというわけではない。本章で考えてみたいのも、そうした「経験的社会学・方法論としてのブルデュー社会学」の内在的な問題性である。

そうした内在的批判のなかでも（少なくとも英独日語で読みうる批判のなかでも）、管見の限りもっとも内在的かつ先鋭的な批判を展開しているのが、瀧川裕貴の「P. ブルデューの社会空間論と対応分析について」である。

瀧川は『ディスタンクシオン』の基底をなすブルデューの理論的主張を、（a）界の自律性（生活様式空間と呼ばれるテイストの配置図が、経済的・階層的な要素とは自律的に存在している）、（b）社会空間の基底性（にもかかわらず、経済的・階層的な要素により構成される社会空間は、生活様式空間と「相同的」であり、かつ、生活様式空間、複数の界の成り立ちを規定する）を、生活様式空間を導き出した（多重）対応分析の性格と、ブルデューの使用法に着目しながら、説得的に論じたものである。

ゴールドソープらの批判が、階層移動についての経験的データとの照応関係の不在や、文化資本やハビトゥスなどの概念の学問的曖昧さに向けられていたとすれば、瀧川は、ブルデュー自身の研究プログラム（生活様式空間の自律性、生活様式空間と社会空間の相同性、および各主体の軌道）が、対応分析という形で経験的な分析として貫徹されているかを検証する、より内在的なアプローチである。

この画期的な瀧川論文は、しかし、残念ながら未公刊であり、またある程度統計学の用語になじんでいないと理解が難しいものなので、以下で、計量社会学とは縁遠い私なりにかみ砕き適宜補足説明を入れる形で

紹介していくこととしたい。また『ディスタンクシオン』において生活様式空間などを構成されているために採用されていると考えられる、(多重) 対応分析等のブルデュー自身の扱いについては、小野裕亮氏から貴重なコメント・ご指南をいただいた (むろん、文責は筆者にある)。

＊

ブルデューの主著といえる『ディスタンクシオン』の基本的な構図は、(1) 趣味や慣習的行動 (生活様式) の関連をまずは「個人対生活様式」のクロス表に表現し、それを (多重) 対応分析 (マルチコレスポンデンス分析) と呼ばれる手法を中心に、(2) さまざまな統計的手法によってえられたデータをもとに、二次元の空間——それ自体は (多重) 対応分析によって直接得られたものではないが、さまざまな対応分析によって同様の構図を確認されているという——を構成し、それが、対応分析の特徴である数学的距離の表現を維持しているという想定のもと、軸に解釈を与える、というものである。この二次元で数学的距離を示したとされる図が「生活様式空間」と呼ばれ【図2-1】、趣味嗜好の傾向をプロットし、(3) 生活様式空間にみられるそれぞれの趣味傾向の群に、デモグラフィック属性 (こうしたデモグラフィック属性の配置の構図が社会空間と呼ばれる) をあてがい、(4) 二つの軸を「文化資本/経済資本の比」と「資本総量」という形で解釈する。(5) もちろん個々の行為者はこの社会空間のプロットに拘束されるものではないから、時間という要素を加味すると、生活様式空間の配置とは異なる「(社会的) 軌道」——ライフコースといってもよい——をとることがある。この軌道の分析は、インタビュー調査等によって精査される。これが基本的な『ディスタンクシオン』の論理構造である。[14]

統計に馴染みがないひとにとっては、ややわかりにくいと思うので、もう少し砕いて説明しておこう。

まず、(多重) 対応分析とは、多変量解析の手法の一つで、クロス表をもとに、表頭項目と表側項目を用いて (回答者個人や社会属性と、生活

第2章 社会にとって「テイスト」とは何か

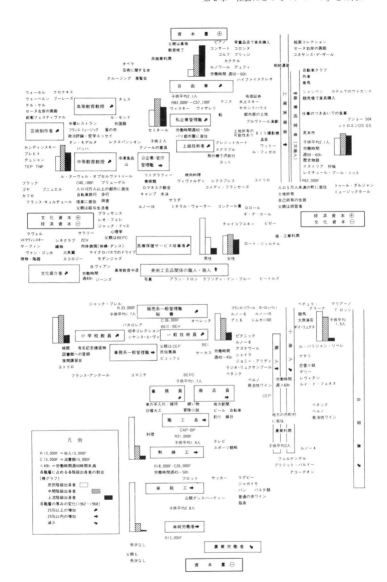

図2-1 ブルデューによる生活様式空間（および社会的位置空間）の図式
[『ディスタンクシオンⅠ』石井洋二郎訳、藤原書店、1990年、192-193頁より]

様式の特性)、数量化したスコア間の相関係数が最大となるようにする手続きである。(15)詳細は解説書を読んでいただくとして、こうした数量化の手続きによって、数学的に定義された距離をなるべく説明するように、低次元に対象を射影することができる。

　二次元となっているのは、単純に見やすさのためであり、本来は二次元に限定されるものではない。しかし、たとえば「仲の良い友だち」への個別の回答から、数学的な距離を導き出し、対応分析によりその距離を導き出し、説明力の高い二軸をもとに二次元の図でグルーピングを視覚的に表現すること（数学的距離の近さ）ができる。これに、他の回答のクロス表を関連させ、「バイク好き」のグループと「成績下位」のグループ——実際はグルーピングは二次元に表現された図から分析者が読みとるもので、クラスター分析のようにグループそのものを画定する手法ではない（もちろん組み合わせて分析することは可能であるが）——との近さ、「読書好き」と「成績上位」グループの近さ、そして「成績下位」グループと「上位」グループの数学的距離の遠さを表現することができる。実際の処理にあたっては、テクニカルな操作が必要ではあるものの、さしあたって、「グループ（らしきもの）どうしの近さ／遠さ」を示すには便利な統計手法であり、数学的に等価な数量化3類とならんで、マーケティングや学級（生徒の社会関係）研究などで使用されてきた。『ディスタンクシオン』の基本的な統計学的な方法論は、盟友ベンゼクリの開発した対応分析によっている。

　ブルデューが対応分析を方法の根幹に置いている、ということはたんに彼の好みには還元されない含意をもっている（とされている）。というのも、こうした社会的属性と文化的趣味の関連性を調べようとする場合、社会学者が真っ先に思いつくのは、趣味嗜好と、所得階層・性別・人種・学歴・親の学歴……といった属性の関連を調べる重回帰分析やパス解析など（共分散構造分析）の標準的な多変量解析であるからだ。

　人文社会系の研究において重回帰分析やパス解析が援用されるさいには、従属変数の値を独立変数によって予測するという目的のためではな

く、変数どうしの関連をコントロール（統制）することに注意が向けられることが少なくないからである。ある特定の単純な相関関係・関連が、疑似的な関連ではないのか、他の変数の影響を考慮したときに消えることがないのかどうか、あるいはなかったと思われていた関連が見えてくるのか、などを検証することが、標準的なクロス表分析、多変量解析の狙い（の一つ）である。（多重）対応分析のように、変数の統制というよりは、変数どうしの数学的距離の次元縮約による視覚化を旨とするタイプの分析手法は、あまり採られることはない。

　考えるべきは、なぜブルデューがそうした標準的な多変量解析ではなく、（多重）対応分析のような手法を採っているか、ということである。ブルデューによれば、社会階級はデモグラフィックな特性によって説明されうるものではなく、そうした「関与的諸特性間の関係の構造によって規定されるものなのであり、この構造がこれらの特性それぞれに、また各特性が慣習行動にたいして及ぼす効果に、その固有の価値を与える」（Bourdieu 1979=1990: 166）。かなり解読にてこずる難解な文章であるが、ようするに、重回帰分析のような手法においては、独立変数および従属変数の「独立性」が損なわれてしまい、つまり、変数相互が統制されることにより効果が減損・消滅する場合があり、諸変数全体がおりなす全体的な関係性を表現できない、ということのようだ。このことは──重回帰分析などは変数間の影響関係を統制するものであるから──ある程度わかるのだが、その全体的関係性を表現するのに対応分析が必要であるかの積極的な理由は明らかとはいえない。しかし、この点について、ブルデューは、ある程度自覚的に対応分析を採ることの利得を主張している。その「論理」を追尾・検証していくこととしよう。

① ブルデューは、重回帰分析などでは変数の投入などで分析者の判断が入りこんでしまうので、淡々と数学的に軸が構成されて、個人や趣味の空間的距離関係が示される対応分析が、自らの関係論を表現するにはよい、と考えている。

重回帰分析では、なにを従属変数（結果）、独立変数（原因）の候補とするのかは、分析者の判断にゆだねられる。ステップ・ワイズ法のような機械的な対応手法もあるが、基本的には、なにを独立変数とするかは、とくに人文社会系の研究では、分析者の常識的・論理的推論に基づいてなされる場合が多い。阪神ファンの熱狂度を従属変数としたときに、独立変数に宇宙関連の雑誌の購読量を入れても無為であろう。こうした常識的判断にもとづき、分析者は有意味な（relevant）変数の統制を考え、線形的な関連を想定したうえで、独立変数を投入する。また、投入する独立変数が多すぎたり、あまりに相関の高い独立変数を複数入れ込むと統計分析としての問題が生じるため（多重共線性という）、回帰分析等では、先行研究などを参照しつつ、適切な常識的判断が下される。ブルデューはこの不可避的な恣意性を警戒しているようだ。

　対応分析においてももちろんどのようなクロス表をもとにするか、という判断は働くが、回帰分析やパス解析のような変数間の統制という意味判断より、複数のクロス表から導き出される数学的距離の析出が目的とされるため、投入する独立変数の選択の恣意性という問題は、スルーしようとすればできなくもない。『社会学者のメチエ』の英独版序文においてブルデューは次のように述べている。「わたしは対応分析をずいぶん使っていますが、それはこの分析が本質的に関係論的な手法であり、その手法の持っている哲学が、何が社会的現実であるのかについての私の考えとぴったり一致していると考えられるからなのです。私が場［引用者注：界］の概念を扱おうと試みる場合にそうしているように、この技法は関係という語彙で「思考」しています」（Bourdieu 1973=1994: 476）。

　たしかに、趣味嗜好の関連を、分析者の因果的な判断を排除して、幾何学的距離関係を示すという点では、対応分析を採用する根拠がないとはいえない。

　たとえば、ブルデューが軌道という言葉で表現する行為者の「戦術」。

これにかんして大前（1996）は、標準的な階層移動研究などで用いられる手法では、「指標の名目上の同一性に信頼を置くために、測定した統計的関係を解釈するときに、どうしても直観主義に頼って」しまい——つまり地位カテゴリーの意味内容の歴史的変化などが捉えられない——、「測定された統計的関係を説明する際に、個別に切り離された要因に説明力を求めてしまう要素還元主義を導く可能性がある」として、諸変数の関係性それ自体を問題化するブルデューの関係論と、対応分析という方法との関連について肯定的な見解を示している。文化志向と社会的地位、所得との「一貫性」が希薄化した現代社会においては、社会移動＝軌道もまた、各行為者の文化資本・経済資本の配分、資本総量により、多様な形式をとる——つまり生活様式空間が社会空間とは自律して作用する——とすれば、社会空間・生活様式空間を因果論的にではなく、関係論的に描くという方針も理解することができる。因果ではなく数学的距離という点に着目し、その距離が人びとの関係性を分析者の予断を排して表現しうる、というわけだ。数学的距離を重視することは、プロットされた趣味嗜好の関係性（生活様式空間の配置図）から、独自の「軌道」を創り出していく個別主体の能動性を考えていくうえでも有益である。

個々の主体は、因果に収まらない「属性／趣味嗜好」の選択、軌道をもって能動的に実践を組み立てていく。生活様式空間は傾向性と因果関係を示した図ではなく、個別の主体（実際（多重）対応分析にかけられているのは階級なのだが）が、どのくらいの数学的距離を、どのような独特の仕方で克服していくか、を考えていくうえで重要な素材となる。学歴低のブルーカラーであっても、現代芸術を愛好することにより、同様の層の「わかりやすい」趣味と差異化・卓越化することができる。こうした軌道を描き出すことがブルデューの主眼であり、それはまさに『実践感覚』（Bourdieu 1980=1988, 1990）で示された数的な規則性を逸脱する婚姻戦略の複雑性を描き出すというプロジェクトに対応している。

「構造（生活様式空間）」はある。しかし個別の行為主体は（社会的に観察

される因果関係に還元されず）一定の能動性をもって自らの軌道を選択する」という基本的な社会観（界・生活様式空間の自律性）を示すためにこそ、対応分析という方法論が採用されているのだ。

② 軸の解釈に際しては、各々の趣味項目などと対応分析で使用しなかった他の変数との関連を調べて、軸解釈の正当性を示す、ということはせずに、自らの資本理論にもとづいて「資本総量／文化資本と経済資本の比」という解釈を提示している（軸の解釈についての理論負荷性）。その二軸によって表現された空間が「生活様式空間」「界」である。

趣味どうしの関係性を純粋な形で示す、という目的から、ブルデューは多重対応分析という方法をとっている。こうした対応分析についての社会学的・関係論的解釈が、正しいかどうかはペンディングとしておこう。しかし仮にこうした関係論的解釈が適切であるとしても、ブルデューは、かなり不自然な作業を行っている。

生活様式空間と相同的な関係を持つとされる社会空間（生活様式空間と社会空間の相同性）は、これまでの「関係論的」視座からすれば、それ自体、（多重）対応分析において考慮されるべき事柄であるように思えるが、ブルデューは、「性」「学歴」「所得」といった基本的なフェイスシート項目を、社会空間の構築にさいしては変数として考慮していない。多重対応分析であれば、こうしたフェイスシート項目は、当然分析のなかに組み入れることは可能だし、また一般的にもそれが通常の使用法である。しかしブルデューは、「趣味どうしの関係性」を純粋に・数学的に取り出すという目的を設定するためか、対応分析の時点では、こうしたフェイスシート項目は加味していない（が、実際は社会階級×特性の（多重）対応分析がなされている部分もある）。つまり、人口学的項目は、「追加変数」として、「生活様式空間」の図に射影されている（Bourdieu 1979=1990: 12）。

したがって社会空間に書き込まれている「学歴」「性別」は、実は対応分析とは独立に、分析者＝ブルデューによって、対応分析によって得られた生活様式空間に、事後的に射影されたものなのである。ある特定の趣味の愛好グループ（のようなもの）をみて「高学歴」「所得が高い」という分析者の判断によって、趣味間関係を二次元の数学的に表現した生活様式空間に、別途社会的属性が割り当てられ、それが生活空間を規定する社会空間と呼ばれる。

　こうした方法論は、通常の社会学的分析からすると違和感を禁じ得ない方法であるが、逆に言うとブルデューがいかに趣味間・社会的地位の関係性・数学的距離を重視していたかを示すものといえるだろう。磯直樹が指摘するように、ブルデューにとっては文化的再生産が基本的な準拠問題ではなかった。むしろ趣味間関係（生活様式空間）によって示される社会的な距離関係、界の自律性、および個別主体の軌道こそが問題であったといえるだろう。

　こうしたブルデューの方法論的戦略は十分に理解できるものの、幾何学的に得られた二次元の表現により、社会的な距離、関係性を示すことができる、という前提はやはり、それ自体きわめて論争的なものである。二次元で表現されているというのは、あくまで分析者にとっての「わかりやすさ」のためにすぎず、本来的には次元は高次化されうるものである。にもかかわらず、二次元での表現に強い意味を与え、かつ、射影されたフェイスシート項目から、二つの軸に「文化資本／経済資本の比」「資本の総量」という解釈を与える、というのは、かなり強い理論的前提、つまり、対応分析により得られた生活様式空間（個人の趣味・慣習的志向の総体的な関係の配置）は、社会空間と「相同性」を持つということ、そして、生活様式空間を成り立たせる二軸の解釈は、生活様式空間に射影された社会空間の配置のさらなる解釈によって得られるという前提（瀧川のいう「相同性仮説」）に立脚している。

　もちろん、生活様式空間の軸解釈の恣意性はある程度理解できるとして（対応分析はそういうものだし）、（多重）対応分析（および補足的統計処

理）によって得られた生活様式空間・界が、その外側（基盤？）にある「社会空間」によって規定される（相同的な関係にある）としている、というのは理論的な飛躍である。『ディスタンクシオン』の分析は、生活様式空間を対応分析にもとづき構成し、その生活様式空間にフェイスシート項目を射影したうえで、社会空間を構成している。「規定するもの」が「規定されるもの」から導き出されているとでもいえようか、生活様式空間、界の自律性を強調するために、社会学的にみて、やや不自然な操作をブルデューは行っている。

> 『ディスタンクシオン』における分析手続きとそこで開陳される社会空間論との関係においてもっとも問題なのはやはり、対応分析の析出物が生活様式空間であるにもかかわらず、あたかもその空間構造が社会空間と同一であるかのように解釈されていること、であろう。……追加変数の投入手続きがこの手続きの正当性を幾ばくかは担保するけれども、それでもやはりここには大きな飛躍があるといわざるを得ない。対応分析のロジックに従う限り、解釈されるべき軸は直接的には生活様式空間とその双対たる個人空間に位置する空間軸である。にもかかわらず、空間軸に対する解釈が専ら社会空間に帰属する概念たる経済資本・文化資本（および社会的軌道）によって与えられているのは、きわめて特異である。空間が生活様式の特性から構成されている以上、生活様式空間の特性に沿って軸の解釈が行われる方が自然だからである。（瀧川 2013: 13）

実際、近藤博之（2011）は、ブルデュー理論を日本で検証する試みのなかで、本人や親の収入や資産、学歴職業などをもとにした（多重）対応分析にかけ社会空間を析出し、別途対応分析によって得られた生活様式空間との相同性を確認するという作業を行っている。生活様式を表すデータと社会的属性項目とが揃ったデータを入手できなかった、という手続き上の問題もあるが、ブルデューは自らの方法を、そうしたデータ

収集の不備に帰すのではなく、かなり強い理論的言明によって、フェイスシート項目の射影を正当化している。生活様式の配置の構造は、社会空間のそれと相同的である、という理論的前提である（瀧川のいう「相同性仮説」）。生活様式を成り立たしめる生活様式空間は対応分析によって示されるが、生活様式空間を規定するとされる社会空間は（瀧川のいう「社会空間の基底性仮説」）、生活様式空間から読み取りうる解釈によって示される。理論的には、「規定するもの」が「規定されるもの」の統計的分析によって、二次元的な構造を与えられる。社会空間の二軸とみえるものも、実は（階級×特性によりえられた（多重）対応分析から作成された）生活様式空間の構図観察と射影される社会的属性から解釈されたという点で、生活様式空間の二軸なのであり、社会空間の存在（実在的解釈）および社会空間との照応関係は理論的言明により推察されているにすぎない。このことは、ブルデュー理論の理論負荷性の高さを証左している。ライールがいうように、「ブルデューは、界という用語によって説明するのが相応しくないようなものも含め、あらゆる社会的文脈を界とみなしてしまっている」（Savage & Silva 2013: 118）のだ。

現代英語圏において、もっともブルデューに好意的な計量的研究を行っているベネットらは、ブルデューに倣い、生活様式空間・界の自律性（社会空間に還元されない自律性）を重視するため、という理由で「因果的分析」に帰着しがちな標準的な多変量解析よりは、多重対応分析を採用する、としているが、第一に、かれらは社会科学において使用されている標準的な多変量解析の手法を否定しない、つまり対応分析と併存して用いることができる、というようにブルデュー自身の主張よりだいぶ弱めの立場をとっているし（Bennett et al. 2009: 44）、第二に、実際に行われていた対応分析には、人口学的変数が組み込まれており、ブルデューの生活様式空間・社会空間の導出の仕方とはだいぶ異なっている。そしてまた、第二の点の帰結として、生活様式空間・社会空間を二次元的に描き出すさいには、音楽やテレビ、読書といったhobbyへの趣味受容態度についての質問項目をもとに、関与度、商業性の濃淡、選好（好

き嫌い)、没入の度合いなどの四つの (分散の説明力の高い) 軸を抽出し、それらの軸を二次元的に表現した図を複数提示し、カント的な「趣味のよさ／わるさ」に還元されない「文化的オムニボア (混交性)」の広がりとそれがどのような社会的属性と照応関係にあるのかを分析している。つまり、ブルデューのような形で、軸を負荷性の高い理論によって解釈しているわけではない。

「生活様式空間」のみに対応分析が適用される (社会的属性は追加変数として事後的に投入されなくてはならない) という「界の自律性」についての強い前提、「文化資本／経済資本の比率と資本総量」といった理論負荷性の高い軸の解釈は、ベネットらも回避しているわけだ。文化資本、界、生活様式空間という概念は、経験的・計量的分析をベースとした調査から、その実在性、あるいは理論的構成物としての有効性を確認するのはきわめて難しく、ブルデューの継承者たちも各自の方向性で、この概念の操作的な定義、尺度構成を試みている、というのが現状である。(多重) 対応分析へのブルデューの拘泥からも分かるように、この概念は分析手法を抜きにしては語りえないが、穏当な分析手法から導き出されるようなものでもない。フィールドワークにおいて「ブルデュー理論を使う」といった場合には、相当に大きな理論的負荷と前提を採っていることに自覚的でなければならない。

以上、瀧川の鋭利な内在的批判 (および小野裕亮氏の個人的コメント) に依りつつ、また大前、近藤、ベネットらの継承の試みの紹介を織り交ぜながら、ゴールドソープらとは異なる角度から、ブルデューの「文化理論」の「経験的な社会学」としての問題性を考察してきた。続いて、ブルデュー文化理論の「理論的社会学」としての問題性を、彼が提出するハビトゥス概念、軌道の概念にそくして検討していくこととしよう。

3 実践・ルール・象徴闘争

前節でみたように、空間・軸の解釈が相当理論負荷的であるならば、

まずは、文化資本と経済資本の尺度を操作的に構成し、それをもとに（多重）対応分析を行う、という標準的なやり方をしてもよいのではないか、とも思えてくる。しかし、グループ的なものを作りだすさいに、性・学歴のような外的変数を入れてしまうのをいったんは回避したい、趣味の自律性を示したい、ということで対応分析を使うというのはわからないでもない。

　社会空間を持ちだすことによって「ミクロ」に定位する論者を（個人に定位していては、個人の移動・軌道が、生活様式空間・社会空間という構造のなかで選択されていることがみえない）、生活様式空間の自律性を持ちだすことによって「マクロ」に定位する論者を批判する（デモグラフィックな属性のみでは人びとの生活世界は描き出しえない）、というブルデューの「卓越化」、客観主義と主観主義の対立の乗り越えの戦術は、理解することができる。しかしそれでもなお問題となるのは、ブルデューが想定するルール（規則）観である。

　たとえブルデュー的な作業戦術を理解したとしても、（多重）対応分析で見出された生活様式空間は単に数学的距離関係を表したもの、象徴闘争（構造やルールに基づいた軌道）についての統計的観察に基づく関連性を示すルールにすぎず、デモグラフィック属性の射影に続いて外挿された、軌道のための「時間」という要素は、どれだけ研究プロジェクトにおいて重要な位置価を与えられていようとも、ようするに生活様式空間・社会空間で割り当てられた（客観的）ポジションを準拠点として（主体性をもった）個人のライフコースでの社会階層・地位移動、つまり「象徴闘争」「軌道」を描くために要請された外的要素であると考えざるをえない。[20]対応分析そのものから、社会空間、そして界（生活様式空間）での象徴闘争の存在を導出することはできないはずである。そこでブルデューが採用するのが、フィールドワーク、インタビュー調査による諸主体の具体的な象徴闘争の戦術、生活様式空間・社会空間が内包する規則性を逸脱したり、補完したりする個々人の質的データの分析である（ただし、階級・経済資本の総量を統制したうえで対応分析を時間軸に適用し

ている箇所もある)[21]。ここで問題としたいのは、ブルデューが想定しているルールの概念的な多義性である。

　問題は、象徴闘争・軌道が、インタビュー調査および資本蓄積効果という形で対応分析によって裏づけられるとしても、生活様式空間によって表現される規則がどのようなものであり、人びとがどのようにそれに従ったり違背したりしているのか、ということはなおオープンクエスションであるということだ。この規則に従うこと／従わないことを可能にしているのが、行為主体が持つハビトゥスであるわけだが、そもそもハビトゥスが可能にする行為・選択の可能性を規定する規則、規則性とはどのようなものなのであろうか。

　ここで考えるべきは、生活様式空間を成り立たせると同時に、その空間的配置での軌道を可能にする規則の性格であり、また規則運用を可能にするハビトゥスと規則との関係である。そもそも、生活様式空間の持つ規則性と象徴闘争というゲームの規則とはどのような関係にあるのだろうか。対応分析による生活様式空間の導出という方法論的問題と密接にかかわりを持つ理論的問題をここに見いだすことができる。

　『ディスタンクシオン』の冒頭部で述べられているように、文化・趣味にかんして、生活様式空間のルールに習熟しているのは上中位層であり、下位層はそのルールをそもそも知らず、ルールにそくして卓越化ゲーム（象徴闘争）を行うという動機を持たない。生活様式空間の数的傾向性が分析者によって観察されることと、当人たちがそのルールを意識的／非意識的に捉え、ゲームを遂行するということは別のことがらである。この点にかかわるブルデューの記述はきわめて曖昧なものである。

　　実際、界をゲームと比較することができます（しかしゲームと異なり、界は考案されてつくられたものではありません。明示化も成文化もされていないような規則、もっと正確な言い方をすれば規則性にしたがって動いています）。それゆえ、界には本質においてプレイヤーどうしの競争の産物であるような賭け金があります。ゲームへの投資、つまりイリ

ューシオ illusio（ludus の語源はゲームです）があるのです。プレイヤーたちがだんだん本気になっていき、時には激しく対立し合うのは、プレイヤーたちが共通してゲームにもその賭け金にもひとつの信念＝信仰（ドクサ）、ひとつの承認を与えてしまっているため、ゲームや賭け金が問題とされることがないからなんですね（プレイヤーたちは「契約」によるわけではなく、とにかくゲームをしてしまっているのですから、その時点でゲームがプレイに値する、骨折りがいがあるということに同意してしまっているんです）。(Bourdieu 1992=2007: 132)

ここに言われるゲームは、「契約」により参加／不参加が決められているわけではないという点で、ウィトゲンシュタインのいう「ゲーム」と重なる点がある。しかし、プレイヤーが、非意識的かつ（自覚的に規則を捉えていない）、非意図的な形で（参加が意図的な行為ではない）捉えられているという点で大きく相違している。「非意識的ではあるがつねにすでに参加している」というのと、「意識的ではないが、意図的にルールに従う／従わないというゲームに参加している」というのは、まったく別の事柄である。ブルデューが対応分析により導き出した規則性は、行為者がその規則性を内面化しつつ参加するゲームの規則とは異なる。後ほど述べるように、この規則性と規則を媒介するのがハビトゥスという概念装置なのだが（三浦 2011: 245-246）、こうした理論戦略は、はたして、数的な規則性と実践のゲーム（の実践的規則）との架橋に成功しているといえるだろうか。言い換えるなら、ゲームに参加する意図をもたないプレイヤーが「すでにつねに」「結果として」ゲームに参加している、ということをいうことはどのような論理的考察によって可能となっているのだろうか。

ブルデューはプレイヤーの「無関心」について次のように言っている。「利益の概念を理解するためには、利益が無私無欲あるいは無償と対立する概念であるだけではなく、無関心［無-差別］の概念とも対応していることを理解する必要があります。……無関心は、提示された賭け金

のあいだの違いを見分けられない、という知的状態であると同時に、好みがないという価値論的状態でもあります」。こうした「無関心」のひとも また、(統計学的に導出される)生活様式空間においては、ある特定のポジショニングをとっている、というのがブルデューの見立てだ。無関心・意識的な不参加もまたゲームへの参加の一形態である、と。しかし、ここまでくると、ブルデュー本人が立てた「規則性／規則」の違いも曖昧になってくる。「無関心」「非意識的」なひとでもゲームに巻き込まれており、かつそれはいかに非意図的であっても象徴闘争のゲームに参加していることを意味する。かなり理論的に強い主張である。

　少しブレークダウンして考えてみよう。

　私たちは、サッカーというゲームを遂行するにあたって知っておく必要のあるルール（ゴールしたら一点、キーパー以外手を使ってはならない、オフサイド）を共有していなくてはゲームを行うことはできないが（統制的ルール①）、そのルールのもとでどのような戦術・布陣・ボール回しがなされるかという傾向性にかんする数的規則性（②）を把握しているとは限らない。また、その数的規則性に習熟し、かつ自らが適切にゲームという場での戦術的にルールを使用できるか否か（適切なパスができるか、空間利用ができるか）ということに関連するルールは、統制的規則とも数的規則とも異なった形で独自に運用される（③）。生活様式空間の規則は②の数的規則性であり、それに習熟し適切に運用できるというのは③のゲームのルールである。ところで、同じゲームに参加しているといえるためには、つまり、サッカーというゲームに参加しているといえるためには、①だけで十分である。私がプレミアリーグやブンデスリーガの試合に参加することも、その限りにおいては可能である。しかし、私は②をほぼ把握していないために、③の意味でのゲームのルールに従ったり、背いたりすることはできない。

　メッシがとんでもなく異様な戦術的ミスをした場合には、③の意味でのルールに背いた、ということができるが、②を知らない素人の私はそもそも③の意味での規則に従ったり違反したりすることはできない。ブ

ルデューのいう象徴闘争、卓越化のゲームとは、①の共有が曖昧な状況で、②の傾向性が分析者によって析出されるものであるにもかかわらず、③のルールが②に習熟していない個々人によっても運用されている、という前提のもとに存立が想定されているものだ。私は少なくともサッカーの統制的ルールを知ってはいるが、そうでないまったくサッカーを知らないひとであっても、②の規則に規定されており（ここまでは理解できる）、かつ、③の意味でのゲームの参加者となっている、というのがブルデューのいう卓越化のゲームである。これはかなり奇妙なゲームである。それは、複数の集合行為をゲームの名のもとに混同した構想とはいえないだろうか。
(25)

　好意的にいえば、この規則把握の方針がブルデューの構造人類学批判の基本となっている。『親族の基本構造』においてレヴィ゠ストロースが摘出した交差イトコ婚の規則性は、頻度を根拠とした数理的な規則性であり、それは統計的規則性（婚姻形態のなかの頻度）と同じものではないが、統計的規則性・傾向性をスマートに数理的にモデル化したものである。したがって、交差イトコ婚は、非意識的でありながらも婚姻のモデルとして機能しているのだが、それは婚姻形態の一部を示したものにすぎない。実際には交差イトコ婚というモデルを逸脱する婚姻形態が多数存在しており、それは特定のモデルの下での逸脱がもたらす象徴的な利得と関係している。『実践感覚』のブルデューはこの点を強調し、構造主義的な規則性とは異なる戦術を用いる人びとのゲームを描き出した。
(26)

　つまりブルデューは、数的な傾向性、構造主義的規則性とは異なる象徴闘争のゲームを摘出し、そのゲームを可能にするハビトゥスという概念を生み出したのである。モース以来の伝統において、「未開社会」の婚姻や贈与の数的規則性とその規則性のスマートな表現法が強調されていたフランス文化人類学において、このブルデューの視座は十分に評価に値するものであった（いってみれば文化人類学をもう一度ボアズ的な方向性に差し戻したといえるだろう）。『ディスタンクシオン』においては、

数的規則性とそれを運用するゲームにおける規則とが、生活様式空間の規則性と個人の軌道（を可能にするハビトゥス）に対応している。この点において、ブルデューの視座は一貫している。しかし、不適切な形において、である。

『ディスタンクシオン』が分析するような現代社会において、すべてのひとが共有するような象徴闘争・ゲーム・規則を見いだすことは難しい。趣味判断にかんしては、上位層の身が生活様式空間の規則性に習熟しており、ミドルクラスはその規則性を学び、規則性から逸脱するゲームを行う。しかし、下層においては、そもそも生活様式空間の全体的布置・規則自体が認識されておらず、その人びとが、その規則を利用した象徴闘争・ゲームに——規則に準拠して——参加している、というのはかなり難しい。というのも、ブルデューのロジックでいうなら、定義上、かれらは規則に従ったり違背することができないからだ。違背していると判断するのはあくまで分析者であり、当事者は意図的に——「ある記述のもとで「なぜ」という問いに理由でもって応えられる」というアンスコム（Anscombe 1957=1984）のいう意味において——規則に従ったり違反することができない。行為局面において意識的であろうとなかろうと、問われればある記述の下で意図的であると理由づけできる行為でなければ、それはゲームに参加している、ということにはなりえない。サッカーの統制的ルールや戦術的な傾向性を知らないひとが、戦術的なゲームに参加したりしなかったりすることはできない。かれらは端的にゲームにかかわっていないのだ。

ブルデューは「非意識的だが、実は規則に従っている／いない」ということを言うために、行為の慣習的・社会関係的な性格を強調し、ハビトゥスという生活様式空間での位置に規定されつつ、個人的に多様に使用されうる慣習的信念・行動性向の資源を、重要な理論概念として提示する。ハビトゥスは、いわば「個人が所持する文化資本を、象徴闘争での利用に結びつける関数」なのである。しかし、この関数は、「意識的ではない規則への従い方／違背の仕方」を説明するために構成された概

第 2 章　社会にとって「テイスト」とは何か

念であり、分析の過程でその実在性が観察されたものではない。ここにある深刻な理論的問題は、ブルデューが「非意識的だが、実は規則に従っている／いない」という行為者の存在を説明するためにハビトゥス概念を持ち込んでいるということであり、彼がそのさいにウィトゲンシュタインの「規則の従い方」をまったく原義とは異なる水準で援用している、ということである。

　ウィトゲンシュタインにとって、規則に「非意識的」に従ったり違背したりすることは当然のことだが、それは行為が「非意図的」——問われても規則と関連した理由を答えることができないという意味——であることを含意しない。というより、非意図的に規則に従ったり違背したりすることは、文法的に不可能である。ルールに準拠しつつ意図を帰属しえないルールという違反は、文法的・論理的に「ルール違背」ではなく、端的に数的規則性からの逸脱にすぎない。数的規則性はいわゆる言語ゲームを成り立たせるものではない。意識的／非意識的と意図的／非意図的の混同、その混同を正当化するために、不適切な形でウィトゲンシュタインの規則論がブルデューによって援用されているのだ。

　この理論的飛躍が、①②③のルールが整った象徴闘争の場、「界」が実在する（構成概念ではない）という信念を生み出している。

　ハビトゥスは、「分析者によって見出される回数的規則性」を、界における自らの卓越性を示すために、利用する potential である。この（多重）対応分析とも社会空間の構成ともさしあたり独立に想定される理論概念によって、界で象徴闘争が起こっていることになる。もちろん、下位層は闘争しているなどとは思っていないかもしれないが、それは「「分析者によって見出される回数的規則性」を、界における自らの卓越性を示すために、利用する能力」の欠如ゆえである。つまり、「みんながみんな象徴闘争に自覚的にかかわっている（卓越化ゲームに参加している）という自意識を持つわけではないが、そういう自意識（回数的ルールへの自意識）のある／なしを含めて、象徴闘争は行われている（自意識のない人も闘争につねにすでに参加している）」ということを同時に可能にす

るための理論装置が、ハビトゥスである。それは客観的でも主観的でも、意識的でも無意識的でもないとされる。逆にいえば、それは、意識的であろうが無意識的であろうがみんなゲームに参加している、というためのエクスキューズ、ブラックボックスとして指定されている。つまり、数的規則をゲーム戦術の規則へと読み替えるための理論装置、それがハビトゥスではないか、という疑いが生じてくる。それは社会の構成員によって使用されている何かではなく、分析者側の論理構成の要請によって構成された濃い理論概念にすぎない。

ハビトゥスというのは、したがって、

(a)「分析者によって見出される回数的規則性」を、界における自らの卓越性を示すために、利用する能力
(b)「数的規則性をゲーム的規則へと転換する」と分析者により想定されている理論装置

という二重の意味を担わされている。

ブルデューが示すデータによる限り、(a) は仮説にとどまるし、(b) における理論的装置の実在性は、理論的にも、経験的にも明示化されていない。

ここでブルデューのエスノメソドロジー（EM）——比較的ウィトゲンシュタイン派に近いタイプの——への不可思議な批判的立場どりが生じてくるのではないか。

たとえば今日エスノメソドロジーの研究者のなかには会話分析しか知ろうとしない人たちがいます。この会話分析なるものは、会話をその文脈から切り離したテクストに還元し、民族誌的と呼べるような直接的文脈についてのデータ（それが伝統的に「状況」と呼ばれてきたものですが）をことごとく無視し、状況を社会構造のなかに位置づけることを可能にするデータについて何も語らないのです（Bourdieu 1992=2007: 279-280）。

社会的世界はその分割形態とともに、社会的行為者たちが個人的に、またとりわけ他人と協力したり衝突したりしながら集団的に作り出すべきもの、構築すべきものなのですが、それでもやはりこうした構築作業は、一部のエスノメソドロジー論者たちがそう信じているふしがあるように、社会の空洞においておこなわれるわけではありません。（Bourdieu 1994=2007: 32）

ブルデューは、必ずしも意識的にではないが「回数的規則に——非意識的である場合も多いが、反射的にではなく——従う行為」を描き出す方法として、ウィトゲンシュタインやEM、ゴフマンの相互行為論に着目した節がある。EMが扱おうとしている規則が、けっして回数的規則性・頻度ではない、という点に気づいているからこそ、彼は他の「質的」調査法ではなく、EMを気にする。と同時に、この引用部に現れているように、象徴闘争で使用される規則が生活様式空間・社会空間の規則性により規定されているという論点を言いたいがために、EMを批判する（ミクロでしかない）。しかしそれはやや焦点がずれている。

ブルデューは生活様式空間・社会空間・構造の規則性と、その規則性を領有する実践のゲームの規則とを、前者の基底性とともに析出する。これは「現下、どのような「状況」「文脈」にあるのか」ということ自体が、行為者の指し手（move）によって構成される、というEMや会話分析における「相互反映性 reflexivity」の議論を、マクロとの対照においてミクロなものとして処理する対応であり、ブルデューのいう「構造化する構造」としてのハビトゥスは、ミクロ（規則の運用実践）とマクロ（数的規則性）を架橋する概念として構想されている。『科学の科学』（2001=2010: 218）ではEMについて「社会は構築されるものであることを指摘しますが、構築者自身が社会的に構築されているものであること……を忘れている」と批判しているが、これはコーディング（カテゴリー化）にさいしての歴史的・状況的経緯、当事者の運用に留意すべきだ、という彼のごく穏当な主張と齟齬をきたさないばかりか、むしろ

批判対象となっている Garfinkel & Sacks（1986）の主題であり、「コードが構成物であること」そのものは争点となりえない。また彼は、D・ブルアの「ストロングプログラム」の規約性もウィトゲンシュタイン解釈も批判しているが（ibid: 191）、それ自体は多少理解できるものの、EM の M・リンチは、「解釈主義的」なウィトゲンシュタイン理解という点で、ブルデューの再帰性のブルアのそれとの親和性を示唆している。このように EM・ウィトゲンシュタインについては、「使用カテゴリー分析における分析者の超越性・外在性」「分析者および分析対象の歴史的・社会的文脈の欠如」という二点において批判が展開されている。ウィトゲンシュタインを後者の枠組み（文法的解釈とブルデューが呼ぶもの）で批判する（ibid: 191）というのはなかなかに勇気のいることだ。

こうしたやや錯綜気味の EM・ウィトゲンシュタイン批判を経て、「ハビトゥス」は、数的規則性と、実践的規則とを媒介する変数として差し出される。だがそれは理論的に両者を架橋するものではないし、また経験的な調査により析出されうるものでもない。[31] ハビトゥスは、この理論的・方法論的な問題を「解決」するというよりは、「無きもの」とするために導入された——ポパーの批判的合理主義の自己規定と同様に——反証可能性を持たない構成概念である。もう少し嫌味な言い方をするなら、それは「マクロ／ミクロ問題」という疑似問題を立てたうえで、それを解決するとされ導入された魔術的な概念といえる。この点は、経験的な学としての社会学にとって、致命的なことであるように思われる。

以上の検討から、次のような見込みを立てることができる。

［2-1］　象徴闘争（卓越化）という枠組みを捨てれば、生活様式空間で付与される文化資本と個人の行動の関数としてハビトゥスを持ち出す必要はない。対応分析と生活様式空間・社会空間論でそれなりの分析ができるはずである。

［2-2］　しかしそうすると、「現代社会版構造主義」と大差ないので、どうしても界で象徴闘争してくれてないと困る。しかし、闘争のゲー

ムに参与するための規則にかんする知識・信念を持たない人がいるのもわかっている。したがって、その闘争が「意識的なものとは限らない」ということを言うために、ハビトゥスという「非意識性」を説明する概念装置が持ち込まれている。しかし、ここでは、規則に従う／従わない行為が、意図的である／ないかという問題と、意識的である／ないという問題とが、混同されている。

［2-3］ 対応分析で見出された規則性に従ったり違背したりすることを、「意識的でない場合はあるが、つねにすでに拘束されている」といえるための、生活様式空間の規則性と個人の行為を変換する関数がハビトゥスである。しかし、それは社会構成員が持つものというよりは、分析者がその実在性を前提とする、あるいは説明のために導入された理論的構成物・モデルである。

［2-4］ ブルデューは、実は分析的モデル論を展開しているのに、非モデル論的リアリズム（規則には還元されない実践を描き出している）を行っていると判断しているのではないか。

［2-5］ フォロワーによって展開されているインタビューによる界分析は、ブルデューが対応分析で見出したような規則性すらもが、当事者が「あらためて問われる」という文脈でことさらに定式化されるものであり、理論負荷性はブルデューが想定する規則性や規則のそれより強くなってしまう。社会空間の外挿性はブルデューでも明らかだが、界の境界設定（なにをもって同一の界と設定するか）そのものが、強い理論負荷性を帯びざるをえない。

こうした論点は、社会学理論におけるクリプケンシュタイン（ソール・クリプキによって独創的に解釈されたウィトゲンシュタインの規則論）受容にかかわるマイケル・リンチの問題構成と重なってくる（Lynch 1993=2012）。意識的な（解釈）と意図的（行為）との混同がもたらす問題はブルデューの理論的骨子にも及んでいる。

ブルアのウィトゲンシュタイン解釈（Bloor 1983=1988）およびクリプ

キ的解釈を批判する文脈においてリンチは次のように述べる。「私たちは規則に従うとき、あたかも規則の意味が抽象的な定式化のなかに何らかの形で十全に含まれているかのようには、規則を「解釈」することはしないものである。私たちは端的に行為する。そしてしかるべく行為することによって自分たちの理解を示すのであって、言説的な解釈を定式化することによってそうするのではないのである」(Lynch 1993=2012: 203)。有名な不可思議な足し算を続ける生徒の例（n＋2 を続けよという課題に正解を出し続けていたのに、n＞1000 となると突然 1004, 1008……と答え始め、それでも本人は「ずっと同じ規則に従っている」と誠実に主張する生徒）を、ウィトゲンシュタインは「規則に従うこと」を「(定式化される)規則」と「規則の解釈」とに分離して考察すると奇妙なことになる、したがって「規則と規則に（解釈的に）従う」という規則観は維持できない、といういわば背理法を提示していたわけだが、クリプケンシュタインはそれを解決されるべきパラドクスとして捉え、複数の解釈可能性の存在（決定不可能性）→共同体的解決という理路をとってしまう。リンチの指摘で重要なのは、デュエム＝クワインテーゼにいう決定不可能性についても同様のことが言える、ということである（ウィトゲンシュタイン派的なクリプキ批判については、西阪 1997 を参照）。

ルーマンの二重の偶有性論もまた、上記の決定不可能性と同様の問題として読まれ、解決が与えられてきた。しかし、それらの議論は規則に従うことや行為の意味同定をいわば「解釈」の水準で捉えており、だからこそパラドクスが生じてしまい、非決定性が強調されたり（柄谷行人やクリプキのウィトゲンシュタイン解釈を承けた、佐藤 2008、北田 2003 などの「行為の事後成立説」）、一方で非決定性を一挙に（分析者が）解消する共同体主義（橋爪大三郎）が主張されてしまうのだが、一見対立的であるようにみえる両者は同じような規則観を前提としている、ということになる。

ブルデューはハビトゥスの議論をするときウィトゲンシュタインを援用することがままあるのだが、これはややずるいやり方である。規則に

従うことが「解釈」ではない、という部分を使って、行為者の「戦略」が意識的なものでないこと（意識的なものが例外的なものであること）を正当化しようとするのだが、その一方で、数的な規則性というおおよそウィトゲンシュタインのいう規則と無関連のものを規則と呼んでもいる。⁽³³⁾そしておそらくは Baker & Hacker（2005）らの正統派ウィトゲンシュタイン解釈と適合的なウィトゲンシュタイン／規則観を持つエスノメソドロジーを「マクロが扱えない」という理由で批判する。これはウィトゲンシュタイン解釈の問題ではない。ブルデューのテクストに現れる規則・規則性という概念の多義性の誤謬にかかわる事柄である。

　結局、やや挑発的にいうならば、ブルデューは自らが立てた擬似的なアンチノミーの解消にとり組んでいるにすぎない。「界の同一性は対応分析によって確定される vs 界に属しているメンバーが界のルールを明示的な形で知っているわけではない」「勝手に分析者が社会において使用されている成員カテゴリーの同一性を確定してはいけない。成員の能動的実践をみなければ。vs 特定の行為場面での規則の使用は、場面の外の社会空間に規定されている」。こうしたアンチノミー（伝統的な「主体（主観）主義 vs 客体（客観）主義」）を、弁証法や折衷論ではなく、対応分析という分析手法とハビトゥスという概念を導入することによって何とかしようとした点は、新しいといえば新しいし、立派ではある。しかし、それ自体が、神秘的概念と神秘の媒介として採用された「錬金術」（ブルデュー）であることは否定できない。

　こうした問題は、たんに思弁的な水準にとどまるものではない。上記のブルデューの神秘的解決は、次のような経験的分析の課題としても捉えることができる。つまり、

① 「規則に拘泥することのない上層／規則に自覚的でもある中間層／規則に無頓着な大衆層」という規則に対して異なる態度をとる三者を、同一の土俵（界）において「趣味 taste の卓越化／卓越化のゲーム」をしている、といえるためにはどんな方法的な

条件が必要か。
② そうした条件は、一般に hobby といわれるものの受容実践すべてに共通して見出されうるものなのか。
③ そうした条件を充足しえない hobby については、異なる論理で分析していく必要があるのではないか。

ブルデューの方法論・理論について批判的にレビューしてきた本章の議論は、ようやく以上のような問題設定にいたった。

本書全体を貫くのは、この①〜③の問いである。言葉にするとあっけないが、象徴闘争、界の分析を文化社会学の課題とするとき、CS や文化社会学の一部は、あまりにこうした問題設定に無関心であり続けたのではないだろうか（どんな趣味にかんしても taste の卓越化というゲームを読み込んでしまってはいないか）。このきわめて素朴といえば素朴な論点に立ち戻り、文化・趣味の社会学的分析を試みていくことが本書の課題である。

以下では、この①〜③を問題化していくうえで範例的な「界」、ポピュラー音楽の界とアニメの界との対照を、ブルデュー的生活様式空間の議論の貫徹の困難さを示すために、検討していくこととしよう。

4　卓越化の論理という問題設定

文化社会学、文化研究の方法論的枠組みとして多方面で使用されている卓越化の理論であるが、これが若者文化、サブカルチャー研究に応用されるとき、ある方法論的問題にぶち当たらざるをえない。つまり、ブルデューが想定するような意味での——つまり社会的な再生産に内的にかかわる——卓越化の記述によって、現代の若者文化を適切に記述することは可能なのか、もし可能であるとして、それはどのような趣味（hobby）の領域においても同様に適用可能なのか、そしてそれはいかにして記述可能なのか、という問題である。

ブルデューの卓越化理論の狙いは、たんに序列化として卓越化の社会的ゲームを記述することにあるのではなく、文化＝教養と結びつけられる正統的なテイストを「上位」に据えるような卓越化のゲームの構造と過程（生活様式空間）と社会空間とが結びつくメカニズムをあきらかにしようとするものである(34)。どのような卓越化でもよい、というわけではない。こうしたタイプの（教養主義的テイストの）卓越化ゲームを記述するにあたっては、次のような事柄が考慮されなくてはならない。いずれもブルデューのテクストに記されている事柄である。

(1) 卓越化のルールを自覚的に対象化して捉えるという振る舞い自体が、当該のゲームにおけるプレイヤーの優位を示すということ
(2) 「テイストはいわく言い難い、言語的に分節されえない何かである」という価値観が当該のルールに埋め込まれている場合には、さらなる「上層」においては、卓越化の意識なき卓越化が実践されるということ
(3) 「下層」の即自的テイストはそもそも卓越化の志向性を持たないことがあるということ

これは考えてみれば少々奇妙なゲームである。ゲームの規則あるいは規則性の全体性を反省的に捉えるという振る舞い自体がゲームにおける優位性を示す指し手となっており(1)、さらにはそうしたゲームの規則性をことさらに対象化しないことがゲームにおける優位を維持できるということも前提とされている(2)。そしておそらくは多数を占める「下位層」は卓越化のルールはもちろん、そもそも自らがゲームに参加しているということすら明確に自覚していない(3)。「ゲームを対象化する能力」が資源として機能し、「意識的にはゲームの外にあるという信念をもっている」ことがゲームにおける下位の位置を示す。このゲームを成り立たせている規則とは一体何だろうか。

この点は、ブルデューを承けて展開されている英米圏の文化社会学においてよく議論されている「文化的オムニボア」仮説と密接な関連がある。

　文化的オムニボアとは、ブルデューが想定するようなカント的趣味判断——抽象的・非実用的文化を理解する——の「よさ／悪さ」が階層・階級に対応することなく、上位層が中位・下位文化も広く享受している状態を指す。「文化資本が高いのに、「低俗」とされる趣味に興じる」上位・中間層の存在は、趣味 taste のよさによる象徴闘争、さまざまな界における文化資本の変換可能性を疑わしめるものとなる。「六本木ヒルズのオフィスで働き、海沿いのタワーマンションに住みながら、競馬やパチンコを愛し、食事はファストフードという、良家に育った高学歴 IT ベンチャー社長」といった極端な例を挙げるまでもなく、60年代以降、高学歴化が進み「正統文化」の商業的価値と社会的価値が低下していった先進諸国においては、こうした文化的オムニボアは一般によく観察される現象である。

　日本でいえば、まだ進学率的に希少性のあった都会の大学生が、ロックやフォークなどの非正統的音楽、マンガのような教養主義的世界では異端視されてきた媒体、非正統的な小劇場公演などの「サブカルチャー」——日本語におけるこれには現在ほぼ「下位」の含意がない——を愛好する傾向が明確化した60年代以降に広範にみられるようになった現象といえる。本書を読むような読者であれば当然の日常的風景であろう。Peterson = Simkus（1992）や Peterson（1997）は、高い社会的地位にある者が、低俗とされる文化にいたるまで広範に多様な文化を享受する一方で、低い地位にある者があくまで「低俗」とされる文化の享受にとどまっている点を実証的に摘出し、ブルデューのテイストと社会空間に照応関係があり、テイストがさまざまな界で転換されつつもある程度貫徹されうるとの前提に、疑義を提示した。ピーターソンによれば、こうした文化的オムニボアの傾向には、たんに年齢の効果（若い人がそうである）だけではなく、コーホート（世代）の効果もみられ、いわばオム

ニボア化はアメリカ社会の時代的趨勢となっている。

　この文化的オムニボア化は、フランス／アメリカの社会の差として語られたりするのだが、実際、ほぼどの先進国でも観察される現象である(Peterson 2005: 261)。重要なのは、「高地位（学歴・所得など）の者が下位文化も含むさまざまな文化を享受する一方で、下位にある者は上位・中位文化を享受しない」傾向があるということだ。

　上記（1）〜（3）の問題設定と対応する問題系である。この現象は、たんにhobbyの嗜好と社会的地位がきれいな対応関係を描きうるのか、という疑念をもたらすのみならず、はたして上位の者と下位の者たちが同じゲームにおいて、卓越化のゲームを行っているといえるかどうか、そこに規則を共有する象徴闘争＝ゲームは存在しているのか、しているとすればそれはどのような意味においてゲームといえるのか、さまざまなhobby嗜好は、より基底的なtasteの共有と結びつき、界を横断した効果を持つのか、といった疑念を喚起するものである。ヨーロッパの階級文化 vs 日米の消費文化といった比較文化論ではなく、**オムニボア化が進む社会において、「趣味」とはどのような社会的性格を持つのか、ということこそが、根元的な論点である**。上位・中位が象徴闘争のゲームのルールを広範に理解・解釈し、実践を行い、（2）極点的な上位層はそのルールを対象化・解釈して適用することもなく、（3）下位層はルールに習熟することなく自らの「低俗」な嗜好に充足する。それは、いかなる意味で社会的なゲームであるといえるのだろうか。

　社会学関連領域で言及されることの多い規則の類型として、①数的規則性、②構成的ルール・統制的ルール（Searle 1969=1986: 58）、③語用論的ルール、④暗黙知・身体知（によって知られる規則性）、⑤観察によらず知られる規則などがあるが、②と⑤（ややカテゴリーミステイクのきらいがあるが④も）はゲームの参与者が意識的に自覚していなくとも、その適用条件をある程度了解し、使用できるようなルールである（「問われれば理由を答えられる」「違反を違反として認識できる」「規範的予期／認知的予期にもとづく行為の修正・貫徹可能性」……）。とくに②③は何らか

の形でルールを知っているといえることがゲームの構成員であることの要件ともなりうるようなルールである。ブルデュー自身、ゲーム（遊戯）の例を挙げて自説を解説することがままあるが、彼の複雑な卓越化の論理の構成全体を、限定された種類のゲームで表現することは難しい。

　上記の「ゲームを対象化する能力が資源として機能し、意識的にはゲームの外にあることがゲームにおける一定の位置を示す、というゲームのルールの記述」という問題をブルデュー自身はどのようにクリアしているのだろうか。

　この問いに答えるためには、詳細なブルデューのテクスト研究が必要とされるわけだが、ここではごく粗く次のような仮説を立てておきたい。つまり――「プレイヤーは、意識的にはゲームの外にいると認識していたとしても、実は内にある」ということを可能にするゲーム分析を実行するために、統計的に現出する回数的な規則性（意識化可能性は不要）と「自転車の乗り方」のような暗黙知（④：意識化可能性は不要で、身体が覚えこむもの）を組み合わせる理論的装置としてハビトゥスが導入されている、と。

　あまりにブルデューのテクストは難しいので、解釈やその理論構成の成否判断には踏み入らないが、数的な規則性を示すという課題に際してブルデューは、対応分析を主要な手法として採用していた。(2)(3)のようなプレイヤーをも界の構成員として記述し、彼らの間に何らかの象徴闘争が起こっていると考えるためには、全体社会の配置図を描き出す何らかの理論的な媒介が必要となる。この媒介が、手法的には対応分析（生活様式空間の自律性と、それと社会空間の相同性を描き、象徴闘争の前提となる社会的位置の全体像把握を可能にする）、理論的には、社会的位置を可能にする理論的構成物としての文化資本と、位置に留まること／移動すること（軌道）を可能にするハビトゥスといった概念である。対応分析によって得られた全体像ゆえに、定義上、すべての社会構成員は必ず生活様式空間・社会空間内に位置づけられうるので、自動的に(2)(3)のようなプレイヤーもゲームに参加しているということになる。

（3）のような下位プレイヤーは、意識せずに、かつ非意図的な形でこのゲームに参加していることになっているのだ。（2）のプレイヤー（超上位層）は、象徴闘争のルールを習熟していながら、それを対象化し、他者と卓越化する必要がないほどに文化的・経済的資本に恵まれている、あるいは卓越化という行為自体を「趣味の悪い」ものとして捉えるハビトゥスを身に着けていると考えることはできる（④の規則）。

しかし、それにしても（3）のプレイヤーはいったいいかなる意味でゲームに参加しているといえるのだろうか。

たとえば、あなたが、基本的にはCIAやFBIが絡んで陰謀めいたことが起こるのをトム・クルーズやマット・デイモン、ジェイソン・ステイサムが意味不明の無敵振りで解決していくタイプの映画を、ミニシアターで期間限定で公開される「難しい」映画より好むとしよう。映画館に行くのも年に数回だ。批評もほとんど読まない。そうしたとき、シネフィルの友人から「君は分かってない」といわれても困ってしまうのではないか。分かる気がないのだから。あるいは、馬券の買い方も知らないのに、競馬のロマンを延々と語るひとに「君は全然分かっていない」といわれても、サッカーのルールは知らないけれど、たまたま見た試合を面白く感じていたところ、ヨーロッパのチャンピオンズリーグを愛好する人に「にわか」呼ばわりされても、「分かる気がないのですけど……」と答えるしかないのではないか。**自分が意図的に参加しているといえないと、卓越化のゲームにおいて下位にプロットされても、ゲームにおけるルーザーであるということは行為者にとって意味をなさない。**不愉快に思ったならまだ「実は参加している」といえなくもないが、クラブになんの関心も知識もない人にとって、クラブカルチャーにおける卓越化のことなど、なんの意味もなさない。特定のhobbyに強い関心がなくとも、不愉快に思える程度には「趣味tasteがいいことが好ましい」と捉えられるような趣味もあれば、不愉快にすら思えないほど行為者にとって意味をなさない趣味もある。（3）をも含んだ文化的・社会的ゲームというのは、いったいどれほど見いだすことができるのだろう

か。

　ブルデューにおける「対応分析＋社会空間構成のための追加変数の射影＋インタビュー等にもとづく軌道分析」というプログラムは、そうした（3）のようなひとも全体的な社会空間のなかではゲームに参加している、といえるようにするための理論的工夫であった。(37)それが成功しているか否か、といえば、していない、というのが本章でここまでみてきた限りでの結論である。

　（1）（2）（3）のプレイヤーが、同じ意味におけるある規則を持つゲームに、意識的であれ非意識的であれ意図的に参加している、というために、ブルデューはあまりに多くの理論的負荷性の高い──経験的に摘出の困難な──説明概念を導入してしまった。生活様式空間・界の自律性をいうための対応分析は、はたして自律性を担保しえているのか疑問であるし、生活様式空間を規定するはずの社会空間のカテゴリーが二次元で表現された生活様式空間に射影されているというのも奇妙な方法である。さらに社会空間において象徴闘争がなされている、という場合に必要なゲームの規則、実践、賭け概念そのものが、多様な規則概念を混同させたものであり、ゲームと呼ぶにはあまりにアドホックなものであった。『ディスタンクシオン』のプロジェクトが経験的科学としての社会学の成果として成功しているとは言い難い。

　しかし、たびたび言及してきたように、ブルデューは、こうした問題系が自らの分析視座のなかにあることをかなり自覚していた。標準的な多変量解析を用いない理由、人口学的属性を射影する理由、ゲームに参加しているという自覚のないひとも「実はゲームに参加している」といえるための理由、それらの理由ひとつひとつの説得力がいかに薄くとも、少なくともブルデューはこうした卓越化のゲームの描出にかかわる問題点の存在には気づいており、相応の理論武装をもって答えている。英米の文化社会学者や日本の階層研究者もまた、そうしたブルデューの「経験的学」としての問題点を検討し（清水 1994）、穏当な形に変換することによってブルデュー理論の発展的な継承を試みている。

問題なのは、むしろ、特定の趣味 hobby のファンに「インタビュー」をし、界や文化資本、象徴闘争、ハビトゥスといった（テイストを説明するための）言葉を説明概念として用いてしまうタイプの研究、カルチュラル・スタディーズ的な研究にこそみいだされるべきであろう。ギアツの「厚い記述」といった概念を「計量的研究」をしないことの守り札にしたり、数えうるデータを軽視して人びとの「戦略」を描いたり、といった方向性は、ブルデュー自身が目指した方向性ともズレるし、また長い歴史を持つ質的調査の蓄積に対しても不遜な態度である。アメリカや日本、そしてイギリスにおける社会調査・フィールドワークの歴史は、質的／量的、厚い／薄いといった素朴な言葉で一括して語りうるほどに脆弱なものではなく、それはいわば最初からマルチメソッドであり、人びとの生活史を人びとの生きる社会の現実に近似するためのデータとして尊重してきた。

フェビアン協会、ブースのロンドン調査からアトランタ学派、シカゴ学派、シンボリック相互作用論、構造機能主義、教育研究、都市・農村研究にいたるまで、それらは、徹頭徹尾「社会的」な実践だったのであり、ある特定の趣味共同体での人間関係を政治的ゲームとして見立てるために作り上げられた議論のフィールドではない。質的・量的、文化的・階層論的という技術論を越えて「社会的なもの」を見いだし、創り出していくこと。ブルデューもまたそうした社会学という共同プロジェクトのなかの一員として自らの研究をプログラム化していた（初期のブルデューがどれだけ「主流派」社会学の重鎮ラザースフェルドの評価を意識していたかを想起すべきである（Bourdieu 2004=2011））。

「社会学」「文化研究」をするために、ブルデュー理論を携えてトートロジカルな説明を施すことには何の価値もない。「社会的」なものを模索するなかで、ある特定の文化や趣味についての語りが大きな意味を持ってくることもあるかもしれない。が、論理的・方法論的順序は逆ではない。ディック・ヘブディッジが先行研究の冒頭にくるようなサブカルチャー研究、ジャニス・ラドウェイが冒頭にくるジェンダー文化研究の

流れのなかにブルデューを位置づけるのは——ソーントン自身記しているように——あまりに無理がある。文化論的転回などなかった。ブルデューの継承は、そうした社会学の伝統にしっかりと掉さすところでしか生じえないだろう。

やや話が脱線した。

重要なのは、卓越化の論理の枠組みで何らかの社会関係や、趣味（hobby）を媒介にした共同性を描こうとするならば、ブルデュー自身が腐心したような何らかの方法論的な工夫が必要とされる、ということである。希少な資源を特定する構成的ルールが共有されていない状況で、なおかつ、さまざまな資源への関わり方をする構成員がゲーム（界）に内在しており、象徴的な闘争をしている、といえるためにはいかなる調査が必要か——この問題（界の同一性確定手続き）を素通りして、理論用語だけ借用してしまうと、本来、卓越化の論理に適合的ではない対象に対して分析を施すということになってしまいかねない。かつて文化研究者の Hermes（1995）は、カルチュラル・スタディーズ系のオーディエンス研究における「意味充溢の誤謬」を指摘したが、同様の危険はブルデューを援用した文化研究についても指摘されうるかもしれない（「過剰差異化された人間像」とでもいえるだろうか）。ブルデューの議論が文化的再生産論であるかどうか、というブルデュー研究、階層・階級研究において重要な問題はいったん置いておくとして[38]、本書では、このさまざまな界の種差的性格を考察していくこととしたい。

「文化資本とは何かと問うことにはあまり意味がない。そうではなく、ある「文化資本」を資本ならしめる界の特性を問わなければならない」（磯 2008: 41）——こうした問題系を考えるための基礎作業として、以下では、現代日本の若者文化において特異な位置にある二つの特徴的なポピュラーカルチャー[39]、趣味 hobby（音楽鑑賞、アニメ）をとりあげ、卓越化の論理にもとづく文化（資本）分析の射程と限定性を考察していくこととしたい。

なお、ブルデューの卓越化論では、趣味内卓越化（音楽のテイスト）、

趣味間卓越化（テニスとサッカー、ドライブ、絵画鑑賞……）のいずれもが取り上げられているが、ここではとりあえず前者に焦点を当てる（ただし前者を扱うためにも、趣味間関係はとりあげる）。またここでは、ブルデューの理論枠組みを新規データによって検証する、という方法はとらない。そうした問題意識で質問項目を立てていなかったということもあるが、卓越化ゲームの存在を前提として議論を進めるのではなく、趣味間の関連性やコミュニケーション項目との関わりから、卓越化ゲームの存否の確認という手順を踏むことにしたい。この作業においては、ブルデューが回避したような標準的な、クロス表の分析、多変量解析を行うこととする。

　というのも、ブルデューが、複数の界の相同性を前提としている以上、「ある界が自律した形で卓越化のゲームの場となっているといえるためには、どのような条件が必要か」という本章の目的にそくした場合、界における人びとの実践の傾向が、人口学的変数や、界の分析において意識されることの少ない媒介変数の効果を統制してもなお、一定の自律性を持つと考えられるか、という点が議論の焦点にならざるをえないからだ。きわめて素朴な疑似相関や媒介変数、単純なクロス表の分析では見えてこなかった「隠れた」変数の存否などを検討することなく、界の自律性を前提にした議論に進むわけにはいかない。対応分析は、他の特性について近似している個人どうしが、希少な特性について違いをみせると、幾何学的距離が大きくなる（個人の「位置」が遠くにプロットされる）、といった特徴を持つ。そうした問題を考えるうえでも、まずは、素朴な方法論によって「界・生活様式空間の自律性」を確認しておく必要があるだろう。

　照準するのは、参入障壁が低いために参加者が広がりを持ち、かつ象徴闘争が起こっていると見込みうるような条件（上・下層の希少性、賭け金の存在）を備えもつ「音楽」と、逆に、参入障壁が高く、界の内外の画定条件が明確であり、そうであるがゆえに（他の界に対するものではなく）界内での卓越化が明確な形では表れてこない「アニメ」、この

対極的な位置にある二つの趣味 hobby である。

5　個別の趣味 hobby を分節する①　音楽

まずはじめに、①現代の若者たちにとって個々の hobby へのかかわりがどのような関係にあるのか（趣味間関係）を確認し、その後、②数ある hobby のなかでもある特異性を持つ音楽とアニメにおける趣味内関係のあり方を考察する。この二つの課題を遂行していくうえで、本稿では、好きな趣味にかんする複数回答、音楽やマンガ受容様式についての構えへの回答、友人関係と趣味の関連を示唆する項目についての回答に焦点を当てる。こうした卓越化ゲームの事実性の如何、有無とは直接的にかかわらない項目の分析から、hobby にかかわる実践を taste の（意識的・非意識的な）差異提示として解釈することができるかどうか、ということについて考察を試みる。

ブルデューはしばしば関係性のなかにおいて社会を捉えることの重要性を述べている。そのことに異論はない。ここで考えてみたいのは、（hobby をめぐる社会関係に限定した場合に）関係性の記述は、必ずしもテイストの卓越化のゲームという形式をとらなくてもよいのではないか、ということである（たぶんこのこと自体――つまり卓越化以外の記述の方法がありうること――はブルデュー自身も否定しないように思うが）。

質問紙調査なので当たり前のことだが、本研究ではいくつもの先行的な限定をかけている。趣味間関係をみるために設けられた質問は、「あなたの趣味は何ですか。好きなものすべてに〇をつけてください」というものだが、ここには 22 個の趣味項目と、「その他」「趣味はない」を列挙してある。この 22 の項目は、辻泉らの先行研究および 2010 年に行った予備調査（ウェブ調査）の結果を検討しリストアップしたものだが、もちろん、リストアップそれ自体は恣意性を免れず、他の項目を入れたときに異なる関連性を読み込むことができる可能性は否定できない。また意味連関を考えた場合でも、たとえば「食べ歩き」と「楽器演奏」

を同じ趣味 hobby というカテゴリーに入れてよいかどうかについては、もちろん疑問が残る。そうした限定性を前提としたうえで、以下の考察は展開されている。

「音楽鑑賞」の特異性は、趣味領域としての一般性にある。つまり、きわめて多くの人たちが趣味として挙げており、一般性を持ち、そうであるがゆえに、趣味領域としての個別性に乏しい趣味である、ということだ。では一般性とは何か。

まず素朴に選択者数でみたとき、音楽の選択率（趣味回答数を、有効回答数647から性別無回答とその他を除いた女性数386、男性数258人で割ったもの）は女性79.3％、男性74.4％。続く女性のショッピング64.8％、ファッション55.7％、男性のマンガ59.7％と比しても高い数値を示している（【図2-2】）。全選択（複数回答をすべて足し合わせたもの）に占める割合も、20項目中もっとも高い（11.1％）。男女ともに高い選択率を示しており、選択のあり／なしについて男女差がみられないというのも特徴的である（有意水準5％で男女差が確認されなかったのは、他には楽器演奏、国内旅行、ドライブのみ）。つまり音楽鑑賞は、きわめて広範な人たちにより自分の趣味として認知されているという意味で一般的な文化的行為であるといえる。また、たとえば友人関係項目などの質問でも、選択者と非選択者の間に際立った相違は認められない。性別を統制したうえで有意差が認められたのは、「友だちをたくさん作るようにこころがけている」ぐらいである。

こうした一般性（ばらつきを説明するうえで、平均や標準偏差がある程度意味をなす）は平均趣味数という観点からも読みとることができる。

音楽の選択者の平均趣味数は（【図2-3】）、7.7（非選択4.7）で、他の趣味選択者の平均に比して低い傾向にある（7点台はパチンコと音楽のみ、全体の平均趣味数は6.9。標準偏差3.24。中央値は7）。この点について、私たちが注目したいのは、音楽鑑賞は①選択者／非選択者間で趣味数の差が比較的小さく、②他の趣味に比して選択者の趣味数も少ない、ということである。①は選択者と非選択者の趣味活性度の差の小ささ、②は

図2-2 趣味選択者率

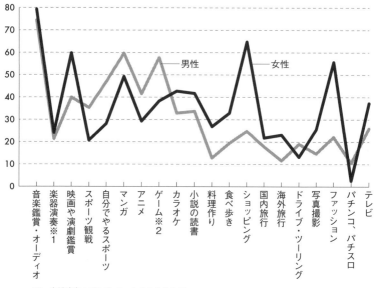

※1 楽器演奏：バンド、オーケストラを含む
※2 ゲーム：テレビ、携帯、オンラインゲーム、ゲームセンター

選択者の趣味数の少なさを示している。

【図2-4】は、全趣味選択についての選択者／非選択者の趣味数の平均値をt検定にかけ、平均値の差の95％信頼区間を算出したものを図化したものである（Welch検定）。ここでやや気になるのは、音楽非選択者の趣味数平均値の低さである。95％信頼区間を見る限り、趣味リストのなかでは、国内旅行、ショッピング、写真撮影など「外向性」「女性色」が色濃い趣味に次いで大きな差をみせている（この趣味を選択した場合としない場合での趣味数の差が大きい）。選択における性差が見られない趣味としてはやや異質な差の大きさであり、逆に言うと、「音楽鑑賞を選択しない」ということの特異性がうかがわれる。音楽を趣味としない人びとの特異性が音楽という趣味選択の一般性を指し示しているとい

第2章 社会にとって「テイスト」とは何か

図2-3 個別趣味選択者ごとの趣味数

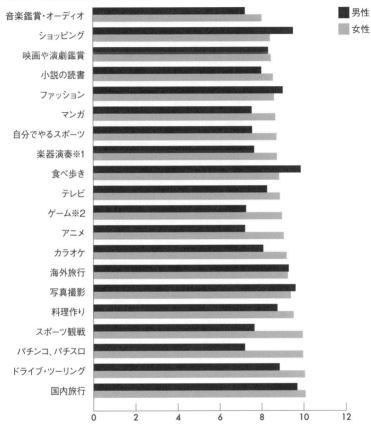

※1 楽器演奏:バンド、オーケストラを含む
※2 ゲーム:テレビ、携帯、オンラインゲーム、ゲームセンター

図2-4 選択者と非選択者のあいだの平均趣味数の差（95％信頼区間）

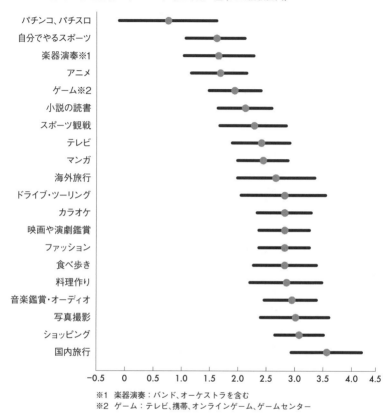

※1 楽器演奏：バンド、オーケストラを含む
※2 ゲーム：テレビ、携帯、オンラインゲーム、ゲームセンター

える。

次に趣味間での趣味数の差をみてみる。

まず、趣味数を等パーセンタイルで層化し、各趣味の選択数の割合が層によりどのように異なっているか（趣味数層内での趣味の選択率：層内占有率と呼んでおく）を見たところ、音楽鑑賞は趣味数の少ない層での選択率が高く、女性の選択者が多い趣味（ファッションなど）とは異な

る傾向を示していることがわかった。音楽鑑賞と同様の傾向性を示しているのは、マンガとアニメであるが、「趣味数が高い層内での占有率が小さい」「趣味数少の層での選択者が多い」という傾向は、音楽鑑賞においてもっとも顕著である（【図2-5】）。

　またヒューリスティックな分析ではあるが、趣味選択と趣味数を層化したカテゴリーのクロス表を分析したところ、調整済み残差の絶対値が1.96より大きいセルは、音楽鑑賞（＋）、スポーツ（＋）、マンガ（－）、料理・食べ歩き（＋）、ショッピング（＋）、国内旅行（＋）、海外旅行（＋）、ドライブ（＋）、写真（＋）、ファッション（＋）などであった。【図2-5】にあるように、音楽選択者数は趣味数が高い層においても「多い」とはいえない傾向にある。

　さらに、趣味数は、操作的に作成したゲームの賭け金＝音楽性尺度（音楽性の高さを示していると考えられる尺度）[41]と、有意な正の相関関係（$p < .05$。選択なしを含む場合も含まない——選択者のみの場合——場合も）にあり、趣味数の少ない音楽選択者が音楽へのコミットが薄い傾向にあることがうかがえる（【図2-6】）。音楽鑑賞は、趣味数が多くはない人びとにも「でも、しか」的に選択される一般的な趣味であり（広範性）、だからこそ、そうした「でも、しか」的な選択をすらしない人びととの特異性を浮かび上がらせている（選択しないことの特異性）——そのようにいうことができるのではないか。[42]

　以上のように全体としてみると、音楽鑑賞は、広範性を持つ一般的な趣味と考えられるが、それは音楽鑑賞において、個性に富んだ形での音楽鑑賞へのコミットがみられない、ということではない（当たり前だが）。音楽鑑賞という趣味全体としての個別性は薄いが、むしろだからこそ、音楽鑑賞という趣味内部ではコミットメントの濃淡が見受けられる。

　たとえば、3／4以上の人が音楽鑑賞を趣味として選択しているが、「もっとも大切な趣味」と答えた人の割合（もっとも大切と回答／選択者数）は一見それほど高くみえない。しかし低いというほどでもなく、女性13.3％、男性14.6％と、「楽器演奏」「自分でやるスポーツ」「海外旅

図2-5 趣味数層内での趣味の選択率

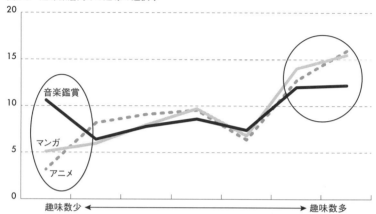

図2-6 音楽性尺度と趣味数

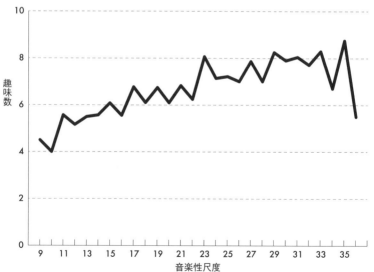

表2-1　「趣味一般について友だちと話をする」と性別を統制した偏相関係数

	音楽鑑賞	マンガ	アニメ	ファッション	小説
好きな……について友だちと話をする	.29	.58	.37※	.35	.52
友だちと一緒に……に行く	.20	.25	.47	.22	.25
……がきっかけでできた友だちがいる	.24	.42	.58	.26	.36

＊すべての項目1％水準で有意

※マンガの同一趣味会話は該当設問がないため、
　アニメ趣味選択と「マンガの話をする」との相関係数を示した。

行・女」などの行動系に次ぐ高さであり、非行動系趣味（？）では「映画・女」（11.2％）「ゲーム・男」（12.7％）と並んで高い。後に比較するアニメは女 0.7％、男 3.9％である。きわめて多くの人たちにより趣味として認知されつつ、1割強の人びとが「もっとも大切」と考える。全体としての関与者の広範さと、一定程度のコミットの濃淡（高コミット者のほどほどの希少性）(43) が見受けられる——こうした音楽鑑賞という趣味領域のあり方は、財の希少性と広範なプレイヤーの存在を示唆するという点で、きわめて特異に・一・般・的・——ゲーム的に描かれうる全体性を集約しているという点で——である。こうした趣味領域のあり方は、後に述べるように、ブルデュー的な「界」——生活様式空間——のモデルに適合的であるといえる。同様の特徴を示す趣味は、少なくとも私たちの調査で挙げた 20 種目のなかでは、音楽鑑賞のみである。これをさしあたり全・体・性・集・約・型・趣味と呼んでおくこととしよう。

次にごく簡単に、音楽鑑賞という趣味が友人関係の維持形成とどのような関係にあるか、つまり趣味縁をもたらす契機としての音楽鑑賞のあり方を考えておきたい（【表2-1】）。

「音楽鑑賞」「楽器演奏」と「友だちと好きな音楽の話をする（4 値反転得点）」の相関（「趣味一般について友だちと話をする」「性別」を制御した偏相関分析）はそれぞれ .29 と .13 (44)（**）。同様の相関係数は、(45)（「アニメ」）＞マンガ .58 ＞小説 .52 ＞ファッション .35 ＞音楽鑑賞 .29 となっている。また、「一緒にコンサートに行く」「一緒にマンガ・アニメ専門店へ

行く」など趣味にかんする共同消費は、アニメ.47＞マンガ.25＞小説.25＞服を買う.22＞コンサートへ行く.20である。ワーディングに反省点が多々あるが、アニメやマンガと比した場合に、音楽鑑賞という趣味を持つことと共同消費との関連がそれほど強くないことが予想される。また音楽鑑賞という趣味を持つことが友人形成の契機となっているか、ということについても、相関係数の大きさは、アニメ＞マンガ＞小説＞ファッション＞音楽鑑賞であり、アニメやマンガほどの特徴的な傾向を読み取ることはできない（当然、コミットの度合い——後に述べる音楽性尺度——と共同消費や友人形成契機の間には明確な関連がある）。

　もちろん、音楽が友人関係、趣味縁の形成にあまり寄与していないということではない。そうではなく、音楽はきわめて一般的であるということにおいて特異性を示す「超趣味」であり、友人関係のあり方が その趣味を持っていることと連関があるのか、はそれほど明確ではないということだ。そうであるがゆえに、音楽の界でのゲームには、先に述べたように、賭け金に近似するような尺度を見いだすことができる（この意味で南田（2001）がポピュラー音楽をブルデュー的枠組みで分析したことは適切であったといえる）。逆に言うと、それは若者の文化世界の全体性を近似値的に表現したもの（象徴闘争が範型的に読み取れる界）といえるかもしれない。全体性集約型の趣味として特権的な位置にある趣味といえるだろう。似た傾向をもつと考えられるものに女性のファッションがあるが、それを検討するには、「女性にとって趣味とは何か」という問いにとり組む必要があり、ここでは扱わない。

6　個別の趣味 hobby を分節する②　アニメ

　音楽という全体性集約的趣味の対極にあるのがアニメである。アニメは、①他の趣味と比して趣味としての自律性が高い（趣味選択の自律性）と同時に、②趣味を共有していることと友人関係の連関が密接（濃い趣味共同性）である。界としての独自性・自律性が読みとりやすく、また

浅野（2011）がいうような趣味縁の形成媒体となりやすい。全体性集約と対比させて言うなら、局所性を最も明確に示す趣味といえるだろう。

まず、性別を統制した「趣味選択」どうしの相関関係をみたところ、きわめて特徴的な傾向がうかがわれた。「その他」「趣味なし」を除いた20の趣味は、平均8.7個の他の趣味と有意な正の相関関係にある。アニメは、①正の相関自体にある他の趣味が4個とかなり少なく（「マンガ」「ゲーム」「カラオケ」「小説」）、また②負の相関関係にある他の趣味が5個ある（「自分でやるスポーツ」「食べ歩き」「ショッピング」「海外旅行」「ドライブ」）。アニメが関係しない組み合わせで負の相関項目を持つのは、「自分でやるスポーツ×楽器演奏」ぐらいである。ϕ係数も「マンガ×アニメ」.48**、「ゲーム×アニメ」.38**と高い値を示している（ϕ係数.3を超えるのは、他に「ゲーム×マンガ」「ファッション×ショッピング」「海外旅行×国内旅行」）。正の連関を持つ項目の限定性（および関連の強さ）が大きく、負の連関を持つ項目が多いことから、趣味選択の自律性が高いと推察される。選択者数率は男性41.5%，女性29.3%と決して低くないが、他の趣味との関係において趣味領域として自律したあり方を指し示している。[46]

つづいて、「趣味ありなし×趣味ありなし」を、すべての趣味の組み合わせについてχ^2検定を行ったところ、選択者数の少ないパチンコを除くと、各趣味は平均11.7の「正」の関連項目——ϕ係数が正となるもの——をもっている。アニメの11の関連項目のうち、「正」の関係にあるのは「マンガ」「ゲーム」「カラオケ」「小説の読書」の4つで、「アニメ×マンガ」「アニメ×ゲーム」は性別統制後も1%水準で有意な関連を示している。「負」の関係にあるのは「自分でやるスポーツ」「食べ歩き」「ショッピング」「海外旅行」など6つで、さきほどの相関分析と同様の傾向がうかがわれる。アニメがかかわらない組み合わせでϕ係数が負の値を示すのは、「楽器演奏×自分でやるスポーツ」ぐらいである（ただし女性については関連はみられない）。相関分析と同様、アニメという趣味選択の限定性と自律性についてある程度確認できたのではな

いか。

　さらに、アニメという趣味が友人関係の形成・維持にどのように関係しているのかについてみていくこととしよう。

　趣味を共有することが関係性の密接さとどのように関係しているかをみるために設けた質問に、「違う趣味を持つ友だちにくらべて、同じ趣味をもつ友だちのほうが大切だ」がある。この設問への回答と趣味選択のありなしをクロスさせたとき、有意差がみられるのは、「映画（**－）」「アニメ（*＋）」「ゲーム（**＋）」「小説の読書（**－）」「食べ歩き（*－）」であるが、性別で統制すると「アニメ」と「食べ歩き」の関連は消える。趣味と友人関係の密接さを結びつけるという指向自体が男性的なものであり、個別趣味間の差異をこの質問で検出するのは難しい。

　さきほどの【表2-1】に立ち戻ろう。繰り返しになるが、「マンガ」「アニメ」と「友だちと好きなマンガの話をする」の関連を示す係数（「趣味一般について友だちと話をする（反転得点）」「性別」を制御した偏相関分析）はそれぞれ .58（**）と .37（**）。同様の相関係数は、（「アニメ」）＞マンガ .58＞小説 .52＞ファッション .35＞音楽鑑賞 .29。「一緒にコンサートに行く」「一緒にアニメ専門店へ行く」など趣味にかんする共同消費は、アニメ .47＞マンガ .25＞小説 .25＞ファッション .22＞音楽 .20。趣味を介した会話、共同消費のいずれについても、アニメという趣味を持つことが大きな意味を持っている可能性がある。また、「……がきっかけでできた友だちがいる」×「……」（性別と「（一般的に）趣味を介してできた友だちがいる」を統制）では、アニメ .58＞マンガ .42＞小説 .36＞ファッション .26＞音楽鑑賞 .24。アニメ・マンガの友人形成効果の高さがうかがわれる。友人形成の媒介となること、友人どうしでの共同趣味消費や趣味を介したコミュニケーションの活発さ——こうしたアニメ界の特徴は、それがいわゆる趣味縁形成の契機となっていることをうかがわせる。

　もちろん音楽でも「上位層」に限定すればそうした傾向がうかがわれるかもしれない。しかし、ある趣味の選択者全体において、こうした傾

向がもっとも顕著に見受けられるのは、やはりアニメである。浅野が主題化している問題、つまりこうした趣味縁がはたして社会関係資本、人的資本として機能し、社会的コミットメントの調達に寄与しているかどうか、については、別稿に検討を委ねることとしたい（ジェンダーとの関連は第8章にて扱う）。

7 卓越化ゲームとして解釈すること

 さきほど述べたように、ほとんど唯一の全体性集約型趣味である音楽では、広範にコミットの濃淡が観察されうる。このコミットの濃淡が何らかの資源と関係を持ち、かつその資源の分配が適切な分布を描いている（資源の希少性が適切に解釈されうる）とき、ブルデュー的な意味での界の同定に近づくことができる。はたしてそうした資源を特定化することができるだろうか。

 これを一挙に特定するのは不可能なので、やや間接的な方法をとる。つまり音楽受容における文化資本・ハビトゥスを表現すると目されるものを関連質問群により得点化する。通常の社会学的方法に則るなら、①高／低の順序づけがある程度予測される楽曲やアーティスト名を提示したうえで、それに対する回答から社会空間内での位置を測定する、②「クラシックコンサートに行く」「5歳時にピアノが家にあった」といった成育環境への質問から文化資本を測定する、というのがオーソドックスなやり方であるが、いくつかの理由からこうした方法はとらない。

 一つには、好きなアーティスト名の数が膨大であるという状況を見たとき、①のような形で問題を提示することがきわめて困難であると考えられること（またできたとしても音楽というhobbyのかなり限定的な側面を表現している可能性が高いこと）、いま一つには、「文化的オムニボア」が前提となる若者文化研究という文脈では、ブルデュー的枠組みの適用において有益な「正統文化／大衆文化」の区別を前面に出すことが必ずしも得策ではないように思えること。本調査では好きな音楽家のジャンル

の選択肢に「クラシック」を入れていないが、これは予備ウェブ調査段階で、クラシックという回答がきわめて少数(総回答2205のうち15のみ)であり、むしろ若者文化研究という文脈ではポピュラー音楽にそくして分析を進めたほうが適切と判断したからである。

そこで青少年研究会、南田勝也らの研究を受けて、作品名やアーティスト名ではなく(後者は質問しているが、本書では扱わない)、音楽にかかわる固有名(アーティスト名、ジャンル名、曲名)ではなく、音楽の聴き方、かかわり方という形式面での質問項目をたて、分析を行った。さまざまな音楽の聴き方、構え(ハビトゥス?)から、音楽鑑賞にかかわる象徴的な資源を考えるという方向性である。もちろん、これは研究グループメンバーの「民間音楽学」にもとづく質問項目の設定であり、十分な指標となりうるかについては、今後も検討が必要である。

まず、音楽の聴取態度をめぐる20項目への回答を4値得点化し、因子分析(主因子法・プロマックス回転)にかけ、因子5つを抽出。第一因子の因子負荷量が大きかった9項目(共通性が低い1項目は除外した)の反転得点を単純加算し、音楽性を測る尺度を形成した(合計得点9点未満は欠損値扱い。クロンバックの α .778)(【表2-2】)。この尺度による得点は、男女、学歴で差はみられないが、「好きなアーティスト」のデビュー年と弱い負の相関関係にある。また選んだアーティストの邦楽/洋楽でも平均差がみられた。「生演奏志向」「歴史志向」「アルバム志向」など尺度のもととなった質問の内容も「音楽性の高さ」をめぐる直観と相性は悪くないように思われる。得点は正規分布に似た分布を描いており(【図2-7】)、こうした尺度を作ることができるということ自体が、音楽という趣味においてテイストの差異が有意味に存在する可能性を示唆しているのではないか。

一日あたりの音楽を聴く時間と音楽性スコアの相関 .26**(他の情報行動で相関がみられたのは、ラジオ聴取)。また、さきにも言及したように、この得点と趣味数の間には有意な相関がみられるが、得点と「同じ趣味の友人が大切」の間にも弱い相関がみられる。

第 2 章 社会にとって「テイスト」とは何か

表2-2 音楽受容形態にかんする因子分析・因子負担量

音楽受容形態勢項目	因子1	因子2	因子3	因子4	因子5
つねに流行の音楽をチェックしたい	−0.128	0.462	−0.157	0.143	0.177
アーティスト・音楽家のルックスを重視する	−0.049	0.437	−0.066	0.061	0
音楽を聴くときは、サウンドよりも歌詞にひかれる	−0.075	0.04	−0.001	0.67	−0.049
※自分の音楽の好みを知人・友人に知ってもらいたい	0.286	0.535	−0.054	−0.052	−0.104
自分の気持ちを変えるために、曲を選んで聴く	0.018	0.196	0.032	0.139	0.31
誰かと一緒にいる時には、その場の雰囲気に合った曲調の音楽を選ぶ	−0.086	0.199	−0.027	0.028	0.553
※音楽を聴く機器を買うときには、音のクオリティを優先する	0.153	−0.013	0.068	−0.105	0.45
※録音された音楽よりも生演奏のほうが好きだ	0.303	0.079	0.148	−0.101	0.219
ノリのいい音楽が好きだ	−0.064	0.44	0.133	−0.093	0.026
泣ける音楽が好きだ	−0.082	0.087	0.885	−0.02	−0.057
ゆったりとしたバラードが好きだ	−0.029	−0.124	0.743	0.084	0.093
※アーティストの生き方に影響を受けたことがある	0.653	−0.026	−0.049	0.254	−0.064
カラオケで歌う曲と一人で聴く曲とは違うことが多い	0.219	−0.262	−0.025	0.04	0.306
※好きなアーティストが影響を受けた音楽に興味がある	0.724	−0.045	−0.039	−0.037	0.132
※なるべくなら、音楽はアルバムで聴きたい	0.358	−0.067	−0.069	0	0.034
※自分の好きな音楽ジャンル(種類)の歴史に興味がある	0.784	0.004	−0.055	−0.249	0.054
※音楽を聴くときに入り込んでしまうことが多い	0.467	0.174	0.076	0.061	0.006
共感できる歌詞を書くアーティストが好きだ	0.044	0.003	0.077	0.68	0.049
※わたしの生き方に影響を与えた音楽がある	0.54	0.011	0.073	0.247	-0.069
友だちは音楽の好みが合う人が多い	0.053	0.496	0.087	−0.01	−0.11

※は音楽性尺度構成に使った項目

図2-7　音楽性尺度の分布

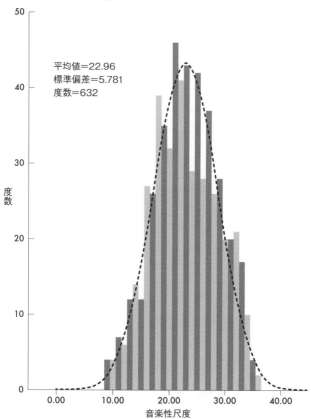

以上、①極力特定のアーティストや曲名を想起させず（「誰を」「何を」聴くかではなく「いかに」聴くか）、また、②極力他者とのテイストの卓越化を想起させないような質問項目から、聴き方、音楽に対する構えについての尺度を構成し、それが尺度構成に含まれていない洋楽志向や好きなアーティストのデビュー年、音楽聴取時間などと関連があることを確認した。当然のことだが、①②の課題が十分に果たされているかについては検討の余地が十分にあるし、また音楽界における象徴的な資源の特定は他のやり方でも可能である。ただ、①②のような限定を設定したうえでも、象徴資源と目されうるような「何か」を特定できるという可能性はある程度確認されたのではないか。

8　全体集約的な趣味界と自律的な界

 音楽に代表される全体性集約型趣味は、相当数の（同世代の）人びとにより趣味として選択されており（広範性）、そうであるがゆえに、趣味としての個別性に乏しい。しかしこれは、ある意味でブルデューが想定している卓越化のゲームのもっとも純粋な範例である。

 第一に、当該領域にかんする歴史的知識を持つことが当該の趣味へのコミットメントの強度と関係があるため、「上位層」「アッパーミドル層」において教養主義的なゲームが成立しやすい。また、そうしたゲームにおける資源を提供する社会的装置（批評など）が存在すること、「上位層」において異世代間の人的交流が活発であること、なども特徴的である（「音楽性尺度×年上と付き合いがあるほうだ」は弱いが有意な相関）。

 第二に、教義主義的な志向、およびそれと関連する音楽に対する態勢を尺度化したものが、釣鐘状に分布しており、界における希少な資源として機能している可能性があること。「卓越化を意識はしないが、実は卓越化を実践している」「意識的な卓越化のゲームの外にいるという事実性がゲームの効果である」といえるためには、少なくともこのような資源がある程度特定化できなければならない。この資源によってhobby

としての音楽は、象徴闘争のルールを対象化しうる上中位層においてテイストの表出手段となりうる(音楽上位層のテイストが、たとえば、社会関係資本や社会的コミットメントを指し示す指標と関連がみられたとしても、それは趣味の効果であるというよりは、社会空間における上位層のエートスを示しているにすぎない可能性がある。音楽や身体性を介したグローバルな政治的・社会的連帯を強調する毛利嘉孝と、むしろオタク的なデータベース消費の様態こそがグローバルな繋がりを可能にしている、とする東浩紀との議論は(東編 2010)、完全にすれ違っている。音楽好きの上位層の社会性と、アニメ趣味者の社会性とを比較することは、「猫と茶碗でどちらが晴れているか」という比較衡量を試みるようなものである(50))。

以上のような特徴は、音楽を一つの界として分析する可能性を指し示している。だが、「当事者の意識、自覚によらず界の同一性を確定する」ためには、ブルデュー自身が腐心しているように、分析者側で相当な概念的操作、経験的調査上の工夫をする必要がある。たとえば、界におけるテイストのプロットをどのように行うか、という問題がある。

一つには、日本の階層・階級研究者が試みているように、テイストの序列、文化威信の度合いを当事者自身に問う、という方法がある。これは調査をしていくうえでもっともオーソドックスで適切な方法であると考えられるが、界を成り立たせているルールの内容を当事者に反省的な形で問うものとなっている。ブルデュー自身が試みているのは、このプロット自体を当事者の反省的評価によらず統計的手法で示すという課題である。そのために彼はいくつかの音楽作品を選択肢として提示し、それらの関係(数学的距離)を読みとっている。界の内部で卓越化の規準として機能しそうな作品群を分析者が用意する、という方法である。それでは界の秩序構造を分析者が先行的に前提としているのではないか、という批判がありうるだろう(プレ調査で絞り込んだ過程と根拠を明示すればさほど問題はないと思うが)。そこで、たとえば3つほど好きなアーティストを回答者に挙げてもらい、それをコード化して分析する、という方向性も考えられるが、アーティスト名の多様性があまりに大きく、

分析はかなり限定されざるをえない。

このように「当事者の意識、自覚によらず界の同一性を確定する」という作業を、経験的な水準で遂行するのはかなりの困難が伴う。ハビトゥス概念の導入などによって理論的・概念的には解決できたとしても、経験的調査によって確定作業を行うことはそれほど容易ではないのだ。それが、たんなる調査方法上の問題を指し示しているのか、卓越化の理論の社会学理論としての問題を示しているのか、についてはペンディングとしておきたい。重要なことは、ブルデュー的な卓越化ゲームを記述しようとするのであれば（もちろん、そうした記述は不可能である、理論的に問題があるという考え方もある）、界において有効とされる資源の特定が可能であることを示し、何らかの形で「当事者の意識、自覚によらない界の同一性確定」（言い換えるなら、ゲームのルールを対象化することのないプレイヤーが界に内在している、といえるための条件設定）という作業に取り組む必要がある、ということだ。そうでなければ、「上中位層」と目される人びとの卓越化のルール（対象の言及関係）をなぞりかえしてしまうことになる。それはもちろん意味のある作業であるが、その場合にはブルデューの界の議論とはだいぶ異なる方向性をとっているといえるだろう。

一方の、自律的趣味型趣味の場合、はたして教養主義的な知識がゲームの主要な賭け金となっているかが、まずは確認されなくてはならない。ブルデュー型の文化・教養の卓越化の論理の適用可能性である。残念ながらアニメ受容態勢についての質問項目がないため、アニメと親近性の高いマンガの受容態勢にもとづき、（a）マンガの読み方をめぐる因子分析により、質問項目の分別を行うと同時に、（b）「アニメ選択あり／なし」を従属変数とし、マンガ受容態勢を独立変数として投入したロジスティック回帰分析を行い、（a）と（b）を突き合わせ、アニメの趣味自認に関連する受容態勢の傾向を分析することとする。なお、これまで述べたような趣味縁（界）としての自律性という特徴から、アニメという界への帰属は自認の有無によってある程度推定できると判断する。「音

楽を趣味自認しない人も、音楽の界に位置づけられうる」というのは奇妙ではないが、「アニメを趣味としない人も、アニメの界に位置づけられうる」というのは奇妙である（ありうるとすれば、若者文化という全体的な界における位置づけを問題化する場合であろう）。

まずマンガ受容態勢にかかわる14項目のうち、意味的な関連性から考えて外したほうがよいと考えられる「エッセイマンガ（作者の日常を描いたマンガ）が好きだ」「同じ作品がアニメになっているなら、マンガではなくアニメで見たい」と、共通性の低い「マンガはフィクションだからこそ面白い」を除き、11以外は反転させたうえで、因子分析（主因子法、プロマックス回転）を行い3つの因子を析出した（【表2-3】）。

さしあたり、因子1の因子負荷量が高い項目群を「感情移入因子」、因子2は「表層受容因子」、因子3は「自己陶冶因子」と名づけておく。それぞれの群の項目を単純加算して構成した尺度のクロンバックのαは移入.695、表層.676、自己陶冶.651であり、ぎりぎり尺度としての信頼性を持つと考えられる。いわゆる文化の正統性にかかわる教養的な項目は、自己陶冶因子に多く含まれている。考えてみたいのは、この自己陶冶因子の項目とアニメという趣味自認の関連である。

そこで、上記の11項目と性別ダミー（男性1、女性0）、学歴2値（高卒まで0と大学在学以上1）、実家の暮らし向き（得点）を独立変数、アニメ選択あり／なしを従属変数とするロジスティック回帰分析を行った[51]（【表2-4】）。簡単にいうとどの変数が「オタクであること／ないこと」に効果を持つかを判別する手法である。Exp（B）はオッズ比と呼ばれ、独立変数の一単位ぶんの変化が従属変数（オタクである／ない）のオッズをどれくらい高めるかを示している。Hosmerによって、モデルの適合性は確認された。Nagelkerke R^2 乗値も.427、予測的中率は全体で77.5%というまずまずのモデルを得られた。VIFの値も2を超える変数はなく、多重共線性は生じていないものと考えられる。

興味深いのは、自己陶冶因子群のなかで大きな因子負荷量を持つ「教養のために昔の有名なマンガを読むようにしている」と「わたしの生き

表2-3 マンガ受容形態にかんする因子分析

	因子		
	1	2	3
つねに流行のマンガをチェックしたい	−.080	.328	.357
マンガの登場人物の気持ちを自分の気持ちと重ね合わせてしまう	.397	.013	.200
キャラクターの関連グッズを欲しくなることがある	.043	.608	−.053
自分のマンガの好みを知人・友人に知ってもらいたい	.062	.323	.369
絵柄が魅力的であれば、ストーリー展開にはこだわらない	−.023	.677	−.222
マンガの登場人物に恋をしたような気持ちになったことがある	.768	.018	−.030
マンガみたいな恋をしたいと思うことがある	.808	−.007	−.152
教養のために昔の有名なマンガを読むようにしている	−.019	−.020	.508
わたしの生き方に影響を与えたマンガがある	.178	−.152	.595
マンガの二次創作※に興味がある	.044	.338	.216
難しいマンガは好きではない（反転）	−.171	−.122	.449

※同じ登場人物で、原作のストーリーとは違うストーリーを考えたり読んだりすること

方に影響を与えたマンガがある」という項目をもとにした独立変数の回帰係数が有意でないということである。もちろん、両項目とアニメ選択をクロスさせたχ^2検定では双方とも有意な関連がみられる（性別でコントロールすると男性の場合、有意な関連が消える）し、さきほど挙げた自己陶冶因子と表層受容因子の相関係数もきわめて高いわけだが、アニメという趣味自認に対する教養指向・実存指向の効果は過大視すべきではないように思われる。

一方、「キャラクターの関連グッズを欲しくなることがある」「絵柄が魅力的であれば、ストーリー展開にはこだわらない」「マンガの二次創作（同じ登場人物で、原作のストーリーとは違うストーリーを考えたり読んだりすること）に興味がある」など表層受容因子に特徴的な項目は、分析に投入された他の変数の効果をコントロールしてもアニメ趣味自認への効果を残している。自己陶冶群で回帰係数の有意性が確認されうるの

表2-4　マンガ受容態勢とアニメ趣味選択にかんするロジスティック回帰分析

変数	B	標準誤差	Wald	自由度	有意確率	Exp(B)
性別ダミー	.896	.272	10.856	1	.001	2.451
学歴ダミー	−.393	.374	1.101	1	.294	.675
暮らし向き	−.266	.135	3.910	1	.048	.766
つねに流行のマンガをチェックしたい	.297	.136	4.759	1	.029	1.345
マンガの登場人物の気持ちを自分の気持ちと重ね合わせてしまう	−.191	.146	1.722	1	.189	.826
キャラクターの関連グッズを欲しくなることがある	.582	.123	22.240	1	.000	1.789
自分のマンガの好みを知人・友人に知ってもらいたい	.114	.143	.634	1	.426	1.120
絵柄が魅力的であれば、ストーリー展開にはこだわらない	.351	.172	4.179	1	.041	1.420
マンガの登場人物に恋をしたような気持ちになったことがある	.673	.157	18.337	1	.000	1.959
マンガみたいな恋をしたいと思うことがある	−.386	.146	7.000	1	.008	.680
教養のために昔の有名なマンガを読むようにしている	−.112	.142	.621	1	.431	.894
わたしの生き方に影響を与えたマンガがある	.222	.118	3.514	1	.061	1.248
マンガの二次創作※に興味がある	.364	.116	9.892	1	.002	1.439
難しいマンガは好きではない	.452	.133	11.607	1	.001	1.571
定数	−5.414	.880	37.833	1	.000	.004

※同じ登場人物で、原作のストーリーとは違うストーリーを考えたり読んだりすること

は、表層受容因子と重属する「つねに流行のマンガをチェックしたい」「マンガの二次創作（同じ登場人物で、原作のストーリーとは違うストーリーを考えたり読んだりすること）に興味がある」のみである。

　当然のことながら、アニメという趣味世界において教養的な資源が重要ではないと言っているのではない。しかしそれがいかなる意味で重要性を持つのかについては、慎重な検討がなされるべきであり、また、アニメという自律した趣味の界の同一性を考えるとき、表層群に属するような項目の持つ意味を十分に考慮する必要がある、ということだ。

　ここで想起すべきは、批評家の東浩紀によって提示された「データベース消費」の議論である。宮台らの研究が徹底して卓越化の論理（ブルデュー型ではないが）、類型する人びと（再帰的にポジションを問う）の類型論によってサブカルチャーを分析していたのに対して、東は90年代以降のオタク文化における「（人間的）反省性」──自己陶冶的・教養主義的態度──の弱体化と、歴史的・物語的文脈から引きはがされた部分の消費志向（萌え）の上昇を、「データベース消費」という言葉で表現した。

　私たちのこれまでの分析は、こうした東の議論を間接的に支持するものである。趣味縁形成機能を持つアニメの界においては、歴史意識に支えられた教養主義的な卓越化ゲームと並んで、「グッズ」「（物語ではなく）絵柄」といった断片への関心が大きな意味を持っている可能性がある。物語性の解体というやや大仰な分析も、けっして空理空論とはいえない。もちろん、アニメ界において教養主義的な卓越化ゲームが行われていないということはない。ただそれはブルデュー型の卓越化ゲームとはだいぶ様相を違えた（したがって社会空間との照応関係の検証の困難が予測される）ゲームであるといえる。

　「本人たちが意識していなくても、「実は」卓越化のゲームをしている」という分析の構図は、音楽のような全体性集約型の趣味の場合には（意識していない社会空間における距離を分析者が測定する）維持可能であるが、自律型の場合には貫徹が難しい。その場合には、無理に卓越化戦略を読

みこむ（過剰差異化された行為者を描く）のではなく、別様のルールの記述を（も）考えたほうがよいように思う（また、アニメ受容において批評がマンガ、音楽に比しても十分な形で根づいていないこと、あるいは受容者における批評フォビアの存在も、この観点から考察することができるかもしれない。批評は、どのような形のものであれ、テイストの美的・歴史的・社会的価値評価を持ち込まざるをえない）。

アニメ選択者率は女性29.3％、男性41.5％である。社会的属性については十分な検討を行えないが、とくに暮らし向きが悪いとか、学歴が低いということはない。コミットの濃淡はもちろんあるものの、特殊で周縁的な趣味とはいえないのが現状である。1960年代生まれのオタク第一世代がすでに50代となり、彼らの子どもたちが大学生ぐらいの年齢になっている。「日本的」コンテンツの代表格ともされるこの趣味hobbyが、どのような社会性を可能にしていくのか、長期的な視点から注目し続けていく必要がある。

と、ここまできてあらためてブルデューが試みたような対応分析を私たちのデータについて適用してみよう。個人×選択趣味というクロス表をもとに、二次元で趣味間の「純粋な」幾何学的な距離関係を示したのが【図2-8】である（二次元図表化にさいして、「その他」「趣味なし」および少数で相当に異質な特性と考えられ、図表の可読性を著しく困難にするパチンコは除いている[52]）。

直観的に「楽器演奏」と「スポーツ実践」を対極とする縦軸は「文化系／体育系」、「旅行」や「ショッピング」と「アニメ」を対極とする横軸は「趣味の外向性／内向性」を示しているものと推察されるが、ここで重要なのは、音楽鑑賞という趣味が両軸が交差する原点付近に布置されていること、アニメ・マンガ・ゲームといった趣味が雲をなしていると考えられ、原点よりやや左にみられる一般的な趣味群と距離を持つこと、いずれも文化系／体育系という軸においては中間的な位置にあるということ、などである。

音楽鑑賞の原点への近接はそれが若者の生活様式空間において、「き

図2-8 若者の趣味空間

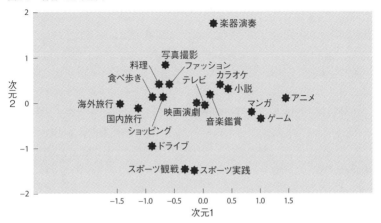

わだった特徴を持たない標準的なものであること」を幾何学的に――対応分析の布置図の中心点近傍は多くの人たちに選択されているという特性を表現する――示唆するし、アニメという趣味がしばしば「リア充」と呼ばれているような趣味群、つまり、空間的にも人的にも外部に開かれた開放的、外交的な趣味群の対極にあることを指し示している。ここまで私たちが、標準的な手法で見てきた音楽鑑賞とアニメという趣味の界の特質はこの「若者たちの生活様式空間」においても比較的容易に読みとることができる。ここに「実家の暮らし向き」や「学歴」「性」などを射影すれば、若者たちの生活様式空間と社会空間が仕上がることになる。そうした分析は、多重対応分析において、比較的容易にできてしまえるように思える。しかし、この図を解釈するにあたっては、慎重な分析作業が必要だ。たとえば、先に記したように「文化系/体育系の軸」「自律/非自律」と解釈するひともいるかもしれないし、なかには「内向/外向」を「非リア充/リア充」とまとめようとするひともいるかもしれない。

しかし個別の界の特質を見るなかで、アニメやマンガの趣味縁形成機

能をみてきた私たちにとって、オタク的趣味＝内向的という図式は容易に採用できるものではない。あえてブルデュー風にいうなら、縦軸は身体的表現の文化要素／肉体的要素の比、横軸は趣味外他者との人的関係資本と趣味内他者との人的関係資本の比（または趣味の自律性を示唆する何らかの指標）とでもいえるだろうか。しかしここにテイストの配分を読みとることは可能だろうか。出来合いの流通するカテゴリーによって対応分析により得られる図を解釈することほど怖いことはない。また趣味間での性差と同様に、後にみるように、趣味内での性差も重要であり、アニメ・マンガを「男の趣味」と決めつけてしまいかねないことも、図表化にさいして注意すべき点である。

アニメやマンガが可能にする界の特質については、こうした「生活様式空間」の構図から得られる情報はあまりに少ない。

今回の調査では再生産論の検討を念頭において調査設計がなされておらず、「アニメについてはブルデュー理論は適用できない」ということまではできない。アニメ界でのテイストの違いが世代間で継承されるのか、継承されるとすればどのようにしてか、それはどのような社会空間との対応関係を持つのか、こういった問題はオープンなままである。また、年齢層をかなり限定し（大学生が多くなる）、親の年収などについての質問を用意していないため、アニメ趣味が他の趣味との関係においてどのような再生産の構図のなかに位置づけられうるか、ということも検討できていない。本章は、ブルデュー的文化理論の検討というよりは、「若者文化を卓越化の論理で分析すること」の前提についての限定的な検討にすぎない。

しかし、生活様式空間・界の自律性というブルデューの自律性想定を当てにできるhobbyなのか、そうでないhobbyなのか、テイストが意味をなす趣味なのかそうでないのか、といった論点については、ある程度の見通しを立てることができたのではないだろうか。

趣味内卓越化にかんしていえば、卓越化の論理（hobbyにそくしたtasteの序列構造）に適合的なものというのは案外少なく、また卓越化の

論理で分析することが不適切な hobby もある。このあたりをある程度考慮していかないと、ブルデュー自身の意志に反して過剰差異化された人間像を描き出すことになってしまう。

【図 2-8】が示すような趣味間卓越化については本章ではほとんど議論できなかったが、比較のためにとりだされる hobby がはたして合理的に比較可能なものであるか、を検討する必要があるだろう。他の章で紹介される女性ファッションや読書といった hobby はスポーツや音楽鑑賞と何らかの共通性を持つ hobby といえるのか。そのためには、その趣味を介した人間関係やコミュニケーションの様相、hobby が契機となった人間・社会関係のあり方を緻密に分析しなくてはならない。文化的オムニボアが進行する現代社会において、趣味を通して社会を語ること、趣味を介した社会をみていくこと、そのためには、個別の趣味が可能にする社会空間の個別性を経験的な形で明確化していかねばならない。

本書では、伝統的な階層研究と異なる、文化——生活様式空間・界——の自律性を描き出していく、というブルデューのプロジェクトを、その自律性そのものがどのような条件の下でいかなる趣味 hobby を介して成り立っているのかを質的・量的調査データを横断的に用いながら、継承していくこととしたい。こうした方向性は、20世紀以来、「文化」や「価値」「態度」「準拠集団」といった概念を精査してきた、伝統的な社会学の系譜にブルデュー的な問題設定を位置づけなおす、ということでもある。「文化論的転回」のはるか手前で、わたしたちがすべきことは山積している。

*

以下の章では、こうした趣味 hobby を契機とした趣味 taste がもたらす（あるいは関連の薄い）界の多様性、個別性を、「小説」（3章）、「小説読者」（4章）、「マンガ」（5章）、「ファッション」（6章）、「（カテゴリーとしての）おたく」（7章）、「アニメ」（8章）といったテーマに焦点を当てながら検討していく。

「はじめに」で述べたように、すべての章が前提としているのは、本章でとりあげた「若者文化とコミュニケーションについてのアンケート」(2010年12月実施、1988年1月1日〜1990年12月31日に出生した当時東京都練馬区在住の男女2000名。練馬区住民基本台帳から、区全体を対象とした系統抽出法を採用。郵送法。回収率32.6%。有効ケース647)のデータセットである。

狭い年齢層に絞ったのは、ポピュラー文化研究においては若者のオムニボア的性格をインテンシブに把握する必要があることに鑑みた結果であり、また東京23区のなかで練馬区が人口学的属性がもっとも「標準的」に思われたこと、また、郊外でありながら、池袋・新宿・渋谷といった都心の遊興地へのアクセスが比較的容易であり、そうした「遊びの場」の選別的性格を導き出すさいに適切と思われたこと、などが主たる理由である。この限定された年齢層においても「好きなアーティスト」の回答は多様を極め、アーティスト別の分析はほぼ不可能であると判断し、宮台ら(1994→2006)のようなアーティスト選好ごとに分類・分析するという方針は断念した。また、当初予定していた友人関係関連質問による因子分析・クラスター分析も、その精度が高いとはいえないため、本書の課題としては採りいれることを回避した。私たちが得たデータを見る限り、趣味をめぐる界のあり方は、宮台たちが示すほど単純なものではなく、また宮台ら(1994→2006)のような安易な類型化を許さないものであり、過剰に理論的負荷を帯びた人格類型を構成することは断念した。情報量の極端な圧縮を回避しつつ、界をめぐる論理のあり方を模索したのが本書である。

人格類型論や、卓越化の論理による分析のように、過剰に強い理論的前提を置くことなく、ブルデューの問いをブルデューとは異なる形で受け止める、というのが本書の課題である。それは宮台らの「派手な」分析に比したとき、あまりに地味に映るだろうし、専門的な計量社会学者からみれば理論負荷性があまりに高いものと映るだろう。私たちとしては、分析者の名人芸に過度に依拠することなく、先行する研究(ブルデ

ューやその継承者）の問いを受け止め、「界の種別性を析出する」という中範囲の課題にとり組み、以後の研究者共同体の構成員に受けとってもらうバトンを提示したつもりである。学的共同体としての社会学に宛てた書状のようなものとして捉えてもらっていい。

＊

　本研究遂行時の大学院生の研究会は「解体研」と名づけられていた。それはおそらく「『サブカルチャー神話解体』を解体する」という研究目標に則ってのものである。人格類型化や恣意的なコードの読みとりを回避し、学術共同体という、ささやかといえばささやかな賭け金を投資するゲームに参加している、との自覚はある。宛て名は「視聴者」「一般読者」ではなく、社会学という学術共同体を構成する（可能性のある）人びとである。

　本書の問いが、多くの学術共同体の構成員たちに届き、それが批判や議論の対象となることを願っている。わたしたちが欲しているのは名人芸的に得られる「正解」ではない。共同的に営まれる「正解」への近似に向けた、試行錯誤の断片にすぎない。

　私たちは、この40年ほど「文化」をあまりに便利な道具として使いすぎていた。その文化への問いを再活性化させることができれば、個別の知見を示す命題の真偽にかかわらず、本書の企図は達成されたといえるだろう。それはまた、あまりに便利に使われすぎてきた文化概念の見直しを迫るものと考えている。文化論的転回ではなく、社会学者の課題を、200年近く問われ続けて来た文化とは何か、という問いに差し戻すこと。それが本書のささやかであり、また不遜でもある狙いである。[53]

注
（1）近年、文化社会学やカルチュラル・スタディーズにおいて、「受け手」という概念の響きの受動性ゆえに「オーディエンス」といった用語が使われる、あるいはそうした能動性を強調するために（たんなる「受け手」ではない）オーディエンスといった概念を使用すると宣言する論

文も見られるが（南田・辻 2008）、audience 概念そのものは、「受け手」「聞き手」「観客」「視聴者」「消費者」といった諸概念をメディアとの関連において総括するものとして、すでに 40 年代には、「主流派」メディア研究において定着していた語である。

(2) シカゴ学派、わけてもパークの人間生態学がもっていた学問的レイシズムの問題については、膨大な量の研究の蓄積があるが、そうした批判に鑑みてもなお、「エスノグラフィ」を重視するという CS におけるシカゴ学派の等閑視――だからソーントンはわざわざシカゴ学派に言及したりしているわけだが――の姿勢は解せないものがある。ホワイトの『ストリートコーナー・ソサイエティ』がときに引用されたりするが、この書がフィールドワーク・参与観察として持つ問題性についてはホワイト自身が述懐している通りである。後述するように、イギリスの文学批評の一潮流である社会批評の潮流に掉さす一方で、アメリカの計量研究のみならず、アメリカの社会調査一般およびイギリスの過去の社会調査の歴史を、「批判的ではない」「文化的意味が考察されていない」という論点で一点突破しようとしたところに CS の学問的な脆弱さ、ブルデュー理論への免疫の弱さの由来があり、それがまた「文化左翼」と揶揄されることに現れているように（Rorty 1999）、現代経済学や法学、政治学、社会科学と対峙しえない――したがって、「新自由主義」「帝国」といった怪物カテゴリーを立てて戦うしかない――、その一方で正統派の哲学と渡り合えない、という CS の実践的な脆弱さに結びついているように思える。ローティの揶揄はあまりに一面的にすぎるとはいえ、ウィリアムズの「もう一人の弟子」イーグルトン（Eagleton 2004）がこの点強い懸念を表明していたことは想起されるべきであろう。

(3) 『美術愛好』での統計分析そのものは比較的素朴なもので（対応分析は用いられていない）、むしろデータを数理的に表現する数理社会学的な志向が強い。しかし『ディスタンクシオン』において全面的に用いられる「卓越化」「文化資本」「ハビトゥス」といった概念は慎ましやかにではあるがすでに登場しており、ラザースフェルドの名は挙げられているものの、「主流派」の計量的な社会学への挑戦的意図を読みとることができる。逆にいうと、その挑戦的意図がラザースフェルドから高いとはいえない評価を受けた理由といえるかもしれない。ちなみに、ブルデューはレイモン・ブードンとともに、ラザースフェルドの「フランスでの後継者」の位置を争う世代に属しており――「主流派」にほぼ関心を寄せることのなかったレイモン・アロンやジャン・ボードリヤール等は別として――周知のようにブードンがその地位を最終的に得ることになるわけだが、『美術愛好』や後期の回顧録などで愛憎まみれたラザースフェルド評が記されているのも、そうした「社会学の界での象徴闘争」の効果であるといえるかもしれない。

(4) この用語自体はラザースフェルドが、批判理論との対比で生み出したものであることは留意が必要である（Lazarsfeld 1972=1984）。いわば自己執行的なラベリング効果をここに見いだすことができる。

(5) そもそもイギリスにおける社会学の地位は、きわめて脆弱であり、独立した専門領域と認知されるようになったのは第二次大戦後 1950 年代のことであり、60 年代に隆盛をみるが、70 年代頃からかげりがみえはじめ、80 年代のサッチャーの教育改革において「壊滅」状態に陥ったとされる。Halsey（2004=2011）は、この社会学の脆弱さの背景に、道徳科学や社会経済学の強さとともに、「文学」「文化協」が長らく社会学の等価物として機能してきたこと（分野自律時にも「文学」との人的・思想的連接関係があったこと）を挙げている。日本では「反社会学」として CS が位置づけられる傾向もあったが、そもそも 70 年代～80 年代イギリスにおいては、反アカデミズムの標的となるほどの学問界での位置を社会学が占めていたわけではなく、むしろスクリティニー派から CCCS にいたる文化研究の潮流こそが本流に近かったといえるだ

ろう。この点でも日英での CS と制度的社会学との関係はだいぶ異なっている。実際、バーミンガム大学では現在、社会学と文化研究は双方ともに大幅な縮減を被った後、同一の組織を形成している。以上の点については Halsey（2004=2011）に詳しい。
（6）それに呼応するかのように、ウィリアムズも 1980 年に、ブルデュー理論の「深刻な誤解の危険」を回避することをめざし、ブルデュー理論の基本的概念を解説する論文を書いている（ややカルチュラル・スタディーズ的政治主義に引き寄せすぎとの印象は否めないが（Garnham & Williams 1980））。
（7）必ずしもブルデューに依拠しているものばかりではないが、ボードリヤール的な「差異化」の論理が、それ自体「中産階級の男性」のものなのではないか、との印象を持たざるをえなかった——あるいはそれを遂行的に実証した——のが、宮台・辻・岡井（2009）である。日本のファン文化研究をけん引する辻や岡井の一連の研究は、hobby ごとの taste の構造の特質を指し示すものであり、きわめて豊饒な成果を生み出してきているが（辻他 2007 など）、宮台真司とのこの共編著では、個別趣味の特異性というよりは、卓越化のゲームそのものの記述が疑われざる前提として機能しているように思える。
（8）ドイツの「文化」概念が、フランスの「文明」概念に対抗する形で立ち上げられたとはよく指摘されることであるが（Finkielkraut 1987=1988）、ルーマンはこれを、多文化的状況を踏まえたうえでの、自己（自文化）と他者（他文化）の比較準拠点を表現する概念として歴史的に意味づけている（Luhmann 1995a）。ルーマンの考え方を敷衍するなら、それは直接に「自己（文化）愛」を指し示すものではなく、むしろ憧憬（探究されるべき）対象としての「他者」の発見・創造において、意味を獲得するような特殊近代的な概念であったといえるだろう（cf. 吉見 2001）。
（9）ブルデューを大いに意識しつつ、マルクス主義・社会学における文化概念を詳細に検討したうえで、実証研究に踏み入った畏敬すべき先駆的な研究が橋本（2003b: chap1、初出は 1991 年）である。
（10）さらには taste 概念そのものの歴史的由来を問題化しなくてはならないだろう。この点は、Pittock（1973: 219）の指摘する taste の近代化の過程、つまり「合理的に処理すべき感情」から「社会とは関係なく個人に帰属されるべき情緒」への転換が決定的に重要となる。こうした議論が、ルーマンの「排除による個人化」論——機能分化した近代社会では、個人の包摂を個別のシステムが担当することはできず、諸システムを貫通する「個人」「自由な選択」の尊重という逆説的な形での包摂が生起する——において援用されるのも、不思議はない。排除による個人化が「情緒的なものの個人化」の契機としての taste の意味変容を可能にする（共起する）というわけだ。ルーマンの個人化論については、北田（2010）などを参照。
（11）その意味でも文化をひとつのシステムとして捉え、知識社会学と異なる問題設定を差し出したパーソンズの理論展開は、きわめて特異である。
（12）ハルゼー自身は 70 年代初頭には、教育相であったサッチャーのブレーンとして召喚されているが、79 年以降のサッチャー保守党政権成立後は、その教育改革を批判する側になるとともに、サッチャー／ロスチャイルドにより駆逐されていくイギリス社会学・社会科学サイドの中心的人物の一人となった（Halsey 2004=2011: 263–270）。ゴールドソープの『現代イギリスにおける社会移動と階級構造』と、ハルゼーらの『出生と進路』は、「おとり潰し」が決定していた社会科学研究審議会の研究成果を顕示するべくロスチャイルドに提出された研究リストのなかに含まれている（ibid: 270）。
（13）実は、『ディスタンクシオン』で示されている有名な生活様式空間・社会空間の図は、（多重

対応分析の結果そのものを示したものではない。「ここに提示した図式は、たしかにそれを作成するにあたってはいろいろな対応分析を用いたので、その図式に見えるところがあるし、また……多くの対応分析がこれと同じ構造に従って構成される空間を生み出してきたのも事実であるが、にもかかわらず、・対・応・分・析・の・平・面・図・で・は・な・い」(Bourdieu 1979=1990: 194, 英訳版にもとづき一部改訳)。『ディスタンクシオン』のなかで（多重）対応分析そのものが用いられて作図されているのは、邦訳第 2 巻に掲載されている「支配階級の趣味」に関連する図 11, 12, 13 および、「プチブルの趣味」に関連する図 15, 16, 17 のみである。これらは階級別に（多重）対応分析を施したものであるが、階級を示す「経済資本」を統制したこととなるので、「資本総量」という軸の解釈は適用されていない。本注の指摘は、小野氏のご教示による。

(14) この点草稿をご検討いただいたさいに瀧川氏からご指摘いただいたのが、ブルデューは部分的には この「時間軸」にかんしても個人×時間要素（特性）という形で対応分析を行っているということである。邦訳の第 2 巻に登場する図 11, 12 などがその結果得られたものであるが、ここでは資本階級に限定しているため、文化資本／経済資本の比は考慮から外され、資本蓄積過程という「過程」に焦点が当てられている。これはあくまで私自身の解釈にすぎないが、『ディスタンクシオン』において時間という軸が計量分析の変数として扱われているのは、この部分以外には見当たらず、基本的に「社会的軌道」はライフヒストリー的なデータ収集によって担保されている、つまり研究プロジェクトの水準では内在的ではあるが、計量分析という方法においては外在的・補助的なものと考えられる。

(15) ここでの説明の仕方は対応分析というより数量化 3 類についての説明となっているが、両者の相違も重要な論点である。この点も小野裕亮氏から有益なコメントをいただいた。一般に数量化 3 類と対応分析は数学的に等価であるといわれるが、数量化（3 類）が「数量化したスコア間の相関係数を最大化」を目的とするのに対して、ベンゼクリの対応分析・(多重) 対応分析は「元データの配置や距離をなるべく忠実に・低次元で表現する」ことを主眼とするものであり、たしかに、ブルデューの理論構想においては数量化 3 類ではなく対応分析を用いることに相応の理論的意味がある。ただ、本稿では、説明の簡便さに鑑み、対応分析について「スコア間の相関係数の最大化」という表現を使用した。

(16) このように変数統制のために重回帰分析を用いるということには、もちろん問題点も指摘されている。モデル自体が適合的であったとしても説明力が小さく、また有意な独立変数も回帰係数が小さい場合、はたして重回帰分析という手法が持つ特性を適切にとりあつかったものであるか、疑問なしとはいえないからだ。独立変数の投入自体は分析者の判断にゆだねられているので、有意性を析出するために必要な変数を外したり、逆に追記したり、といった操作がなされる場合もあり、p 値に拘泥するあまり、モデルの説明力や変数の回帰係数の検討等が疎かにされる傾向について心理学者等から懸念が表明されている。いわゆる統計的検定における 2 つの過誤の問題とも関連する重要な問題であり、予測モデルの説明力を重視しない「変数統制のための重回帰分析」は慎重に検討されるべきである。しかしここでは、「予測」を重視しない──人文社会系では説明力が強い結果が出ることは珍しく、モデルの比較の文脈で用いられる場合がある──変数統制の方法、変数を入れ替えした場合の比較のためにモデルの説明力を比較・参照するという「使い方」を採用した。本文に組み込まなかった変数の入れ替えの試行錯誤があり、モデルの適合性を確認しつつこうした方法をとったと考えていただきたい。

(17) ブルデューが言う独立変数の「独立性」が、統計学的な意味で用いられているのか、それともかなり強い因果についての理論仮説（実際批判対象としてアルチュセールの「構造的因果性」などが挙げられているが、そこでの「因果」と回帰分析における「独立」「従属」の意味はだ

(18) 近藤は「社会空間」をデモグラフィック特性をもとに構成しており、そうした特性を外挿するという『ディスタンクシオン』の方法とは異なる形で分析を進めている。
(19) 『ディスタンクシオン』で使用されているデータは系統立てて採られたものではなく、さまざまなデータを適宜「つなぎ合わせた」ものとなっている。したがってそれは、推測統計に必要なサンプリングの手続きを経ておらず、手続き的に推測統計を前提とする多変量解析には向いていないデータであったといえる。この点は筒井（2013）が詳細に検討している。
(20) つまり時間は、基本的には、（多重）対応分析を中心としたブルデューの計量分析のプログラムに組み込まれていない（経年変化を考察しているのではなく、所与の時点での生活様式空間において人びとがどのように実践しているかが、問題化されているのだから）。それ自体を計量分析の対象とする、階層移動・地位移動についての階層研究とは視点が異なっている。
(21) この点について瀧川氏よりご教示いただいた。
(22) もちろんゲームが繰り広げられる界の概念を経験的研究を生み出すためのヒューリスティックな概念として理解することも可能である（磯 2008）。しかしここでは、繰り返しブルデューがエスノメソドロジー批判を繰り出していること、またリンチのような「経験的」研究を目指すエスノメソドロジストがブルデューの再帰性・規則概念に批判をくわえていることに鑑み、界や（ゲームの）規則の概念の理論的精査を進めていくことしたい。
(23) たとえばゴフマンのいう「儀礼的無関心 civil indifference」は、たとえ「非意識的」であったとしても、けっして「非意図的」な行為ではない。ブルデューの界の範囲が、そうした意図的である／ないの区別と対応しない、またそのことを「長所」として捉えている（が、とくだんの論証なく意図的／非意識的の差異を「乗り越えている」とされる）点を本章では問題化している。ブルデューがいうような「マクロ／ミクロ」の問題ではない。
(24) ブルデューはかなり初期から「規則性」と「規則」を分別して用いているが、それが私のいう「規則性 regularity、frequency」と「rule」の差——ウィトゲンシュタイン以降の人文系での標準的な分別法だと考える——と折り重なるものであるかどうかは分からない。ブルデューにおける規則性と規則の差異については三浦（2011）、村田（2011）等を参照。本章では、ブルデュー自身の理論の学説史的解釈については踏み込まない。
(25) ブルデューのゲーム・界概念を説明する際に、ヴァカンは、メルロ＝ポンティのサッカーの「ゲーム論」を引用しているが、引用部でのメルロ＝ポンティの議論は、③の水準でのゲームを表現していると考えられる。しかしブルデューが扱っているのは、②と③の二つの規則を論理的に同時に扱うようなルールであり、ゲームのはずである。
(26) これはまた数的規則性とも異なる特異な、危うさを伴う群論を用いた規則の定式化の仕方である。
(27) この点においてルールに従う／従わないという意図的行為の記述の妥当性は、その記述がいかなる理由空間（あるいはいかなる比較の準拠点）においてなされたのか、ということと不可分の関係を持ち、行為記述に含まれる時間的スパン（アコーディオン効果）もそれと相応して変化せざるをえない。この点に照準し、ブルデューの行為（者）概念を批判的に検討したものとして、Lahire (2001: 154-160) 参照。
(28) 一口にエスノメソドロジーといってもおそらくはブルデューも納得するであろうような社会的・政治的・歴史的文脈を重視した「批判的エスノメソドロジー」などもある。しかし彼はしばしば会話分析を事例に出しているので、サックス＝シェグロフラインの王道的なエスノメソ

ドロジーのことを念頭に置いていると考えられる。そうしたEMにおける「文脈」や「再帰性」は、ブルデューが言うものとはだいぶ意味を違えており、私見ではウィトゲンシュタインに近い位置にあるのは、こうした「王道」系のほうである。そうした EM の概要については何より前田・水川・岡田編（2007）を参照。
(29) したがって、それは「社会の空洞」のなかでの行為を記述したものではない。
(30) こうしたハビトゥスを介した社会構造・生活様式空間と行為との循環的性格が、アンソニー・ギデンズやブルデューがいう再帰性であるが、ブルデューの場合は、社会の記述者が自らの社会空間で位置を客観視しうる可能性および能力として再帰性という概念を用いているケースも多い。Bourdieu（1992=2007）がその典型である。
(31) この点で、ハビトゥスは、主流派の社会学、社会心理学で使用される態度（attitude）よりはるかに大きい理論的（存在論的）負荷性を帯びた概念である。態度概念の学史的意味については、北田（2015a）を参照。
(32) 筆者は、2013 年 8 月 25 日に開催された「ニクラス・ルーマン研究会」での報告にて、「行為の事後遡及成立説」を、ルーマン解釈としても、また理論的にも適切でないものとして、北田（2003）の議論を正式に一部撤回した。この研究会での報告については、2017 年に公刊する予定である。
(33) 実はこの点において、ブルデューは、自身が象徴的暴力論との関係で肯定的に言及するオースティンよりは、間接的発話行為をめぐり、エスノメソドロジストと対立的な関係にあるサールの議論に近い立場にある（Schegloff 1992）。オースティンの発語内効力、媒介効果といった論点と、意図的行為をめぐるオースティンの議論（「インクの三つのこぼし方」）（Austin 1970=1991）との間には、必ずしも明確な論理的関係があるわけではない（と私は考える）。
(34) 橋本（1989, 2003b: chap3）は、ボードリヤール、ブルデューらの議論を承けて、「クラシック音楽のコンサートに行く」「美術館や美術の展覧会に行く」といった文化的な序列、教養主義的な文化序列の差異を示すと考えられる「文化評価スコア」を設計し、その妥当性を検討したうえで、「文化的諸活動は、古典文化に関わるものがもっとも高く位置し、大衆娯楽に関わるものがもっとも低く位置する一連の序列のなかに位置づけられている。第二に、大学生の間には出身階層にもとづくかなりはっきりとした文化の階層性が存在する。……第三に、大学生たちは文化の階層性の存在を明確に意識している」（橋本 1989: 164）という結論を導き出している。また片岡栄美は「文化弁別力」「文化威信スコア」を操作的に導き出しブルデュー的理論構想の経験的検証を行っている（概括的には片岡（2002）参照）。
(35) 日本での文化的オムニボア現象については、片岡（2002）が大変興味深い分析を展開している。つまり、「非伝統的」「大衆的」とされる文化にかんしては、男性のほうが幅広い理解を示すのだが、それは「高級文化を理解するハビトゥスを男性がほとんど持ちあわせていないという意味ではない（ibid: 36）」。片岡（1996）では、文化活動の序列・違いを識別する「文化弁別力」——いわば差異化のルールに精通している——にかんして男女差はみられず、高学歴・高地位の男性ほど「弁別力」が高いことが示されており、それとあわせて考えると、「文化的オムニボアであること」は、ある種のエリート性を表しており、古典的・高級文化（ブルデュー的な意味で言えば「高い文化資本」）志向がうかがわれる女性に比した、男性（階級・階層的上層）の文化的優位性を指し示すと考えられるからだ（片岡 2002: 37）。オムニボア化の現象は、たんなる「文化の大衆化」を意味するのではなく、むしろ「サブカルチャー」が卓越化の現場となっている可能性を示唆している。CS が等閑視しているのがこの論点である。
(36) たぶんにカントの理念論を意識して、統制的ルール、構成的ルールの区別を明確化したのはサ

ールであるが、サール自身が言うように、この区別はそれほど明確なものではない。たとえば、ある人物が、アウト／セーフを判別する「野球の審判」であると捉えるのは、「ある物理的対象 x をゲーム参加者が y としてみる」という点では構成的ルールであるが、審判がいること自体、アウトやセーフの規準（があること）は野球というゲームにとって統制的なルールであるともいえる。ここでは、いずれも、ゲームの参加者であれば、ある記述の下で「知っている」とされるという点で共通するものとし、強く統制的／構成的の区別に拘泥せずに議論を進める。またサール自身の規則観が、リンチが批判するような「解釈」主義、つまりクリプケンシュタイン的な「根源的決定不可能性」に通じるという点を、ロールズの規則観との対照において克明に検討したものとして河村（2013）を参照。

(37) この点についてブルデューは次のように述べている。「生活様式の描写がその本来もつべき経験的実証としての価値をもつようにするためには、アンケート調査そのものにたち戻り、次の二種類の単位をたがいにつきあわせてみなければならない。すなわち、一方は集められた観察結果の全体を一挙に把握し、いかなる前提にもしばられることなしにその内在的構造を抽出するのにもっとも向いているように思われる方法、つまり対応分析によって明らかにされる単位であり、もう一方は同質の存在状態と条件付けの、つまりハビトゥスの、そしてそれを通して慣習的行動の大まかな集合が客観的に描き出されてゆくに当たってはたらく行動原理をもとにして、人為的に構築することのできる単位である」(Bourdieu 1979=1990: 5、一部改訳)。難しい文章であるが、生活様式を描き出すためには生活様式空間の自律的構造を描く対応分析と、ハビトゥスを介した実践の分析とが、生活様式空間を理解するうえで重要である、ということと考えられる。

(38) ブルデューの理論構想が「文化的再生産」そのものにあったのかについては、さまざまな議論があるが、ここでは、「界」と「象徴闘争」の関係について、「界」の種別性に定位するという態度で議論を進めることとしたい。

(39) 先の注（35）でも紹介したように、片岡（2002）は、日本において「文化的オムニボアであること」のエリート的性格、文化弁別力——卓越化のゲームを認知する能力——との関連を指摘している。とりわけ年齢がきわめて近接した若者の文化的志向を主題とする本書においては、そうした片岡の指摘を念頭に置きながら、小説読書以外は、基本的に「サブカルチャー」——現代日本語に特徴的な「下位文化」とは異なる「非正統文化」——に焦点を当てて議論を進める。

(40) Q1-6 のマンガ「回答不整合」は趣味数にカウントしていない。また、7 つの ID については、分析的整合性補正のためそれぞれ元データの趣味数から 1 引いている。

(41) 音楽性尺度の構成方法については、104 ページを参照。

(42) 質問紙において趣味にマルを付ける設問の冒頭に「音楽鑑賞」があったため、このように音楽鑑賞の選択者が多くなった、「でも、しか」回答者が多くなったという可能性は否定しきれない。とはいえ、質問紙では中盤にでてくる音楽関係の他の設問への回答との関係等を検討し、そうした調査紙の設計効果は本稿の議論を覆すほどに強いものではないと判断した。

(43) 音楽性尺度は基本的に平均趣味数と正の相関関係にあるが、尺度得点が 35 点という最上層では趣味数は極端に少なくなる。他の趣味よりなによりも音楽を重視するという強いコミットメントを反映したものといえるだろう。

(44) 本章および第 8 章では、とくに断りのないかぎり可読性のために、関連を示す分析においては、有意水準を指し示す p 値が 0.01 未満の場合を**、0.05 未満の場合を*と記載する。通常 p＜.01（**）などと表記されるものである。

(45) アニメは該当設問がないため【表2-1】ではマンガの数値を当てているが、もしもあったとすれば、他の回答傾向に鑑みてマンガ趣味選択者のそれよりも高いものと推察されることから、このような表記をした。
(46) もちろん、質問紙での趣味リストを変えれば、正負の相関について別様の知見が得られるはずである。だがアニメの自律性を示すという目的に限定していえば、私たちのリストはそれなりに妥当性を持っいると考えくいる。
(47) 通常、心理学の知能検査などテストの得点に影響を与えている潜在因子を析出するような場合には因子分析を、また複数の変数から合成変数を創り出すといった場合には主成分分析の使用が適切とされ、合成変数の作成を目的とする社会科学系では因子分析はあまり用いられない。主成分分析はその名が示す通り、分散が最大となるような第一成分を示す二次元図表における直線の析出に方法としての第一の目的があり、第二成分はその直線と直交する直線を導出することにより第一成分から独立したものとなるように設計されている。この手法の方法的含意はしたがって、複数の観測変数が表現する情報を縮約・合成することにある。極端な場合、その方法の目的に照らせば、たとえば、各国ごとの若者の生産性を向上させる交友関係にかかわる成分を国際比較などで用いる場合のように、摘出される成分はひとつであっても構わない（あったほうがいい場合すらある）。一方の因子分析は、観測変数に共通してみられる潜在的な因子を抽出することに眼目があり、抽出された因子群の解釈が難しい場合には、軸を回転させることによって、因子の意味解釈が容易となるようにする場合が多い。

経済学や政治学等で量的データをもとに合成変数を創る場合には、軸の回転を施さない主成分分析が適しているといえるが、類型作成・確認の前提作業として質的データを量的に読み替え（反転項目化）し、観測変数から類型化のひな型となる要素をとりだそうとする社会学、心理学などでは、因子分析が採用される場合が少なくない。この場合は、後の分類化の作業に堪えうる程度の観測変数の情報量、分別特性の識別を担保するような数学的処理、解釈的作業が好まれる。ここでは、音楽受容態の観測変数から潜在因子を検出するという目的に鑑み、またその場合に因子どうしの無相関を前提とする主成分分析や直交回転での因子分析は不自然であるとの判断から、主因子法・斜交回転の因子分析を採用している。むろんある意味で、合成変数を作成したという作業工程であることは否定できず、主成分分析での第一成分得点をもとに音楽性尺度等を構成すべきではないか、といった異論もありうる。この点いずれが適切な方法であるのかは著者自身精査中である。また本章の議論を組み立てるうえでさまざまなアドバイスをいただいた小野氏によると、主成分分析の生みの親であるホテリングが依拠した計算法はサーストンの因子（factor）分析を参照しており、主成分（component）という用語も、数学における因数と混乱をきたさないように使い分けられていた可能性がある。もちろん、算出方法、現在の慣用的な使い分けにも十分な合理性があるわけだが、この点は理論的のみならず歴史的に検討される必要があるだろう。

(48) こうしたやり方をとると、高得点者にどうしても「生き方に共感」的な項目の得点が高い人が多くなってしまい、それはそれで音楽学的にはどうかと思うが、案外民間音楽学のリアリティを表現できているといえるかもしれない。直観的にも、（複数の）アーティストのライフヒストリーに通じている人ほど音楽への造詣が深いとも思える。洋楽受容におけるライフヒストリーの重要性にも通じることといえる。
(49) また「もっとも大切な趣味」を要因とする一元配置分散分析・検定の結果、「音楽鑑賞×自分でやるスポーツ」「音楽鑑賞×マンガ」「音楽鑑賞×ゲーム」「音楽鑑賞×小説の読書」、「楽器演奏×マンガ」「楽器演奏×ゲーム」で有意差がみられた。

(50) 別の言い方をすると、「野球とサッカーのいずれが強い」と問うようなもの、ともいえる。練馬区のデータをみるかぎり、おそらくいずれもが正しいのだが、アニメと音楽では界のあり方と、界のなかでの実践原理・ルールが違いすぎるため、そこを対照させても「グローバル化」や「社会的連帯」といった事柄との関連性は考察しようがないであろう、ということである。
(51) 122 ページで述べたように、ここでは回帰モデルの説明力ではなく、「アニメ趣味者であること」が、どのようなマンガ受容態勢と関連をもっているか、を析出するために、回帰分析を行っている。投入した独立変数は「受容態勢」にかかわるものであり、アニメを趣味と自認する、ということとは意味的に独立したものと判断した。「どのような受容態勢がアニメ趣味者であることの可能性を高めるか」が本分析で行われていることであるが、これを私は「アニメ趣味者であれば、どのような受容態勢を採る傾向にあるか」を検出するものとして使用している。
(52) パチンコを特性項目に入れたとたんに趣味全体が左上に移行し、図が判読しにくくなる。このことはパチンコ趣味が若者文化において持つ（自律性というよりは）孤高性を示しており、その趣味の精査はきわめて重要な課題である。
(53) 本稿のもととなった論考は 2011 年の日本社会学会にて「コミュニケーションにとって趣味とは何か」という題目のもと報告している。その議論を展開していくうえで、酒井泰斗氏の主催による「ブルデュー新年会　ブルデューの方法をめぐって」（2011 年 1 月 9 日、上智大学、企画・主催：酒井泰斗、登壇者：瀧川裕貴ほか 11 名）および「ブルデューの方法 II：社会空間と対応分析」（2013 年 10 月 14 日、東京大学、企画・主催：酒井泰斗、北田暁大、企画協力：浅野智彦、小澤浩明、報告：瀧川裕貴、指定討論者：筒井淳也、川野英二）での、瀧川裕貴（東北大学）、岡澤康浩（ケンブリッジ大学）、筒井淳也（立命館大学）、川野英二（大阪市立大学）の各氏による報告を受け 4 年越しで執筆したものであり、主催者、報告者、参加者のみなさんに心よりお礼申し上げたい。また、本稿での未公開原稿の引用を許諾してくださった瀧川氏、統計学のみならずブルデューの内在的読解という点から適切なご批判とアドバイスをいただいた小野裕亮氏、ブルデューの規則論解釈について学説史的観点からコメントをくださった三浦直子氏に心より感謝している。規則や再帰性にかんするブルデューの議論を分節していくうえで、リンチの『エスノメソドロジーと科学実践の社会学』を精読する機会を、EMCA 研究会のみなさんからいただいたことは僥倖であった（2012 年 11 月「EMCA 研『エスノメソドロジーと科学実践の社会学』合評会」）。リンチの本を熟読する機会がなければ、私は行為の事後遡及説（規則にかんする「解釈」的アプローチ）を手放すことはなかったと思うし、それがまたブルデューの方法をめぐる議論と結びつくとは考えもつかなかっただろう。もちろん、本稿の文責は北田が負うものであるが、こうしたピアリサーチャーのかたがたのご協力なくして本稿は書き上げることはできなかった。学術共同体の社会的互恵性（現在はかなり片務的ではあるが）、そしてそれをコーディネートしていただいた酒井泰斗氏に深く感謝申し上げたい。

第2部　分析篇①

「読む」
―― テイストはいかに作用する/しないのか

第3章 読者たちの「ディスタンクシオン」
小説を読むこととそれが趣味であることの差異をめぐって

岡澤康浩・團康晃[1]

1 小説におけるテイストの貧しさ

2015年4月7日、*New York Times* は「読むのが恥ずかしい本はありますか？」というテーマで二つのコラムを掲載した。そこで *New York Times Book Review* の元編集長であるチャールズ・マグラスは2種類の読書経験について語っている[2]。ひとつは誇るべき読書経験であり、その例としてマグラスは大学生の時に自分が読んだ本を見せびらかしたことをあげている。当時のマグラスの部屋には女性にもてるだろうという期待のもと、ウジェーヌ・イヨネスコ、サミュエル・ベケット、ジャン・ジュネといった前衛的で魅惑的な雰囲気の本が目につくように配置されていたのだった。これと対になるのが恥ずべき読書経験であり、その例としてかれは『フィフティ・シェイズ・オブ・グレイ』（E・L・ジェイムズ著）をあげている。この本はアメリカを中心に一大ブームを巻き起こし記録的な売り上げを達成したのだが、その文章のつたなさ、SMプレイを含む過激な性描写に対して「マミーポルノ」、つまり大人の女性をおもな読者としたポルノにすぎないと批判されもした。マグラスはこうした騒動を見て『フィフティ・シェイズ・オブ・グレイ』に興味を持ったのだが、自分が『フィフティ・シェイズ・オブ・グレイ』を読んでいるのをほかの通勤客に見られるのが恥ずかしくて、電子書籍リーダーを使って隠れて読んだと告白している。

だが、いったいなぜ恥ずかしがる必要があるのだろう。小説などというものは娯楽に過ぎないのだから、ただ自分の好きなものを読めばいいのであり、そこで何かを恥じる必要性なんて存在しないのではないだろうか。実際、もう一人の寄稿者である *The Atlantic* 誌のジェイムズ・パ

ーカーはこう言い切ってみせる。「自分が書いたものについて恥ずかしいと思うことはしょっちゅうだ。でも、読んだものを恥じたことなんて一度だってない」。こうした力強い宣言にもかかわらず、パーカーは自分が読んでいるものを恥じる人たちが存在する可能性は認めている。たとえば、『ゴールドフィンチ』（ドナ・タートのピューリッツァー賞フィクション部門受賞作）を読む人を前にして、人気SFドラマ『スター・トレック』のノベライズを愛読するひとは自らの「テイストの貧しさ（crummy taste）」を恥じるかもしれない、と。

　ここでパーカーが「テイストの貧しさ」と呼んでいるものがたんなる個人の好き嫌いとは異なっていることに気づくだろう。パーカーが挙げた例において、ひとは『スター・トレック』のノベライズを好きでありながら、まさにそれを好きであることを恥じている。なぜなら、好みはときに優劣をもつものとして扱われ、何を好むのかによって自分が何者かが判断されることがあるということを、この人物は知っているからだ。第1章で述べたようにテイストは二つの側面を持っていた。それはまず単なる個人的な好みをさしていた。だが一方で、この個人の好みにもとづいて、人びとに優劣がつけられていくという不思議な現象も存在していた。このテイストという問題を社会学の重要なトピックとして包括的にとりあげたのがピエール・ブルデューであった（Bourdieu 1979=1990）。

　ブルデューもまたマグラスやパーカーが描いたような恥ずべき読書について論じていた。読書史家ロジェ・シャルチエ（Roger Chartier）との対談のなかで、ブルデューは読書が学校制度のなかで直接教えられる点でほかの文化的活動と違うことを指摘し、それゆえ読書が褒め称えられるべき正統的な文化の一部になっていることを示唆する。だがその直後、ブルデューはまったく別の読書、すなわち恥ずべき読書もまた存在するのだと指摘する。

　　読書は他人に語られることなく、後ろめたいものとして、こっそり

なされる場合があります。言いかえれば、人に話すこともできないものを読んだり、読むに値しないものを読む人間が一方にいるのに対し、もう一方には唯一の正しい読書を行う者、永遠に不滅の書物、古典的で、打ち捨ててはならない書物を繙く読者がいるのです。(Bourdieu and Chartier 1985=1992: 342)

偉大さが保証されている古典を誇らしげに読むこと、そして低俗で読むに値しないものをこそこそと隠れて読むこと、ブルデューがあげたこの2種類の読書はマグラスが描いたような誇るべき読書と恥ずべき読書にきれいに対応するものにみえる。

人びとが何を読むのかによって序列化される世界では、人びとは劣った存在だと見なされないように低俗な本を読んでいることを隠し、高尚な本を誇らしげに見せびらかすだろう。あなたがどういった小説を読むのか、それはあなたがほかの読者たちよりも優れた読者なのか、それとも劣った読者なのかを否応なく示してしまうだろう。このように考えるならば小説はブルデューが構想したテイストの社会理論の完璧な代表例にみえる。

だが、こうしたブルデューの描く世界に対して、ひとはもしかしたら疑問をもつかもしれない。評論家たちがしばしば小説について論じ、高尚だとか低俗だとかいったラベルを貼りつけることは事実だとしても、いったい誰が評論家の言うことなんて気にするのだろうか、そんなものはきわめて狭い「文学」とやらの世界のなかでのみ通用する話で、普通の読者にとっては何の関係もないものではないだろうか、と。ジュネの著作を自慢げに部屋に飾り、『フィフティ・シェイズ・オブ・グレイ』を電子書籍リーダーでこそこそと読んでいたと告白したマグラスでさえコラムのなかでこう述べていた。「しかし本当のところは、われわれのように本について恥ずかしく思ったりする人間は、たぶん気にしすぎなんだろう。ほとんどのひとはそもそも他人が何を読んでいるか気づきもしないし、気にしてもいないのだ」

このように考えるならば、小説読者たちにとってテイストはどのような意味を持つのだろうか、という疑問が浮かぶ。小説読者たちはブルデューが想定したような序列化された厳しい世界に身を置かざるをえないのだろうか、それともブルデューは単なる気にしすぎであり、人びとは自分や他人がどんな小説を読むかについて、いいとか悪いといった判断を下さないのだろうか。それが本章で答えようとしている問いである。

小説読者たちにとってテイストがどのような意味を持つのか。それについて答えていくために、まず今までの小説研究において読者とテイストの関係がどのように考えられてきたかを確認してみよう。

2　小説読者とテイストをめぐる先行研究

第1章で述べたように、ブルデューは文化的活動においてしばしばみられる高級さや低俗さといった感覚の解明を目指してテイストの社会理論を構築した（Bourdieu 1979=1990）。ブルデューが注目したのは、私たちがしめす多様な好みがときに単なる個人的な好みの違いとしてうけとられるのではなく、そうした好みが評価の対象となり優劣がつけられ、それにもとづいて私たちがどのような人なのかさえ判断されてしまうという現象であった。

こうしたテイストによる序列化という現象は小説を対象とした研究においても扱われてきたものであり、小説を読む「読者」たちを研究の対象として発見する上で重要な役割を果たした。たとえば、小説における読者研究の先駆けとなったQ. D. リービスの『小説と読者』（Leavis 1932）をみてみよう。識字率が向上した20世紀イギリス社会では小説が高度な教育を受けたものの独占物ではなくなり、過去に例のない膨大な数の小説読者たちが出現した。リービスの著作はこうした新しい時代の読者たちと、かれらの出現によって可能になった小説の大量販売＝ベストセラーに注目したものである。リービスによれば小説はその芸術的価値に基づいて「高尚 highbrow」なものを最高峰とし「低俗 lowbrow」

なものを最下層としてランクづけることができる。それまでの文芸批評は「高尚」な作品の内容を分析してきたのだが、そうした文芸批評の対象となるような作品を実際に読む読者たちはごくごくわずかの少数派に過ぎず、圧倒的多数の読者たちが低俗とされるベストセラーを読んでいた。従来の文芸批評が相手にすることのない「低俗」なベストセラーになぜ人びとは熱狂するのか、この問いに答えるために小説そのものではなく、それを読む読者たちが研究すべき対象として現れたのであった。こうした議論において、ある小説が「高尚」であったり「低俗」であったりするという小説の序列は自明の前提であり読者はこうした序列を理解しない不思議な存在として研究すべき対象となったのである。

　日本において読者という存在が重要な研究対象として浮上したのもこうした「低俗」な小説を好む大衆への興味からであった。日本における読者研究で有名な前田愛（1973 → 2001b）の整理によれば日本の小説研究の文脈でも「低俗」な小説を読む読者という存在は1920年代には重要なものだと認識されていたようである。だが、読者の存在が真剣な検討の対象となったのはどうやら戦後になってからのようだ。とくに重要な役割を果たしたのは、戦後に一般の人びとの思想を研究することを目的として結成され、日本におけるポピュラーカルチャー研究の先駆となった「思想の科学」グループであった。

　哲学者の鶴見俊輔（1950）はこの「思想の科学」グループのなかで大衆小説を研究した。鶴見は知識人が大衆小説を軽蔑し真剣にとりあげないことを批判し、大衆とかれらが愛好する文化を理解することの重要性を訴えた。日本が経験した破滅的な敗戦と戦中・戦後における自分自身を含む知識人の無力さに心を痛めていた鶴見にとって、大衆小説を理解することは知識人と大衆の間にある断絶を架橋するという倫理的課題を達成するためのステップでもあった。かれは日本の知識人(インテリ)たちを批判してこう述べる。

　今日の日本のインテリが社会えのはたらきかけにおいて無力なのわ、

彼等が良家の子弟であり、柔弱な生活になれて、決然たる行動がとれないほど卑怯になっていることから主に来ている。同時に、僕たち知識人の思索の根幹お、なすものが、日本の一般市民の思索の根幹となっているものと、ひどくはなれていることからも来ている。知識人の興味の対象また表現の手段が、一般市民とかけはなれている――このことわ、ヨーロッパやアメリカについても、言えるのだが、日本におけるほど甚だしくない。(3)（鶴見 1950: 13）

鶴見の議論において前提とされていることは二つある。ひとつは、人びとが何を好んで読むのかは各人の教育程度や階層によって分けられるグループによって違っているということである。つまり、知識人と大衆と呼ばれる二つのグループにおいてはそもそも何を読むのかが異なっているのだ。二つ目は、知識人たちはこうした違いを単なる好き嫌いの違いとは受け取らずに、知識人たちが読んでいるものを優れたものとして、それに対して大衆が読むものは劣ったものとして扱っているということである。鶴見が見た小説の世界では、人びとの好みは明確にランク分けされており、それはブルデューが描き出した世界と同じように見える。小説の読者研究を切り開いていった鶴見らにとってテイストによる序列化とは自明の前提であった。この知識人と大衆との分割を架橋するために、鶴見以降も「思想の科学」グループによって大衆の読書研究が展開され、桑原武夫の『『宮本武蔵』と日本人』(1964) や見田宗介 (1963 = 2012) によるベストセラーの研究が行われた。

鶴見の研究は高尚とされる文学と大衆小説の分割を受け入れた上で、その分断の正当性を問い直そうとしたのであった。だが、鶴見が乗り越えようとしたこの分断なるものは果たして現代でもリアリティがあるだろうか。鶴見にとって自明の前提であった高級な小説としての文学が持つ文化的威信なるものはその後たびたび挑戦され、「純文学」に対するものとしての「大衆小説」や「中間小説」といった優劣を前提としたような表現は現在ではあまりつかわれなくなった。はやくも1978年には

第3章　読者たちの「ディスタンクシオン」

文芸批評家の江藤淳が文学がカルチャーからサブカルチャーへと転落したと宣言し（江藤 1989: 445）、2000年代半ばには同じく批評家の柄谷行人が文学はかつてもっていた特殊な地位をすでに失って久しく、いまや文学は「ただの娯楽」になったのだと述べた（柄谷 2005: 47）。文学は特別な存在ではもはやない、柄谷はあたかもそれが自明の事実であるかのように語る。

> 私が話したいのは、近代において文学が特殊な意味を与えられていて、だからこそ特殊な重要性、特殊な価値があったということ、そして、それがもう無くなってしまったということなのです。これは、私が声高くいってまわるような事柄ではありません。端的な事実です。文学が重要だと思っている人はすでに少ない。だから、わざわざ私がいってまわる必要などありません。むしろ文学がかつて大変大きな意味をもった時代があったという事実をいってまわる必要があるほどです。（柄谷 2005: 36）

柄谷いうところの「近代文学の終わり」とは戦後日本において、鶴見が前提としていたような高尚な小説と、低俗な小説という区別さえも消し去ってしまったのだろうか。もし、小説が「ただの娯楽」にすぎないのだとしたら、誰が何を読もうとそれはただの好き嫌いでしかないのではないだろうか。

もちろん、わたしたちはある特定の小説が「質が低い」「読むに値しない」と論じられることがあることを知っている。たとえば、2000年代においてブームとなり、商業的成功が注目を浴びたライトノベルとケータイ小説を取り上げてみよう。前者はアニメやマンガのような子供向けの娯楽作品として、後者は小説をよく知らない素人の書いた稚拙な文章として、「低俗」な小説なのではないかという批判にさらされることがあった。一方で、ライトノベルやケータイ小説を「劣った」小説とみなす評価や批判に対しては研究者や批評家による疑問視や相対化が比較

137

的すぐに行われている。

　ライトノベルという領域の成立を歴史的にあとづけた山中智省の研究は、2000年代前半にはじまったライトノベルブームが、ライトノベルとは小説の世界における「ジャンクフード」であるという否定的評価に対して疑問を投げかける相対化の契機をはらんでいたことを示している。たとえば、2005年に総合文芸誌である『ダ・ヴィンチ』で行われた「ライトノベル読者はバカなのか？」という特集はライトノベルへの否定的評価がありうることを意識しながらも、ライトノベルを擁護するものになっている（山中 2010: 第四章）。思想家・批評家である東浩紀（2007）は桜坂洋の『All You Need Is Kill』といったライトノベル作品やノベルゲームにおける「ゲーム的リアリズム」を日本の近代文学を支えていた自然主義的リアリズムと比較しながら論じることで、ライトノベル作品が真剣な文芸批評的検討の対象となりうることを示した。

　ケータイ小説という対象への注目を支えていたのはそれが「劣った」存在であるという前提であったのだが、ケータイ小説についてのルポルタージュのなかで速水健朗（2008）はケータイ小説のことを「被差別小説」と呼び、ケータイ小説を「劣った」ものとしてとらえる視線がはたして正当なのかに疑問を投げかけた。また、日本文学者の石原千秋（2008）はケータイ小説をいわゆる文学作品と同じように分析してみせることで、ケータイ小説と文学作品の間に序列が存在するという考えを否定してみせた。

　こうして振り返ってみると、日本における小説の状況はかなり複雑であることがわかる。かつて文学と呼ばれるものは特権的な地位を持っていて、どのような小説を読むのかにしたがって、人びとがランク付けられていたらしい。だが、こうしたテイストに基づく序列化は、その後の文学の凋落によって消滅してしまった可能性がある。ライトノベルやケータイ小説の存在も、そこになんらかの優劣をつけようとする人たちが存在するらしいことを示すと同時に、そうした優劣の主張がもはや簡単には受け入れられない状況も示唆している。確かなことは、日本の小説

をめぐる状況はブルデューが思い描いた状態よりもさらに複雑であり、テイストによって読者たちが分割され、序列化が行われるという前提はもはや自明ではないということだ。

それでは、読者にとって小説のテイストとは何を意味するのだろうか。それは単なる好き嫌いでしかないのだろうか。それとも、やはりそこにはなんらかの優劣の感覚が存在するのだろうか。批評家や文学者、ジャーナリストがさまざまな意見を述べているが、どの発言がもっとも状況を適切に捉えているかはパッと見ただけではよくわからない。そこで、本章では、社会調査を通してこの問題についての答えを探ることとする。

3 データ

本章は日本の小説読者たちの間でテイストによる序列化というものが行われているのかという問いに答えようとしている。そのために、本章はインタビューデータの分析と質問紙（アンケート）データの計量的分析という二つのアプローチを用いる。

質問紙データとしては練馬調査（「若者文化とコミュニケーションについてのアンケート」調査）から、とくに小説についての質問項目を用いる。インタビューデータは、この練馬調査と平行して行われたものを用いる。このインタビューはいわゆる面接法のように練馬調査で用いたのと同じアンケート用紙に沿って行い、質問者も回答者もアンケート用紙を見ながらインタビューを進めた。このインタビューはアンケート中の質問に対して、回答者がその意味を質問したりするなどのやりとりを許容するかたちで行われた。

練馬調査の概要は「はじめに」にまとめてあるのでそれを参照してほしい。インタビュー調査の対象は練馬調査と同じ東京都練馬区の男女を対象としたが、年齢は18歳から20歳と少しだけ異なっている。インタビュー調査の対象者は練馬調査の対象者に直接含まれているひとたちではなく、居住区と年齢の条件に合う人に個別に依頼した。参加者は7

名でそのうち女性は2名、男性は5名であった。インタビューは2011年2月11日と3月7日に練馬区にある喫茶店で行われた。

4 それが趣味だと述べることはどういうことか

文化消費と趣味自認の差異

わたしたちが知りたいのは読者たちが本当に個々人のテイストに序列をつけて自己や他者を分類したりするのかどうか、そしてもしそこに序列をつけるならばその序列とはどのようなものなのか、ということである。ここではある文化を楽しむという文化消費とそのことを趣味とみなすという趣味自認の差異に注目してこの問題にアプローチする。

練馬調査はQ11で「あなたは小説（ライトノベル、ケータイ小説などのすべてのジャンル（種類）を含む）をどの程度読みますか」と小説についての読書量を尋ねている。ここでは、これを一般読書量質問と呼ぶことにしよう。練馬調査の調査報告書にある一般読書量をまとめた表をみてみると、小説を「まったく読まない」と答えた回答者は114名と有効回答の20%を下回り、80%以上がなんらかの形で小説の読書を行っていることがわかる（北田2013b: 95）。

一方、Q1は回答者の趣味について尋ねている。この質問は20個ある趣味項目から自分にあてはまるものすべてを選ぶ複数回答式になっている。これを趣味自認質問と呼ぶこととしよう。「小説の読書」はその中のひとつとしてあげられており、単純集計（北田2013b: 70）を見てみると選択者は249名となり、小説読書が趣味だと自認している者は40%以下になる。つまり、全体の80%を占める小説を読む者たちのなかに限ってみても小説の読書を趣味と答えるのは半数に満たないということである。このことが意味するのは小説を読むという文化消費の経験と、小説を読むことが趣味だという趣味自認の間には大きなずれが存在するということである。

このずれについてより詳しく調べるために、練馬調査の対象者を三つのグループにわけてみよう。第一のグループは小説を読み、かつ小説の読書を趣味であると自認しているグループである。第二のグループは小説を読むけれど、それを趣味とは自認していないグループである。第三のグループは小説を読まず、それゆえそれを趣味とは自認していないグループである。ここで小説を読むか読まないかを判断するために、先ほど紹介した小説の一般読書量（Q11）を利用しよう。Q11 において小説を「1 よく読む」から「4 ほとんど読まない」と回答したものを「小説の読者」とし、「5 まったく読まない」と回答したものを「小説の非読者」とみなすことにしよう(5)。すると、グループ 1（小説読者・趣味選択）は 243 名（38.7%）、グループ 2（小説読者・趣味非選択）は 271 名（43.2%）、グループ 3（小説非読者・趣味非選択）は 114 名（18.2%）となった(6)。このことから、小説を読むのにそれを趣味でないと答えているグループ 2 が全体の約 40% を占め、小説を読みそれを趣味だと答えたグループ 1 以上に大きなグループだということがわかる。

趣味自認の論理

　なぜ、小説を読んでいるにもかかわらず、それを趣味だとみなさないようなグループ 2 が存在するのだろうか。これについて考えるために、小説を読みそれが趣味だと答えたグループ 1 と小説を読むけれどそれを趣味だとは見なさないグループ 2 とをくらべてみよう。こうしてできたのが以下の【表 3-1】である。これをみると小説を趣味だと答えるグループ 1 においては小説を「よく読む」と答えたものが 49.8% とおよそ半数にのぼり読書量が多いことがわかる。小説を読むことが趣味ならばそのひとは小説をよく読んでいるだろうと考えるのは常識的にも納得がいくものである。だが、ここで注目したいのは小説を読むことが趣味ではないと答えたグループ 2 に小説を「よく読む」と回答したものが 20 名も存在することである。

　小説をよく読んでいるのに、なぜそれを趣味だとみなさないひとたち

表3-1 趣味自認と読書頻度

	よく読む	ときどき読む	あまり読まない	ほとんど読まない	合計
グループ1	121	116	5	1	243
%	49.8%	47.7%	2.1%	0.4%	
グループ2	20	96	69	86	271
%	7.4%	35.4%	25.5%	31.7%	
合計	141	212	74	87	514
%	27.4%	41.2%	14.4%	16.9%	

がいるのだろう。こうした疑問に答える上で、そもそも趣味であるということがどういうことなのかを考えることが役に立つだろう。ここでは趣味について尋ねたQ1が、実際にどのような質問なのかを考えてみよう。

アンケートでなにかを尋ねるのは一見簡単に思えるかもしれない。だが、自分が尋ねたいと思ったことを質問文で適切に表現することは、実はそんなに簡単ではない。いままでアンケートに答えたことがあるなら、質問文がそもそもなにを尋ねているのかよくわからないと思ったり、自分の答えが相手の求めていた答えとは全然ちがっていたという経験をしたことがある人もいるだろう。よりよい計量分析のためにはそもそもアンケートの質問がなにを尋ねているのかをきちんと理解する必要がある。とくに質問紙調査を対面式で行うことも多いアメリカでは、質問文で何を尋ねているのかをよりよく理解するための方法・研究がなされてきた。アンケートで問いたい内容について探索的な聞き取り調査を行い、問いに対する可能な回答の範囲を想定するための理由分析や[7]（Zeisel 1985 = 2005）、ある問いに用いられる語彙が回答者に適切に理解されているのかを明らかにするため、実際にアンケート用紙を用いた質問を面接で行い、その場面をエスノメソドロジー・会話分析の立場から分析するといった研究がなされてきた[8]（Suchman & Jordan 1990）。

そこで、この論文でも回答者が趣味について尋ねた質問Q1にどのよ

うに答えるのか、その答え方やその後の質問者との受け答えについてエスノメソドロジー・会話分析を参考にしながら分析する。具体的には趣味について尋ねられた際にある回答者がみせた沈黙と、言いよどみを取り上げ、趣味について尋ねるということがどのようなことなのかについて考察する。

　以下に示すのはトランスクリプトと呼ばれる質問者と回答者の会話を示したものである。Aは調査者でありBが回答者である。このトランスクリプトでは調査者であるAが調査全体の趣旨を説明し質問文を読み上げた直後のやりとりを引用している。参照しやすいように、各行には番号がつけてある。

会話断片

01　A：あなたの趣味について（1.0秒沈黙）お聞きしますということで

02　B：はい

03　A：どのような趣味をお持ちですかって。

04　（1.0秒沈黙）

05　B：趣味

06　A：はい

07　（2.0秒沈黙）

08　B：ほんとに、う　ちゃんと言えるような趣味がなくてひとに胸張って言えるような趣味がなくて

09　A：はい

10　（1.5秒沈黙）

11　B：好きなことは、まあ服（1.5秒沈黙）を買ったりっていうか見たりとか——

12　A：はい

13　B：あとは（1.0秒沈黙）最近はまあ映画？　観たり——行ったり、まあDVD借りて観たりとか

質問者であるAは20個の趣味項目と「その他」に「趣味はない」とを加えた22個の「趣味」の選択肢が印刷されたアンケート用紙を見せながら、「どのような趣味をお持ちですか」という質問文を読みあげ、回答者Bの趣味について尋ねている。この質問に対してBがすぐに回答していないことに気づいただろうか。11行目や13行目でのBの発言から服を買いに行くことや映画を見ることがBの趣味なのだとわかるのだが、Bが11行目で具体的に趣味について語り始めるまでの4行目から10行目にわたって、Bの言いよどみや沈黙が挟まれている。さらに、11行目においてBが回答を行う際には「趣味」が「好きなこと」へと言い換えられている。なぜBは「趣味」についてすぐに語り出さないのだろうか、そしてなぜ趣味を「好きなこと」へと言い換えるのだろうか。それについて考えるために7行目からのやりとりに注目してみよう。

「どのような趣味をお持ちですか」という質問に対してBは8行目で「ちゃんと言えるような趣味がなくてひとに胸張って言えるような趣味がなくて」と述べている。この回答に対して質問者Aは「はい」とだけ答え（9行目）、その後沈黙しBの回答を待っている（10行目）。そしてようやくBは自分の趣味が服を買ったり（11行目）、映画を見たりすることだと答えている（13行目）。なぜBはわざわざここで趣味が「ちゃんと言える」かどうかについて言及しているのだろうか。ここでのBの発言は、「趣味」という言葉で調査者が何を意味してどのような回答を期待しているのかを確認しているものとして理解できるだろう。つまり、ここでBはこの質問文が尋ねている「趣味」が「ちゃんと言える」ようなものや「ひとに胸張って言える」ようなものを期待している可能性を考慮して、そうした期待されている答えを行えない可能性を質問者に知らせ、自分が質問者の期待するような回答者であるかどうかを質問者に確認するための機会を作っているのだ。この前置きに対し、AはBの答えを「趣味はない」という回答としては扱わず、「はい」とだけ述

べBのさらなる回答を待っている。そこでBはAの期待している回答が「ちゃんと言えるような趣味」である必要がないことを理解し、自らの趣味について語り始めている。そのときにもBは自分の趣味を「好きなこと」と言いかえている。

　ここで見てきたBによる回答は、「趣味」という言葉でわたしたちがどのようなことを意味するのかについて二つのことを気づかせてくれる。まず、「ちゃんと言えるような趣味」がないという前置きは、わたしたちがある活動や文化消費を自分の「趣味である」と述べるとき、そこにはただその活動をした経験があることや文化消費の習慣がある以上のなんらかの資格が求められることがありうるということである。たとえば、ある人の趣味が料理だとしたら、わたしたちはそのひとに料理が上手であることを期待してしまうかもしれない。そうだとしたら、一人暮らしで毎日自炊しているけれども、うどんとカレーしかつくれないひとは、料理が趣味だと答えるのはすこしハードルが高いと感じるかもしれない。趣味という言葉と文化消費の経験にわたしたちがしばしばもうける区別が、このBの「ちゃんと言えるような趣味がない」という答えを理解できるものとしている。二つ目のポイントは、回答者が「趣味」がないものとして回答を終えるのでなく、「ちゃんと言えるような趣味がない」という前置きのあとに「趣味」を「好きなもの」と言いかえることによって回答を行うことができたことである。これは趣味と答えるための資格の多様性を示している。趣味と述べる際にある一定の能力をもっていることが期待されることもあれば、単にそれが好きであれば十分なこともあるだろう。たとえば、パチンコがそれほど上手でなくても、休みの日によくパチンコに行くのであれば、パチンコが趣味だと答えることにそれほど違和感はないかもしれない。あるものを趣味だと呼ぶときに用いることのできる資格の種類はそれぞれの文化消費のあり方に深く規定されているだろう。

　ここでみた趣味という概念の特徴は、先ほど見た小説を読むけれどもそれが趣味ではないという人たちの存在を理解する鍵となるだろう。こ

うした特徴を考慮に入れて、なぜあるひとは小説を読むことを趣味と呼び、ほかのひとは趣味と呼ばないのかについて次の節で考えてみよう。

テイスト仮説の提出

小説を「よく読む」と答えているにもかかわらず、それが「趣味でない」と答える理由について考えてみよう。わたしたちはどのような条件を満たしていないとき、自分には小説を読むことが趣味だと述べる資格がないと感じ、それを趣味だと述べることをためらうのだろうか。ブルデューならばこうした資格の欠如としてテイストの貧しさをあげるだろう。小説を読んではいるものの、自分が読んでいる小説は読むに値しないものであり、小説を読むことが趣味だなんて答えられないというふうに。こうした個々人のテイストの優劣が小説読書の趣味自認において重要な資格となるという考えをテイスト仮説と呼ぶことにしよう。このテイスト仮説が妥当かどうか検討することを通じて、ブルデューのいうような序列化されたテイストという概念が読者たちの間でも有効なのかを検証することができるだろう。

このテイスト仮説を検証するためには、練馬調査データにおける質問項目 Q11S1 で尋ねている「ケータイ小説」「ライトノベル」「古典的な小説（夏目漱石やドストエフスキーなど）」のそれぞれについての読書頻度が利用できるだろう。練馬調査は 2010 年に行われているのだが、本章 2 節で確認したように 2000 年代を通じて「ケータイ小説」や「ライトノベル」というカテゴリーは「劣った」小説とみなされうる立場にあった。それゆえ、もしブルデューのいうようなテイストの序列化というものが機能しているのであれば、そうした小説を読んでいるものたちが自らの読書を恥ずべき読書だと感じ、小説を読むことを趣味と呼ぶ資格がない、と考えることがありうるだろう。また、ブルデューが正しければ「古典的な小説」を読むものたちは自らの読書を胸を張って趣味だと述べることだろう。これに対して、もしブルデューの前提が妥当でなければ、こうした小説カテゴリーは趣味自認になんの影響も与えないだろう。

整理しよう。【表3-1】から明らかなように、小説を読むことを趣味とみなすかどうかは読書量に強く依存している。だが、同時に「よく読む」けれど小説の読書を趣味ではないと答えるものたちの存在は、そこにおいて読書量以外の要因が存在している可能性を示唆している。ブルデューに従えば、こうした要因としてテイストのよさ／悪さが考えられるだろう。先行研究からは「古典的な小説」を読むことは趣味自認に正の効果を、「ライトノベル」や「ケータイ小説」を読むことは負の効果をもつと予想される。もし、読書量がもつ影響を除いた後でも「ライトノベル」、「ケータイ小説」、「古典的な小説」といった小説を読むかどうかが趣味自認に対して効果をもつことが確認できれば、わたしたちは現代日本の小説読者たちにおいてもブルデュー的な序列化されたテイストというものが存在すると言えるだろう。一方で、もし、分析の結果どのカテゴリーからも趣味自認に対する効果を確認できなければ、ブルデューの議論において前提とされていたテイストによる序列というものは日本の小説においては妥当しないということが確かめられるだろう。つまり、柄谷らのいうように文学はもはや「ただの娯楽」となったのであり、読者たちは古典的小説とケータイ小説、ライトノベルの間の優劣などというものはとくに気にしていないということが確認できるだろう。

5　分析

データの概観

テイスト仮説の妥当性を検討するために質問紙データの分析を行おう。ここでわたしたちが興味を持っているのはなぜある人は小説読書を趣味とみなし、あるひとはみなさないのかという趣味自認の差異である。なぜそうした違いが生じるのかについて興味を持っている対象のことは説明されるべき変数、被説明変数（explained variable）、と呼ばれるので、ここでは小説の趣味自認が被説明変数となる。次にこうした被説明変数

に影響を与える要因として興味をもっている対象のことは説明変数（explanatory variable）と呼ばれる。今回の場合、説明変数に含まれるのは、小説の読書量と、古典小説、ライトノベル、ケータイ小説を読むかどうかである。こうした説明変数と被説明変数の関係性を分析する方法として回帰分析（regression）と呼ばれるものを利用するのが一般的である。今回は、被説明変数である小説の趣味自認が「ある」か「ない」かのどちらかになる二値変数と呼ばれる特徴を持っているので、回帰分析のなかでも二値変数を被説明変数とするロジスティック回帰分析（logistic regression）という手法を用いる。次の【表3-2】では、まず分析で使用するすべての変数の特徴について簡単に確認している。

　まず、一番上は被説明変数である小説についての趣味自認である。この趣味自認変数は「小説の読書」を趣味として選択するかどうかをもとに作成している。主要な説明変数は一般読書量、ライトノベルダミー、ケータイ小説ダミー、古典的な小説ダミーである。一般読書量とは小説を読む程度をはかるためのもので、「小説（ライトノベル、ケータイ小説などのすべてのジャンル（種類）を含む）」をどの程度読むかという質問に「よく読む」「ときどき読む」「あまり読まない」「ほとんど読まない」の四つのカテゴリーから答えたものを用いた。「ライトノベル」「ケータイ小説」「古典的な小説」についてのダミーとは、それぞれの小説を読んでいるかどうかを判断するためのものである。これは「ライトノベル」「ケータイ小説」「古典的な小説（夏目漱石やドストエフスキーなど）」それぞれの項目に対する読書量を尋ねた質問から「よく読む」「ときどき読む」「あまり読まない」「ほとんど読まない」を「読む」とし、「まったく読まない」という回答を「読まない」とすることとした。数値ではなくあるカテゴリーを表現するためにいれておく変数のことを、ダミー変数（dummy variable）と呼ぶため、これらをダミーと呼ぶことにする。

　実際の分析では、こうした主要な説明変数以外に被説明変数に関係するかもしれない要因も説明変数として用いる。これは、主要な説明変数の効果を正確に測定するために必要なものであり、コントロール変数

第3章　読者たちの「ディスタンクシオン」

表3-2　分析データの基本統計量

		%	N
趣味自認	趣味自認あり	47.7%	203
	趣味自認なし	52.3%	223
一般読書量	よく読む	27.7%	118
	ときどき読む	40.8%	174
	あまり読まない	14.3%	61
	ほとんど読まない	17.1%	73
ライトノベル	読む	78.6%	335
	読まない	21.4%	91
ケータイ小説	読む	34.3%	146
	読まない	65.7%	280
古典的小説	読む	76.8%	327
	読まない	23.2%	99
階層	上	7.5%	32
	中の上	41.3%	176
	中の中	37.6%	160
	中の下	9.9%	42
	下	3.8%	16
年齢	19歳	2.1%	9
	20歳	29.8%	127
	21歳	38.7%	165
	22歳	29.3%	125
性別	女性	59.4%	253
	男性	40.6%	173
大学生	大学生	85.4%	364
	大学生以外	14.6%	62
趣味数	平均	標準偏差	中央値
(N=426)	6.8	3.0	6.0

(control variable）と呼ばれる。このコントロール変数として、階層、年齢、性別、大学生ダミー、趣味数を用いる。階層とはその人が裕福な家で育ったかどうかを測るものであり、階層、年齢、性別は一般にあらゆる社会現象において重要な要因となりうると考えられているのでここでも投入する。これにくわえて通常の社会調査ではしばしば最終学歴が使われるが、今回の調査が19歳から22歳とかなり若く限定されているので、ここでは学歴というよりも現役大学生であるかどうかのほうが重要だと考え、大学生かどうかを判断する大学生ダミーを用いた。趣味を尋ねられた時にほかの多くの選択肢についても趣味として答えているものは小説を趣味と選択しやすいだろうと考え、趣味数についても用いることとした。階層については実家の暮らし向きを「上」「中の上」「中の中」「中の下」「下」のどれにあてはまるのかを選択してもらった。性別は男女を、年齢はそのままの数字を用いた。回答者が大学生かどうかを判断する大学生ダミー変数は、職業が学生と答えたものから最終学歴が大学ないし大学院のものを「大学生」としてあつかうこととした。趣味数とは小説の読書を除いた残りの趣味選択肢について○をつけた数を足し合わせて作成した。趣味選択肢のなかには「その他」が存在し、具体的な回答として複数の趣味を回答しているものもあったが、これについてはひとつとしてカウントすることとした。また、「趣味はない」とだけ答えた場合は0として扱っている。被説明変数、説明変数として使用する変数のうちひとつでも回答を与えていない回答者は分析から除外した。

【表3-2】をつかって本章が注目する被説明変数と説明変数についてのみ簡単な特徴を確認しておこう。被説明変数となる趣味自認についていえば、対象者となる小説読者のうち、小説読書を趣味だと見なすのは47.7%、みなさないのは52.3%とだいたい半々くらいである。主要な説明変数をみてみると、一般読書量は「よく読む」が27.7%、「ときどき読む」が40.8%、「あまり読まない」が14.3%、「ほとんど読まない」が17.1%となっている。また、ライトノベル、ケータイ小説、古典的

な小説の読書率はライトノベルについては78.6%、ケータイ小説については34.3%、古典的な小説については76.8%が読むと回答している。

モデルの説明と分析結果

それでは趣味自認を被説明変数としたロジスティック回帰分析を行う。もう一度争点を確認しておこう。わたしたちが関心をもっているのは、一般読書量の影響を取り除いた後でもそれぞれの特定のタイプの小説を読むかどうかが小説を趣味として自認するかどうかに影響をもつかどうか、そしてもし影響をもつとしたらそれはどのようなものか、というものである。

小説の読書の趣味自認を被説明変数とし、一般読書量を説明変数とし、さらにコントロール変数として階層、年齢、性別、大学生ダミー、趣味数を投入して分析を行ったものをモデル1としよう。次に、このモデル1に「ライトノベル」、「ケータイ小説」、「古典的な小説」のカテゴリー別読書ダミーを説明変数として追加したものをモデル2としよう。この結果が【表3-3】になる。

モデル1の結果をみると一般読書量が小説趣味自認と強い正の関係をもっていることがわかる。つまり、小説読書量が多いほうが小説読書を趣味だと自認しやすいということである。こうした強い関係性はライトノベル、ケータイ小説、古典的な小説というカテゴリーごとの読書の有無を考慮したモデル2でもかわらず一貫している。さらに、モデル2からはケータイ小説の読書が負の効果を持つこと、古典小説の読書が正の効果を持つことが確認できる。つまり、ケータイ小説を読むものは小説を趣味だと自認しにくいし、古典小説を読むものは小説を趣味だと自認しやすいということである。ライトノベルの読書は係数が負であるものの、この結果は10%水準でも統計的に有意ではない。つまり、ライトノベルを読むことが小説趣味自認になんらかの関係をもっているとはいえないということである。[11]

【表3-3】で示されている係数はそれぞれの変数がもたらす影響の強さ

表3-3 ロジスティック回帰分析結果

		モデル1		モデル2	
		係数値	SE	係数値	SE
定数		−4.488	3.578	−3.137	3.720
階層	参照カテゴリー=下				
	上	−1.642*	.921	−1.398	−.998
	中の上	−.922	.825	−1.024	.917
	中の中	−1.196	.823	−1.274	.914
	中の下	−1.172	.897	−1.060	.986
年齢		.003	.157	−.068	.163
女性ダミー		.104	.272	.348	.293
大学生ダミー		.147	.371	−.033	.394
趣味数		.144***	.046	.159***	.048
一般読書量	参照カテゴリー=ほとんど読まない				
	よく読む	6.233***	1.050	6.401***	1.065
	ときどき読む	4.520***	1.024	4.633***	1.033
	あまり読まない	1.844*	1.116	2.008*	1.124
ラノベ読者ダミー				−.543	.356
ケータイ読者ダミー				−.910***	.297
古典読者ダミー				.885**	.352
	Observations	426		426	
	Correct Classification	76.1%		79.1%	
	AIC	387.5		373.0	
	BIC	436.2		433.8	

*** $p < 0.01$, ** $p < 0.05$, * $p < 0.1$

を表現している。だが、この数字のままでは理解が困難なため、それぞれの変数の効果の大きさをわかりやすく示す必要がある。そこで、モデル2に基づいて小説を読んでいるものが小説読書を趣味と自認する確率を予測しよう。まず基準となる確率はすべての変数を中央値に設定したものとする。具体的な値は以下のようになる。一般読書量はときどき読む、ライトノベル読者はYes、ケータイ小説読者はNo、古典的な小説読者はYes、階層は中の中、年齢は21、女性はYes、大学生はYes、趣味数は6。この基準となる小説読者が小説読書を趣味と自認する確率は

表3-4　全8パターンの確率

		パターン							
		0	1	2	3	4	5	6	7
読者	ラノベ読者	○	○	○	○	×	×	×	×
	ケータイ読者	×	○	×	○	×	×	○	○
	古典読者	○	○	×	×	○	×	○	×
	確率	60.2%	37.9%	38.5%	20.1%	72.3%	51.8%	51.2%	30.2%

60.2%となる。この基本形をパターン0とし、個々の値を変化させることで「ライトノベル」、「ケータイ小説」、「古典的な小説」のカテゴリー別読書ダミーの大きさを示したのが【表3-4】である。先ほど示した基本形となるパターン0からケータイ小説だけが「読む」になるパターン1では確率は60.2%から37.9%へと大きく下降する。同様にパターン0から古典小説だけが「読まない」になるパターン2では60.2%から38.5%へとこれも大幅に下降する。このことから古典的小説を読むことや、ケータイ小説を読むことが小説の趣味自認に与える影響の大きさがよくわかるだろう。パターン0からライトノベルだけが「読まない」になるパターン4では60.2%から72.3%へと微増するが、先ほども述べたようにライトノベルについては係数が統計的に有意ではない。

分析まとめ

本章は小説の読者たちが小説を読むことを趣味とみなすかという趣味自認に対して、読者たちが自らのテイストのよし悪しを考慮に入れるというテイスト仮説の妥当性を検証した。具体的には一般読書量の影響を取り除いた後でもライトノベル、ケータイ小説、古典的な小説のそれぞれを読むことが小説を趣味だと自認するかどうかに影響を持つかどうかを検討した。もし、こうした種類の小説を読むかどうかと趣味自認の間に関連がまったくみられなければ、テイスト仮説は棄却され、ブルデューのいうようなテイストの序列化なる前提が日本の小説読者にとって有

効ではないことが示せたことになる。一方で、カテゴリー別読書ダミーが効果を持つならば、ブルデューのいうようなテイストの序列化が日本の小説読者たちにとっても一定程度機能していることを示すことができ、さらにそれぞれのカテゴリーの効果を検討することでテイストの序列化がどのように機能しているのかを具体的に示すことができる。

分析結果からは、一般読書量をコントロールした後でもケータイ小説には負の効果が、古典的な小説の読書には正の効果が確認できた。このことから、どのような小説を読むかは趣味自認になんらかの影響を与えることがわかる。この結果はテイストのよし悪しが文化消費において重要な資源であるというブルデューの議論が日本の小説読書においても経験的に妥当であることを示している。さらに、この結果からはケータイ小説について人びとはあまり読んでいることを自慢できるようなものではないということ、古典的な小説については堂々と読んでいることを述べられるものと感じているという想定通りの結果が得られた。一方、ライトノベルについてはもうすこし複雑である。まず、ライトノベルの係数は負であり、これはもしこの数値が信頼できるものであればライトノベルを読むものはそのことを恥じている、という当初の予想の正しさを示唆するものである。だが、ここで計算された係数は統計的に有意ではないため、この数値をそのまま受け取ることはできない。よって、ライトノベルを読むことをひとは恥じているとはいえない、という結論になり、当初の予想とは一致しない。

以上のことをまとめるとデータから個々人のテイストが小説の一般的読書量と並んで小説読書を趣味と見なすかどうかの重要な資源となっていることがわかった。そして「古典的な小説」を読むことはあるひとのテイストが優れたものであることを示し、「ケータイ小説」を読むことは劣ったものであることを示すと読者自身にも認識されていることが分かった。

6　結論

　本章の冒頭に引用したシャルチエとの対談のなかでブルデューは誇るべき読書と恥ずべき読書とについて論じていた。そこでは読むべき立派な本を実際に読む読者と、読むべきでない低俗な本を恥ずかしさを覚えながらも読んでしまう読者という2種類の読者がいることになる。こうした2種類の読者像の前提になっているのはテイストによる序列化であった。どちらの読者であれ「読むべき本」と「読むべきでない本」の差異にきわめて敏感であり、自分たちが何を読んでいるのかによってどのように序列づけられるかを知っているのだ。

　だが、文芸評論家でさえもが「文学のサブカルチャー化」や「文学の終わり」を宣言する現代の日本においては、テイストによる序列化というものがもはや自明性を持たない状況であった。ブルデューが論じたテイストによる序列化なるものは日本の小説読者たちにとって有意味なのか、それとも第1章で議論したようにそれは研究者がつくりだした「過剰に差異化された人間」にすぎないのか。このような問題意識のもと、この論文が目指したのは読者たちにとってテイストは何を意味するのかを経験的に答えることであった。

　本章は質問紙データの分析を通して、テイストによる序列化が現在でも読者たちによって行われていることを明らかにした。具体的には小説読者たちの間で古典的な小説が優れたものとし、ケータイ小説が劣ったものとして小説の趣味自認の際に参照されることを示した。文学の特権性はもはやとっくの昔に失われたという柄谷の言葉とは裏腹に、都市部で生活する若年層においてさえテイストによる序列化が存在しているというずれの存在を示した点で本章の結果は現代における小説読者たちについて考える上で重要な知見となるだろう。同時に、「逸脱的」ととらえられることもあるライトノベルが小説を読む者たちの間での趣味自認において重要視されているとは言えず、必ずしも逸脱的なものとしては受け入れられていない可能性を示した。これは小説の読者たちについて

研究する上で興味深い発見となるだろう。

　本章でえられた成果を踏まえて、わたしたちはさらに小説読者たちの間でテイストの序列化が行われるのはなぜなのかと問うこともできるだろう。鶴見らの大衆小説研究からうかがえるのは戦後日本において小説が与えられていた特別な位置である。鶴見の議論では小説の文化的重要性は自明の前提とされ、だからこそ小説のなかで高位に位置する純文学と低位に位置する大衆小説という分割が有意味であった。このことは鶴見が寄稿した思想の科学研究会編の論文集『夢とおもかげ』においても扱われている落語などとくらべてみると興味深いことに思える。そこでは古典と新作という区別は言及されるものの知識人向けの高級な落語と大衆向けの低級な落語などという分割は考えられておらず、落語というものはそれ自体として大衆的な文化であると考えられていた（正岡 1950、三浦 1950）。こうした違いをふまえるならば、テイストの序列化というのはわたしたちの生きるこの社会で読書や小説が占める独特な位置をよりよく理解するための鍵となるかもしれない。

　本章の調査方法上の工夫についても述べておこう。本章の問いはそもそもテイストの差異に基づいて序列化を行い、自らや他者を分類するというブルデューの議論の前提を経験的に問い直すことを目指していた。この目的を果たすためには、小説への強い愛をもつがゆえに微細な差異のなかに意味を読みこむ熱心な小説ファンたちだけを調査対象とするのではないアプローチが必要になる。本章は年齢や居住地について限定があるものの、調査対象者の選別にかんして小説に対しての読書量、知識量などを一切問わない形で実行されている質問紙データを用いることでこうした前提を問い直すことを可能にした。また質問紙データの結果を用いながらも、趣味自認と文化消費活動とのずれに着目し、それをインタビュー・データの分析と組み合わせることで、その差異が示す人びとの意味世界を探究するという新しいアプローチを提案した。

　最後に、本章が抱えているいくつかの限界について述べておこう。まず、データとして使用した練馬調査が年齢と地域についてきわめて限定

的だという点に注意が必要である。これは基本的には東京（練馬区）の非常に若い層（19-22歳）を扱っている。そのため結果を過大に一般化することには慎重でなければならない。理論的により重要なのは、趣味自認に影響を与える重要な変数として小説についての知識の深さが考えられることである。ブルデュー（Bourdieu 1979=1990）の利用した調査においては音楽について知っている作品や作曲者を答えさせる質問が存在した。文学史が学校教育に含まれる小説においては知識量は重要な要因となりうるだろう。また今回の分析でライトノベルが当初の予想と異なる微妙な位置にあることが確認された。こうした当初の予想との食い違いの理由については若年層においてはライトノベルがある程度一般化しているとか、もはや逸脱的なジャンルとして扱われていないとかいったさまざまな仮説が考えられるが、今回の分析からはそれについて決定的な回答をだすことはできない。これについて考える上ではライトノベルへの否定的評価の理由の一つとされてきたアニメやマンガといったいわゆる「オタク」的文化の今日における意味を考えることが役立つだろう。これについては本書の岡沢による第4章および團による第7章が参考になるだろう。

注

(1) この論文の最初期草稿にアドバイスをいただいた新藤雄介氏（福島大学）と統計的分析についてアドバイスをいただいた岡澤亮介氏（大阪市立大学）に感謝する。
(2) 'Is There Anything One Should Feel Ashamed of Reading?' *New York Times*, 7 Apr. 2015.
(3) 旧字体は新字体に修正した。仮名おくりはそのままにしてある。
(4) 両者とも定義については諸説あるが、従来の研究でのおおまかなイメージとしては、ライトノベルとは表紙や挿絵にアニメ・マンガ風のイラストを配したものをさし（山中 2010: 7)、ケータイ小説はケータイサイトに投稿された若い女性の恋愛体験を綴った物語やその書籍化されたものをさす（速水 2008: 7-8)。
(5) 回答の選択肢として「4 ほとんど読まない」というものも存在するが、わずかであれ読むことを含意する「4 ほとんど読まない」と「5 まったく読まない」との間には質的な違いがあると考えられるため、「4 ほとんど読まない」を「読む」、「まったく読まない」を「読まない」と分類した。実際に使われた調査票のデザインからこうした質的な差異は回答者にとっても見てとれるものであったと考えられる。調査票は以下のURLからダウンロードできる。https://

sites.google.com/site/kaken21730402/home
(6) Q1かQ11のどちらにでも無効回答が含まれるものについては分析から除外した。論理的には第四のグループとして小説の読書という文化消費を行っていないが、それを趣味として自認しているというグループを考えることができる。だが、こうしたグループの実在を想定することは困難であり、データにおいても確認されなかった。
(7) 理由分析は社会学における質問紙調査の普及において非常に重要な役割を果たしたポール・ラザースフェルド（Paul Lazarsfeld）によって推奨された方法である。詳しく知りたいひとはラザースフェルドの著作（Lazarzfeld 1972=1984）が参考になる。
(8) 日本語で書かれたものとしては西阪・川島（2007）などがある。また、エスノメソドロジー・会話分析については前田ら（2007）の教科書が参考になる。
(9) 説明変数／被説明変数という言い方のほかに、独立変数／従属変数という言い方などさまざまな呼び方が存在するが、基本的に同じものを指している。
(10) これについて、直感的なイメージをつかむ上でもっとも簡便なものは高橋信（2005）であり、より詳しく書かれたものとしては太郎丸（2005）がある。英語での入門書としてはトリーマン（Treiman 2009）のものがある。
(11) ライトノベル、ケータイ小説、古典的な小説について読む／読まないのダミー変数ではなく5段階読書量をダミー化（基準カテゴリーは「読まない」）して投入した場合でも、同様の傾向が確認された。ライトノベルは全体に負の傾向であり、「ときどき読む」のみ10％水準で統計的に有意となった。

初出：岡澤康浩・團康晃「読者たちのディスタンクシオン？：2010年練馬調査データからのテイスト理論の再検討」『マス・コミュニケーション研究』（89）, pp.63-81, 2016年
※ただし、大幅に加筆を施している。

第4章 ライトノベル、ケータイ小説、古典小説を読む若者たち
ジェンダーとオタク／サブカル自認

岡沢亮

1 他人の趣味について「意外だ」と思うこと

　私たちは他人の趣味について「意外だ」と思うことがある。たとえば、テレビで他愛ないことを日夜言い続けているお笑い芸人やアイドルが、ドストエフスキーの小説を熱心に読んでいると知ったとしよう。あるいは、その容貌の見事さを賞賛され飽きているような俳優や女優が、最近深夜アニメの原作になったライトノベルの古くからのファンだと言っているのを聞いたとしよう。このようなとき、私たちは彼や彼女の趣味について「意外だ」という印象を持つだろう。あるいはあなた自身も、日常生活のなかで最近読んだ小説や観た映画について話したら、「そういうのを読む（観る）なんて意外だ」などと言われた経験を持っているかもしれない。

　このように人の趣味について「意外」だと感じるのは、ありふれたことである。しかし、ここで一歩立ち止まって考えてみたい。実際のところ、趣味などまさに「人それぞれである」としか言えないようにさえ思われる。にもかかわらず、なぜ私たちは他人の趣味にかんして「意外だ」と思うことができるのだろうか。

　重要なのは、ある人の趣味を「意外だ」と思うことができるためには、人と趣味の「意外ではない」組み合わせを前提として知っている必要があるということだ。この人はこういう趣味を持っていそうだ、という推論があらかじめなければ、意外な趣味を持っているなどと判断することはできないのである。すなわち私たちは、特定の人びとが特定の趣味を持っているという実感を多かれ少なかれ持っている。小説にかんして言えば、ライトノベルを読んでいそうな人もいれば、読んでいることが意

外な人もいる。古典小説を読んでいそうな人もいれば、読んでいることが意外な人もいる。だからこそ、その実感やイメージに反した時に、「意外な」趣味を持っていると判断することができるのだ。

このように、ある趣味が特定の属性や意識を持つ人びとに好まれるというのは、私たちの実感に照らし合わせてみても、いかにもありそうなことだ。しかし、実際に特定の趣味にそれを享受する特定の人びとが対応しているかどうかは、検証してみなくてはわからない。私たちがこれまでの人生経験のなかで築き上げてきたイメージは、もしかすると間違っているかもしれないし、場合によっては偏見に過ぎないかもしれない。

本章が明らかにしたいのは、まさにこのような特定の人びとと特定の趣味のあいだの実際の対応関係である。そのさいにはとくに、読者層と小説ジャンルの関係に着目する。現代の日本において、各小説ジャンルを読む若者とはそれぞれどのような人びとなのかについて、統計的手法を用いて明らかにすることを目指す。特定の小説ジャンルを読む人びとがそれぞれいかなる属性や意識を持っているのかに焦点を当て、その傾向を探ろうとする試みである。

2　小説ジャンルと読者層の対応関係

実際のところそれぞれのジャンルの小説は、どのような人びとに読まれているのだろうか。このような問題関心を持つ研究は、一方では社会学的な視点を持った文学研究の領域において、他方では文学に焦点を当てた社会学研究の領域においてなされてきた。これらの研究について紹介することによって、本章がどのようなことを問い、明らかにしようとしているのかについて論じておきたい。

作品の内容だけではなく、読者や読書のあり方に特別の注意をはらってきた文学研究者として有名な前田愛（1973→2001a）は、「音読から黙読へ」という近代日本における読書の変化を描き出している。そこでは、他人を交えず一人で黙読するという、現在では電車や喫茶店などで

第4章　ライトノベル、ケータイ小説、古典小説を読む若者たち

ふつうに見られるような私たちにとってなじみ深い小説読者のすがたが、実は明治維新以降の四半世紀に一般化したと論じられている。そして、それ以前には多人数で音読するという小説読者のすがたがあったことが明らかにされるのである。

前田の議論のなかで本章にとってとくに重要なのは、特定の小説ジャンルと特定の読者層の対応関係についての論述である。前田は明治の初期の音読文化において、特定の小説ジャンルと特定の小説読者層のあいだに明確な関係があったと指摘する。具体的に言えば、一方で草双紙のような娯楽本や人情本は、十分な教育を受けられない婦女子たちに読まれ、他方で政治小説は、漢籍の素養を身に付けた青年たちに読まれるといった関係である。すなわち、特定の小説ジャンルには、男性／女性というジェンダーにかんする特定のカテゴリーに属する読者層や、読むためのリテラシーの高低のような特定の能力を持つ読者層が存在することが述べられているのである。

小説ジャンルと特定の読者層の関係という問題は、文学研究だけでなく社会学の領域においても注目されてきた。この本全体において重要な社会学者として取り上げられているピエール・ブルデューは、人びとの社会的階層と享受する文化の種類・ジャンルとのあいだの関係性を解明し、文化と階層の関係についての社会学を先導した。ブルデューは、19世紀後半のフランスにおける小説と読者の関係について、以下のように述べている。

> 分野同士のヒエラルキー———のちに心理小説となる社交界小説、自然主義小説、風俗小説、地方小説、大衆小説———が、それぞれの対象とする読者層の社会的ヒエラルキーと極めて緊密に対応している［。］
> （Bourdieu 1992=1995: 188）

たとえば学歴も高く、良い職業に就き、裕福な生活をしているような高階層の人びとが読む小説ジャンルと、そうではない階層の人びとが読

む小説ジャンルが異なっている傾向がある。ブルデューが着目したのはこのような事態であった。とはいえ付けくわえておかなくてはならないのは、本書所収の岡澤・團による論考においても指摘されていたように、このような「好み」という意味でのテイストが、序列化され人びとを優劣関係へと巻き込むような「価値判断」という意味でのテイストとなっているとは限らないということだ。しかし、いずれにしても、ブルデューにおいてもまた、それぞれの小説ジャンルに対して、特定の読者層が対応して存在することが指摘されているのである。

このように、ある特定の小説ジャンルとある特定の読者層の結びつきは、文学と社会学双方の立場から取り上げられてきた。その流れを汲む本章は、小説ジャンルと小説読者層の対応関係に着目しながら小説読者のあり方を解明するという先行研究が行ってきた課題にかんして、現代日本の若者に焦点を絞って取り組んでいく。

そして「小説ジャンルと読者層の関係」を「現代日本の若者」に焦点を絞って研究することは、現代日本の若者をとりまく小説文化のあり方に鑑みると、興味深い課題であると考えられる。というのも、純文学と大衆小説のように古くから議論の的になってきた小説ジャンルだけでなく、ライトノベルやケータイ小説といった新たな小説ジャンルが登場し、若者のあいだで読まれるようになっているからである（遠藤 2010; 速水 2008）。前田やブルデューが研究対象としていた時代や地域には存在しなかった小説ジャンルが登場し、若者に読まれるようになった状況において、現代日本の若者文化における小説ジャンルと読者層の関係はいかなるものになっているのだろうか。新たに登場した小説ジャンルを読む人びとは、一体どのような人びとなのだろうか、という問題が浮かび上がってくるのである。以上に鑑みると、小説ジャンルと読者層の関係を問うことは、現代日本の若者文化のあり方の一端を明らかにするにあたって有益な着目点であると考えられる。

そこで本章は、ライトノベル・ケータイ小説・古典小説という3つの小説ジャンルをとりあげ、それぞれの小説ジャンルを享受する若者の

読者層がいかなるものであるのかを明らかにする(1)。とはいえ、一口に読者層を明らかにすると言っても、読者のいかなるカテゴリーや属性に着目するかについて、あらかじめ限定しておくことが必要になる。続いては、それぞれの小説ジャンル読者にかんする先行研究を検討し、分析の着目点を定める。

3 ジェンダー、オタク／サブカル自認という分析の着目点

本節では、ライトノベル・ケータイ小説・古典小説という3つの小説ジャンルの読者層がいかなるものであるかを明らかにするための着目点にかんして論じる。あらかじめ述べておくならば、本章は各小説ジャンル読者のあり方を、ジェンダー、自己認識(「オタク」や「サブカル」)に着目して解明する。では、なぜこれらのカテゴリーに着目するのだろうか。それは、これらのカテゴリーが小説の読者や若者文化にかんして解明しようとする際に、避けては通れないものであるからだ。

まずジェンダーについてだが、先述したように、前田(1973→2001a)による小説読者研究は、明治初期の読者を解明するにあたって、娯楽本は女性、政治小説は男性といったように、小説ジャンルとジェンダーの間に密接な関係があると述べていた。小説ジャンルと読者層の関係を問うというプロジェクトにとって、当初からジェンダーは重要な位置づけを与えられていたのである。

そして、現代においても、小説ジャンルとジェンダーの関係は注目に値する。ライトノベルやケータイ小説にかんしても、ジェンダーに着目してその読者を特徴づける議論は多く見られる。たとえば本田(2008: 232)は、ライトノベル読者は少年であり、ケータイ小説読者は少女であるというジェンダーによる明確な二分図式を採用している。また遠藤(2010: 223)も、ライトノベルの主要な読者層が10代から20代の若年男性であるという見方を提示している。さらに速水(2008, 2012)や團(2013a)は、ケータイ小説読者であることと女性であることの強い結び

つきを指摘している。これらの研究は、ライトノベルは男性が読み、ケータイ小説は女性が読むという小説ジャンルと読者のジェンダーの関係性について述べている点において、本章と近しい問題関心を持っている。とはいえ、そのなかには定量的な調査を踏まえた研究は見当たらず、本章はその欠落を埋めることができるだろう。

以上より、本章の分析における第1の着目点は、小説ジャンルと読者のジェンダーの関係である。とくに、先行研究で述べられていた、男性が主たるライトノベル読者であり、女性が主たるケータイ小説読者であるという見立てが、定量的分析によって支持されるかどうかを明らかにする。

続いて、読者が自らをいかなる種類の人物として認識しているかという点、とくにオタク自認とサブカル自認に着目する方針について述べていく。私たちはある人物をさまざまなカテゴリーを用いて把握することが可能である。ジェンダーによって人びとをカテゴリー化することも可能であるし、あるいは職業によるカテゴリー化なども可能だ。そして人びとは、ジェンダーや職業だけでなく、趣味嗜好に準拠したカテゴリーにおいても、自らがどのような人物であるかを把握している。たとえばオタクやサブカル（系）といった概念は、まさに趣味嗜好と関連して自らを把握するための概念として用いられているということができる。趣味嗜好と関連する概念によって自らをいかなる存在として把握するかということと、いかなる小説ジャンルを読むかということは、どのような関係にあるのか。

先行研究も、同様の問題にかんして取り組んでいた。たとえば山中（2009）は、2000年代からのライトノベルブームと、オタク文化への社会的注目の高まりの関連に着目したうえで、ライトノベルの読者が男性かつオタクであるという認識が存在しているという見立てを提示している。ライトノベルはそのアニメ絵的な表紙のデザインなどから「オタク」と結びつけられて考えられることも未だに多いように思われる。しかし、今日においても、ライトノベル読者が自らをオタクとして認識し

第4章　ライトノベル、ケータイ小説、古典小説を読む若者たち

ているかどうかには検討の余地がある。また、オタク自認とライトノベル読書の関係が、男女それぞれにおいてどのようなものになっているかも興味深いだろう。

　また、自らを何者として認識するかということと、特定小説ジャンルの読者であることとの関係を考えるにあたって、より分かりづらいのは、古典小説である。古典小説はハイカルチャー、高級な文化であるという見方もできそうだが、先行研究は日本においてそのような見方をとることは必ずしも妥当でないことを指摘している。紅野（2003）は、日本において文学に親しむことは、その人が高い階級に属することを示す指標では必ずしもなかったし、近代においては学校からの逸脱を試みる少年少女たちに文学が好まれていたと述べている。ここからは、いわゆる純文学に含まれるような古典小説が、ハイカルチャーというよりもサブカルチャーとして受け入れられているのではないかという見立てを持つことができる。すなわち、サブカル系自認を持つ若者はそうでない若者とくらべて古典小説を読むという仮説を立てることができるのである。

　以上より本章の分析における第2の着目点は、小説ジャンルと読者の自己認識の関係である。オタクやサブカルといった趣味嗜好に関連する概念による自身の把握と各小説ジャンルの読書の関係を明らかにしたい。とくに、先行研究の検討から着目点として導き出された、ライトノベル読者のオタク自認、古典小説読者のサブカル系自認という傾向が、統計的分析によって支持されるかどうかが焦点となる。[2]

　なお、本章では、小説読書とオタクやサブカルという自己認識との関係について、小説読書とジェンダーとの関係とは異なり、必ずしも一方向の因果関係を想定しない。オタク自認を持つがゆえにライトノベルを読むようになるという方向性もあれば、ライトノベルを読むがゆえにオタク自認を持つようになるという方向性もありうる。この点は、ジェンダーについてはライトノベルを読むがゆえに男性になる、という方向性の因果関係が想定できないこととは大きく異なっている。

　また、本章が、前田が着目していたリテラシー、ブルデューが着目し

165

ていた階級といった要素に着目しない理由についても述べておく。本章が依拠した練馬調査は、本書「はじめに」の末尾に記されているとおり、当時 19-22 歳という「若者」に行った質問紙調査であり、リテラシーの指標となりうる学歴や階級の指標となりうる職業にかんする変数を有効に使うことが難しい。「現在のお仕事は何ですか」という質問に対する有効回答の 78.5%（N=632）が「学生」であり、最終学歴あるいは在学中の学校についての質問に対する有効回答の 84.7%（N=541）が「大学」であった。このような若者への調査データを用いることに鑑み、本章では階級やリテラシーにかんする変数を取り扱っていない。

4　若者はどのような小説をどの程度読んでいるか

ここからは、具体的な分析を行う。

まずは、若者のあいだで小説がどの程度読まれているかについて、基礎的な情報を提供する。小説ジャンルを特定せず、小説をどのくらいの頻度で読んでいるかについての質問への回答を男女別に並べたクロス表を帯グラフ化すると、次の【図 4-1】のようになった。なお、以下すべての図を作成するにあたって、用いた質問項目に対する無効回答があるケースは除外している。

【図 4-1】より、約半数の男性が小説を「よく読む」「ときどき読む」と答えており、「よく読む」「ときどき読む」と答えた女性の割合は 60% に迫っている。このことから、小説読書という文化活動が一定程度若者に親しまれているものであるとうかがえる。とはいえ「まったく読まない」と答えた若者も男性で 20% 以上、女性で 15% 以上おり、すべての若者が小説読書を行っているわけでもない。

また、χ^2 検定を行った結果、統計的に有意に、男性の方が女性よりも「まったく読まない」若者が多いことがわかった。なお、無作為抽出によって得られた標本データに基づく結論が、母集団全体（本調査で言えば練馬区に住む 19-22 歳の男女）にも当てはまるかどうかを統計的な検定

図4-1 小説(すべてのジャンルを含む)読書頻度［男女別］

X^2値 (df=4,N=631)=9.841　p<.05

図4-2 各小説ジャンル読書頻度

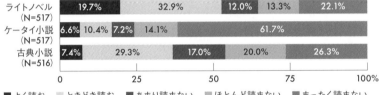

によってテストしたうえで、当てはまると判断できた場合には「統計的に有意」ということができる。

続いて、上記質問に対して小説を「まったく読まない」と答えた人以外に対して、「ライトノベル」「ケータイ小説」「古典小説(夏目漱石やドストエフスキーなど)」という各小説ジャンルの読書頻度について尋ねた回答を【図4-2】にまとめた。

【図4-2】より、ライトノベルを読む人(「まったく読まない」以外の回答者)が、若者の小説読者のなかの80%弱存在することがわかる。これは、古典小説にかんしても同様である。それに対してケータイ小説を「まったく読まない」と答えた人は小説読者のなかでも60%以上存在する。小説を読む若者たちにとって、ライトノベルや古典小説は浸透している。それに対してケータイ小説は、それほど浸透していないか、調査以前には浸透していたが調査当時の2010年にはすでにブームが去り、若者の文化としてのピークを過ぎていた可能性がある。またライトノベ

ルにかんしては「よく読む」と答えた人が小説読者のなかの20%ほど存在し、他2つの小説ジャンルに比べ、熱心な若者読者を得ている。全体的な傾向としては、若者の小説読者の多くがライトノベルや古典小説を読んでいるのに対して、ケータイ小説は一部の小説読者によって読まれていると言える。

以降では、既に示したジェンダーと自己認識（オタク自認、サブカル自認）という2つの着目点に従って、各小説ジャンルの読者層について明らかにしていく。

5　女性の文化としてのケータイ小説、男女に浸透した文化としてのライトノベル

まずは、前述した読書頻度にかんする質問への回答を用いて、ジェンダーと各小説ジャンル読書の関係について論じる。男女によって各ジャンルの小説読者層が異なっているかどうかを検証する方法は、t検定やマン・ホイットニーのU検定など複数考えられるが、ここでは次のような方法をとる。すなわち「よく読む」「ときどき読む」「あまり読まない」「ほとんど読まない」を「読む」、「まったく読まない」を「読まない」と名義尺度化したうえで、ジェンダー（「男性」「女性」）と各小説ジャンル読書の有無（「読む」「読まない」）のあいだに関連性があるかどうかをχ^2検定によって検証する。

この方法を選択する理由は次の通りである。まず、5段階の読書頻度変数ではなく「読む」「読まない」という読書の有無だけに焦点を当てた2値の変数を用いることが、「読者層」を明らかにするという目標に適合的であると考えられる。また、t検定は読書頻度回答を順序変数ではなく間隔変数として捉える点にやや難がある。さらに、この方法は、マン・ホイットニーのU検定とくらべて、分析結果が図示しやすく直観的に理解しやすいと考えられる。

【図4-3】はジェンダーとケータイ小説読書の有無とのクロス表を帯グ

図4-3　ジェンダー×ケータイ小説読書

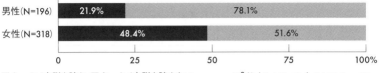

図4-4　ジェンダー×古典小説読書

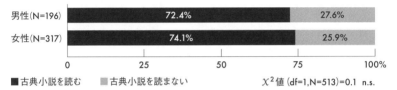

図4-5　ジェンダー×ライトノベル読書

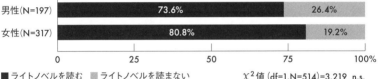

ラフにしたものだ。

【図4-3】とχ^2検定からわかるのは、ジェンダーとケータイ小説読書の有無のあいだに、統計的に有意な関連性があるということだ。女性のなかではケータイ小説を読む人、読まない人の割合の比がおおよそ1：1であるのに対して、男性のなかではその割合の比は1：4となっているという違いがある。したがって、先行研究で示唆されていたような、男性よりも女性の方がケータイ小説を読むという傾向が、定量的な調査によっても支持されたということができる。ここからは、ケータイ小説が女性によって享受される傾向を持つ文化であることがわかる。

【図4-4】はジェンダーと古典小説読書の有無とのクロス表を帯グラフにしたものだ。

【図4-4】とχ^2検定からわかるのは、ジェンダーと古典小説読書の有無のあいだには、統計的に有意な関連性があるとは言えないことだ。女性にせよ男性にせよ、古典小説を読む人と読まない人の割合の比はおおよそ3:1である。若者の小説読者にかんして言えば、古典小説はジェンダーにかかわらず一定程度読まれているということができるだろう。

【図4-5】はジェンダーとライトノベル読書の有無とのクロス表を帯グラフにしたものだ。

【図4-5】とχ^2検定からわかるのは、ライトノベル読書の有無とジェンダーのあいだに有意な関連性がないことだ。そして「男性の方が女性とくらべてライトノベルを読むが、統計的に有意な差はない」わけではないことにも注意が必要である。このことは、先行研究が論じていたような「ライトノベル読者は主に男性である」という見方とは食い違っている。先行研究において、いわば印象として示されていたジェンダーとライトノベル読書の関係についての議論に、疑問符がついたと言える。ライトノベルはもはや男性が中心となって享受する文化ではなく、男女を問わず、それも多くの若者によって親しまれる文化としての地位を得ていると考えられるのである。

以上より明らかになるのは、ケータイ小説が女性の文化である一方で、ライトノベルは今や男女に浸透した文化となっているということだ。

6 「オタク」カテゴリーの自己適用の容易さ・「サブカル」カテゴリーの自己適用の困難さ

ここからは、オタクやサブカルといった自己認識と各小説ジャンル読書の関係に焦点を当てる。質問紙調査では「次にあげることがらは、あなたの場合はそれぞれどの程度あてはまりますか」のなかの「自分はオタクである」「自分はサブカル系である」にかんして、「そう思う」「や

図4-6 オタク自認とサブカル自認

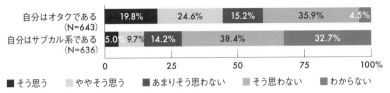

やそう思う」「あまりそう思わない」「そう思わない」「わからない」の5つの選択肢のいずれかで答えてもらった。それぞれの質問に対する回答を帯グラフにしたものが、【図4-6】である。

オタク自認にかんして、「そう思う」「ややそう思う」と答えた人を合わせると40％を超えており、オタクというカテゴリーは、もはや一部の若者だけが自己適用しているものではない。オタクカテゴリーは、多くの若者が自らに容易に適用できるような、いわばカジュアルなカテゴリーになっていることが示唆される。また「わからない」という回答が5％に満たないことも注目される。これは後述するように、サブカル系かどうかが「わからない」という回答が30％を超えていたこととはきわめて対照的である。自らにオタクカテゴリーを適用できるかどうかもまた、比較的容易に判断できるのである。

続いて、サブカル自認について見ていきたい。サブカル自認にかんしては、「そう思う」「ややそう思う」という回答は合わせても15％に満たない。さらに興味深いのは、「わからない」という回答が30％を超えていることである。ここからは、2つの可能性が考えられる。第1に、そもそもサブカル（系）という語自体が調査当時の若者にそれほど知られていなかった可能性であり、第2に、知っていたとしてもサブカル（系）というカテゴリーに自らが当てはまっているかどうかを判断するのが難しい可能性である。とくに後者の可能性については、実際のところ日本において何がサブカルチャーであるかは難しい問題であるように思われるため、何らかの趣味嗜好に基づいて自らがサブカル系であるか

否かを判断することもまた難しいのかもしれない。

　以上から推察されるのは、オタクカテゴリーの自己適用の容易さとサブカルカテゴリーの自己適用の困難さである。一部の若者だけではなく多くの若者が自らにオタクカテゴリーを適用できるという意味で、また自らにオタクカテゴリーを適用できるか否かが判断しやすいという意味で、オタクカテゴリーの自己適用には容易さがある。それに対してサブカルカテゴリーは、サブカルという語自体が知られていなかったり、知っていても自らがサブカル（系）であるか否かを判断することが難しかったりという意味で、自己適用の困難さがある。

7　オタク自認とライトノベル読書

　では、オタクやサブカルといったカテゴリーを自己適用するかどうかということと、ライトノベルや古典小説など特定の小説ジャンルを読むかどうかということは、どのように関係しているのだろうか。

　そこで、ジェンダーと小説ジャンル読書の関連性を見たときと同様に、自己認識と小説ジャンル読書の関連性の有無を見て取りやすくするために、まず自己認識にかんする質問項目にかんして「そう思う」「ややそう思う」を「自認あり」、「あまりそう思わない」「そう思わない」を「自認なし」とする二値のオタク自認変数とサブカル自認変数を作成する。そのさい「わからない」という回答は欠損値として除外する。そのうえで、オタク自認の有無とライトノベル読書の有無、サブカル自認の有無と古典小説読書の有無のあいだに関連性があるかどうかを、χ^2検定によって検証する。

　まずは、オタク自認とライトノベル読書の関係について検討する。先行研究では、男性にかんして、オタク自認とライトノベル読書に関連性があると指摘されていた（山中 2009）。この点を踏まえ、男女それぞれにおいて両者の関係がどのようなものになっているのかを見ていきたい。【図4-7】は女性におけるオタク自認の有無とライトノベル読書の有無

図4-7　オタク自認×ライトノベル読書 [女性]

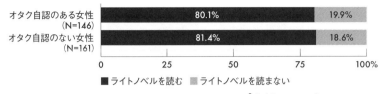

χ^2値 (df=1,N=307)=0.016　n.s.

図4-8　オタク自認×ライトノベル読書 [男性]

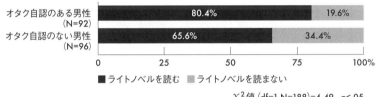

χ^2値 (df=1,N=188)=4.49　p<.05

とのクロス表を帯グラフにしたものだ。

【図4-7】とχ^2検定からわかるのは、女性にかんしては、ライトノベル読書の有無とオタク自認の有無のあいだには有意な関連性が見られないことだ。ライトノベルを読む人と読まない人の割合の比は、オタク自認の有無にかかわらず、おおよそ4：1程度となっている。女性においては、オタク自認がある人はない人とくらべてライトノベルを読むといった傾向はみられないのである。

【図4-8】は、男性におけるオタク自認の有無とライトノベル読書の有無とのクロス表を帯グラフにしたものだ。

【図4-8】とχ^2検定からわかるのは、男性にかんしては、ライトノベル読書の有無とオタク自認の有無のあいだには、統計的に有意な関連性があることだ。オタク自認のない男性におけるライトノベル読者の割合とくらべて、オタク自認のある男性におけるライトノベル読者の割合が高いという傾向が見られるのである。以上より、先行研究においても示

されていた、男性にかんしてはオタク自認を持つ人がライトノベルを読む傾向にある、という見方が支持されたということができる。

ただし、多くの女性がライトノベル読者であり、オタク自認のない若年男性の小説読者の65%がライトノベル読者であることには、改めて注目しておきたい。ここからも、ライトノベルという文化が若者に広く浸透していることがうかがい知れる。[(3)]

8 サブカルチャーとしての古典小説

続いて見ていきたいのは、サブカル自認と古典小説読書の関係である。古典小説というハイカルチャーとされうるものが実はサブカルチャー的なものとして扱われているのではないかという見立てを前提として、サブカル自認のある若者のほうがそうでない若者とくらべて古典小説を読む傾向にあるか否かを検討する。ここでは、男女を分けずに両者の関連性をみるべく χ^2 検定を行う。

【図4-9】はサブカル自認×古典小説読書の有無のクロス表を帯グラフ化したものだ。

【図4-9】と χ^2 検定からわかるのは、サブカル自認の有無と古典小説読書の有無のあいだに統計的に有意な関連性があることだ。サブカル自認のある人の方が、ない人とくらべて古典小説を読む割合が多いという傾向がある。

このようなサブカル自認を持つ若者の古典小説読書傾向は、少なくとも現代日本の若者にかんして、古典小説がハイカルチャーや高級文化としてではなく、むしろサブカルチャーとして位置付けられ消費されていることを示唆している。サブカルという概念が一見するとハイカルチャーと思われるような文化と関連付けられていると考えられるのである。このような事態を踏まえると、若者が想定するサブカル概念のあり方自体も興味深いものである。そこで、サブカル概念にかんしてさらに考えるための示唆を得るべく、サブカル自認の有無と他の小説ジャンル読書

図4-9　サブカル自認×古典小説読書

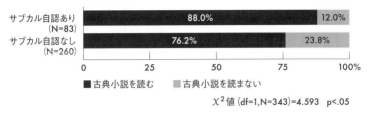

X^2値 (df=1, N=343)=4.593　p<.05

の有無の関係を簡単にみていきたい。

　まず、サブカル自認の有無とライトノベル読書の有無のあいだには、有意な関連性は見られなかった。このことは、サブカル系自認を持つ若者たちから、ライトノベルがとくに忌避されているわけではないことを示している。たとえば「ライトノベルはオタクが読むものであり、サブカルチャーではない」のような、サブカル系自認を持つ若者たちのライトノベルへの拒絶は、ここでは見られない。ライトノベル読書とサブカルチャーの対立図式は、少なくとも今回の調査と分析からは見出すことができない。

　それに対して、サブカル自認の有無とケータイ小説読書の有無のあいだには、有意な関連性が見られた。サブカル自認を持っている若者は持っていない若者にくらべて、ケータイ小説を読まない傾向があったのである。このことは、ケータイ小説はサブカルチャー概念を適用できないものとしてみなされていることを示唆している。【図4-2】の各小説ジャンル読書頻度のグラフで確認したように、ケータイ小説の方がライトノベルや古典小説よりも読者数は少ない。しかし、だからといってケータイ小説が「サブカル」とされているわけではないと考えられる。

　やはりサブカル概念は、単にその文化の消費者の多寡を考慮したうえで適用されるのではなく、その文化の持つ意味によって適用されるものであるだろう。だからこそ、読者数や文化の浸透度とは必ずしも対応しない形で、サブカル概念がそれぞれの小説ジャンルの読書の有無と関連

を持っていると考えられる。この議論を出発点として、現代日本におけるサブカル概念について改めて考察する研究もまた可能だろう。

9　おわりに

　ある小説ジャンルには、特定の属性や認識を持つ読者層がいる。このような小説ジャンルと読者層の対応関係にかんする発想は、私たちにとってありふれたものであるし、文学や社会学の研究領域においても注目がなされてきていた。本章は、このような小説ジャンルと特定の読者層との関係の実態を、現代日本の若者に焦点を絞って解明すべく、統計的なアプローチを用いた。そのさいには、読者の属性や意識として、ジェンダーやオタク・サブカル自認に着目した。得られた知見は、以下のとおりである。

　まずジェンダーにかんしては、ケータイ小説読書の有無とジェンダーには関連性があり、男性よりも女性の方がケータイ小説を読む傾向にあった。それに対して、ライトノベル読書の有無とジェンダーのあいだに統計的に有意な関連性はなく、先行研究が論じていたようなライトノベル読者は主に男性であるという見方に疑問符が付いた。すなわち、ケータイ小説は女性の文化である一方で、ライトノベルは男女に浸透した文化になっているのである。

　また、オタク・サブカル自認にかんしては、次のことが明らかになった。まず、ライトノベル読書の有無と男性のオタク自認の有無のあいだには関連性があった。すなわち、オタク自認のない男性におけるライトノベル読者の割合とくらべて、オタク自認のある男性におけるライトノベル読者の割合が高いという傾向が見られた。とはいえ、オタク自認のあるなしに関わらず多くの若者がライトノベルを読んでいる点において、ライトノベルが文化として若者に普及していることは疑い難い。

　さらに、古典小説読書の有無とサブカル自認のあいだにも関連性があった。すなわち、サブカル自認のない若者よりも、サブカル自認のある

若者の方が古典小説を読む人の割合が高い傾向が見られたのである。このことは、古典小説というハイカルチャーと思われるようなものが、現代日本の若者たちにおいては、むしろサブカルチャーとして扱われていることを示唆している。くわえて、サブカル自認を持っている若者は持っていない若者にくらべて、ケータイ小説を読まない傾向がみられた。古典小説とは異なり、ケータイ小説はその読者数の少なさなどからはメインカルチャーとは言い難いが、サブカルチャーとして扱われてはいない。やはりサブカルチャー概念は、単にその浸透度などではなく、作品の性質等から適用される概念として若者たちに受け入れられているように思われる。

このようにして本章は、ライトノベル・ケータイ小説・古典小説といった特定の小説ジャンルを読むことと、ジェンダー、オタク・サブカル自認とがいかにして関係しているのかを計量的に分析することによって、現代日本における若者の小説読者のあり方を、そのほんの一端ではあるにせよ、解明したのである。

また本章は、翻ってケータイ小説やライトノベル、サブカルやオタクといった語や概念のあり方自体についての研究・考察の重要性を示唆している。とくにオタクカテゴリーの自己適用の容易さや、サブカルカテゴリーの自己適用の困難さにかんする本章の議論は、これらのカテゴリー・概念についての探求の興味深さを示している。実際にこれらの概念について統計的な手法とは異なる仕方で研究していくやり方としては、本書収録の團康晃「「おたく」の概念分析」が参考になるだろう。

注
（1）「小説ジャンル」というと「ミステリー」や「SF」といった内容上の特徴から分類されるカテゴリーの集合を想定することが多いと考えられる。しかし本章では、ライトノベル、ケータイ小説、古典小説といった、内容上の特徴と関連しながらもより包括的なカテゴリーの集合を指すものとして「小説ジャンル」という語を使用する。
（2）本章とは異なるやり方として、研究者がオタクやサブカルといったカテゴリーを独自に構成し、それによって人びとを分類することもできる。しかし、どのような基準によってある人をオタ

クやサブカル系としてカテゴリー化するかという問題はきわめて難しい。そこで本研究は、人びと自身が自らを何者として捉えているかに着目している。
(3) なお、本節の分析結果は、オタク自認の有無とライトノベル読書の関連性について、男女のあいだで統計的に有意な差があることを示すものではない。あくまでも、男女を分けてオタク自認とライトノベル読書の関連性を検討した結果、男性では両者に統計的に有意な関連性があり、女性では統計的に有意な関連性がないことまでを示したのである。
(4) サブカル自認なしの若者のなかで、ライトノベルを読まない人は 24.5%、読む人は 75.5% であるのに対して、サブカル自認ありの若者のなかで、ライトノベルを読まない人は 19.3%、読む人は 80.7% であった（χ^2 値（df=1, N=344）=0.699 n.s.）。
(5) サブカル自認なしの若者のなかで、ケータイ小説を読まない人は 58.2%、読む人は 41.8% であるのに対して、サブカル自認ありの若者のなかで、ケータイ小説を読まない人は 74.4%、読む人は 25.6% であった（χ^2 値（df=1, N=343）=6.248 p＜.05）。

第5章 マンガ読書経験とジェンダー
二つの調査の分析から

團康晃

1　マンガのある風景から

　ふと考えてみると、日常のいたる所にマンガはある。書店はもちろん、コンビニ、駅の売店、さまざまな場面でマンガは売られ、さまざまな場所で読まれている。そのメディア形式は雑誌や単行本、近年ではスマートフォンやタブレット端末でも読まれている。マンガが現代社会における重要な文化の一つであることはほとんど疑いのない事実だろう。

　このような日常的なマンガのある風景について、井上（1993）は次のような気づきを示している。

　電車やバスのなかでマンガ雑誌を読む人の姿を見ることは、さほど珍しくない。しかし、それは男性に限ったことであって、女性がマンガ雑誌に没入している姿を見かけることはそれほどないといってよいだろう（単行本のマンガを読んでいるのはときどき見かけるが）。（井上 1993: 102）

　井上が思い浮かべているマンガ読書の風景は 90 年代初頭のものであり、現在ではその風景は多少なりと変わっているだろう。ここで重要な点はこのような日常的な場面でのマンガ読書経験の観察において、井上がマンガ読者としての「男性」と「女性」という区別、そしてマンガ読書を行う際のメディアとしての「雑誌」と「単行本」という区別に着目していることだ。マンガは、社会的属性であるジェンダーと深く関わりながら、雑誌や単行本といったメディア展開とも不可分なかたちでその歴史をつみ重ねてきた（北田 1999、中野 2004）。

井上はこの観察での気づきをもとに質問紙調査を実施し、女性は月刊マンガ雑誌を他人の目のないところで読むことが多く、一方で男性は週刊マンガをバスや電車といった他人の目があるところで読むといった読み方の形式的な特徴を指摘し、いくつかの解釈を行っていた。これはマンガを読むこと、つまりマンガ読書経験をめぐるジェンダーやメディアなどのさまざまな構造を描き出す試みであり、井上の指摘を受け歴史的な展開を追った北田（1999）の語にならえば、「マンガ読書空間」の在り様を描く仕事であった。

　本論は、この井上の示唆したマンガ読者の「ジェンダー」と読む際の「メディア」、マンガを読むことの意味づけの関連に注目する。そして、現代の若者にとってマンガを読むこと、マンガ読書経験はいかなるものなのか、その意味づけのあり方を明らかにすることを目指す。

　この課題に取り組むため、本論はまず、この問い自体の重要性を先行研究の整理のもとに提示する（2）。次にマンガ雑誌読書のジェンダー差について、雑誌『学校図書館』の学校読書調査の結果を解釈し、男性／女性の成長過程でのマンガ雑誌購読遍歴を仮説的に示す（4）。そして、練馬調査の分析をもとに、本論の問いである、マンガ読書経験のジェンダー差を、その読書活動の基盤であるメディアと読書頻度・量に着目して分析する（5）。くわえて、マンガ読書量とマンガをめぐるコミュニケーションとの関係について考察する（6）。以上の分析を通じて、具体的には成長過程におけるマンガ読書経験の男女差、マンガ読書の頻度、メディア別のマンガ読書の在り様、具体的な読書量の男女差を確認する。そして、人びとにとって個人的な経験であるマンガ雑誌を読むこと／マンガ単行本を読むことが、ジェンダーによって異なるかたちで意味づけられていること、男性にとってマンガ読書がある種のメインカルチャーとなっているのに対し、女性にとっては希少な活動であるために同性間で有徴化される文化実践であることを示す。さらに、このようなマンガ読書経験が、マンガを介した友人形成やマンガ趣味活動といったマンガをめぐる共同の活動に対し、ジェンダーによって異なるかたちで資源と

なっていることを示す (7)。

2 マンガの研究における本論の立場

マンガを対象とした批評や研究は、多岐にわたっている（社会学領域における展開の整理として、池上 (2013)）。ここでは近年蓄積されているマンガの研究として、マンガ批評を中心に展開してきた「マンガ論」と呼ばれる領域と、マンガ読者を対象とするファン研究、オーディエンス研究と呼ばれる領域について確認する。

瓜生 (1998) が整理したマンガ論の展開によると、60 年代から 90 年代にかけて鶴見俊輔らの『思想の科学』グループ（鶴見 1999）、石子順造らの同人『漫画主義』、村上知彦の批評 (1979) などの蓄積があり、それらはマンガを論ずる際のさまざまなトピックを内包しながら展開されてきた。そして、2000 年代に入ると「表現論」と呼ばれる、マンガの読み方の基盤となる「コマ」や「吹き出し」といった表現技法やその歴史についての研究が蓄積されてきた（夏目 1995、伊藤 2005）。これらの展開において、「表現論」は先行する批評・研究を「社会反映論」として批判することで、マンガという表現方法の固有性をめぐる議論に重きを置いた記述を展開してきた。

これら、マンガ作品を対象とするマンガ論がある一方で、マンガの読者を対象とする研究は社会学の周辺で展開されてきたといえる。

たとえば、文化社会学、カルチュラル・スタディーズといった近接領域においてファン研究、オーディエンス研究がマンガ読者を研究対象としてきた。

たとえば、「コミックマーケット」という場とそこに集う「おたく」が注目され、「おたく」という二次創作のマンガの書き手や読み手といったオーディエンスが研究の対象となり（七邊 2005）、また「腐女子」というオーディエンスと「やおい」というマンガ作品および読解の方法が注目されてきた（金田 2007a）。これらの研究は、マンガ雑誌や単行本

の読者であるだけでなく、二次創作、同人活動を含めた多様で能動的なマンガに関わる活動を対象としていた。

しかし、マンガ読書経験は特定の特殊な「読者」に限られた経験ではない。

たとえば池上（2014）は、インタビューデータを示しながら、調査対象者が特定の「マンガ読者」としてナラティブを構成するのではなく、世代（「自分は〇〇世代なので〇〇を購読した」）や母親（「息子が読んでいるから」）といったいわば消極的な読者としてのアイデンティティのもとで語りを構成する事例が頻繁に見られたことを紹介している。このようにマンガを読む経験は二次創作をするものから習慣として雑誌をチェックするようなものまでさまざまにありうる。

本論はここで示してきたようなマンガ論やファン研究、オーディエンス研究を踏まえた上で、特徴的な読者のマンガ読書経験だけではなく、広く若者を対象にした二つの調査を分析することを通して、人びとにとってマンガを読むこと、マンガ読書経験とはいかなるものなのかを、その経験の物質的基盤としてのメディアとジャンルと読者を結ぶ社会的属性としてのジェンダーに着目しながら明らかにする。

このような本章のアプローチは第3章2節で整理した読者研究の流れに位置づけることができよう。読者研究が知識人だけでなく、大衆という読者に目をむけたように、本章は名づけられたオーディエンスだけでなく、広くマンガ読者に目をむけるのだ。

3　調査方法と調査対象者

以下では、先行研究を踏まえて、人びとにとってマンガ読書経験がいかなるものか、ジェンダーとメディア利用の側面からマンガ読書経験のあり方を明らかにしていく。

本論は、二つの質問紙調査の分析を行う。一つは毎日新聞社が全国学校図書館協議会の協力を得て、全国の小中高生を対象に毎年実施してい

る「学校読書調査」である。

　学校読書調査は、全国学校図書館協議会と毎日新聞社が共同で 1954 年から毎年実施している調査である。調査対象校は毎年細かな変化がある。例として 2000 年 6 月に実施された調査では、全国の小学校 44 校、中学校 37 校、高校 40 校の協力を得て、小学校（4・5・6 年生）4,184 名、中学生（1・2・3 年生）3,683 名、高校生（1・2・3 年生）4,107 名を対象に行われている。小・中学校については大都市・中都市・小都市・郡部に分けサンプル校を抽出、高校は全日制のみで学科別にサンプル校を抽出、調査方法は、小学校 45 分、中・高校は 50 分、教員が説明し教室で実施している。

　もう一つは、東京大学情報学環北田研究室で行った「若者文化とコミュニケーションについてのアンケート」調査（以下、「練馬調査」）である。練馬調査については、「はじめに」に詳述したとおりである。

　二つの調査は調査地区も異なり、また学校読書調査はあくまで報告書の整理を通した分析になるため、厳密には同じ対象を論じたことにはならないという限界はある。しかし次のような調査対象の設定の工夫をすることで特定の世代におけるマンガ読書経験に注目することができると考える。

　まず、練馬調査の調査対象は、高等学校を卒業してライフコースの多様化や文化消費の自由度が高まる時期でありつつも、都市部においては学生の比重が高く、当人の経済・就労状況が前面に出にくいため、若者文化の実態を把握するのに適していると考える。そして、この練馬調査の調査対象に合わせて、学校読書調査の分析対象は 2010 年の調査時点で 20 歳になる調査対象の小学校から高校までの成長段階において、いかなる雑誌を読んでいるかという点に焦点をあてる。

4　成長の中のマンガ雑誌読書経験――学校読書調査から

　現代の若者のマンガ読書経験を描き出すための導入として、マンガ

「雑誌」が特定の年齢とジェンダーにおいていかに読まれているのかという点からはじめる。ここでは、学校読書調査の分析を通して、特定世代の若者の「マンガ雑誌」読書のあり方を描き出す。

まず学校読書調査を練馬調査の分析と合わせて解釈を行うため、練馬調査の対象者となる2010年当時20歳になる世代を対象に、彼／彼女等が小学校4年から高校3年まで、各年どんな雑誌を読んでいると答えてきたのか、整理した。

検討する質問は、「あなたは、ふだんどんな雑誌を読んでいますか。雑誌の名まえを書いてください。放送テキストや週刊誌も書いてください」という質問である。つまり、この質問は「マンガ雑誌」に限らず、広く「雑誌」読書経験について問うている。

それをまとめたものが【表5-1】である。表の見方は、上半分が男性、下半分が女性、それぞれ2008年6月時点で高校3年生になる者が、小学校4年から高校3年までに読んできた雑誌を、多い順に雑誌名とその横にその回答の実数を記した。また、『学校図書館』誌面で紹介されている回答は上位17の雑誌だが、紙幅の都合上上位5雑誌を挙げている。

この表を見てみると、男女によって雑誌読書の経験が大きく異なることがわかる。

まず、男性の特徴として圧倒的に少年マンガ雑誌を読んでいることがわかる。小学校の時期にはゲームや玩具にかんする内容が多い『月刊コロコロコミック』『コミックボンボン』『Vジャンプ』が上位を占めているが、小学校6年、中学校に入ると『週刊少年ジャンプ』がもっとも読まれる雑誌となる。『月刊コロコロコミック』は中学校以降、実数が下がり、中学2年から高校3年まで上位3雑誌はすべて、『週刊少年ジャンプ』『週刊少年サンデー』『週刊少年マガジン』といった主要週刊少年マンガ雑誌が占めている。また、『週刊ファミ通』や『Vジャンプ』といったゲーム雑誌、『Street Jack』といったファッション雑誌もみられるが、上位の実数を見てみるとわかるように、男性の雑誌読書経験と加

齢の関係で際立っているのは、中学校時期以降の週刊少年マンガ雑誌を読んでいるという点である。

一方女性は男性とは異なる雑誌読書と成長との関係を持っている。まず小学校時期には『りぼん』『ちゃお』『なかよし』といった少女マンガ雑誌を読む者が圧倒的に多く、中学時期になると『ピチレモン』や『ラブベリー』といった小中学生向けのファッション雑誌や『Myojo』などのジャニーズを中心とした芸能雑誌が上位を占める。そして、高校になると、『non・no』や『Pop Teen』『SEVENTEEN』といった女子中高生向けのファッション雑誌が上位を占める。このようなファッション雑誌のなかにはマンガを掲載している雑誌もあり、マンガをマンガ雑誌ではなくファッション雑誌において読んでいるという可能性はあるが、「少女マンガ雑誌」と分類可能な雑誌が上位に入ることはない。つまり、少女マンガ雑誌は小学校では特定のマンガ雑誌、少女マンガ雑誌が雑誌読書において高いシェアを占めているが、中学校以降になると雑誌読書の上位に入ることがない。高校生向けの少女マンガ雑誌もあるが、ファッション雑誌が相対的に読まれているということになるだろう。

くわえて注目したいのは、女性の学年の変化と共に変化する購読雑誌のなかに週刊少年マンガ雑誌があるという点である。【表5-1】で男性の雑誌読書経験を見た時、小学校から高校まで通して、少女マンガ雑誌が読まれているということはない。しかしながら、女性の場合、小学校時期に『月刊コロコロコミック』が、そして中学校時期以降は『週刊少年ジャンプ』が雑誌読書として挙げられている。とくに『週刊少年ジャンプ』は中学2－3年時期においては、少女マンガ雑誌が上位に見られない一方で多く読まれており、2位となっている。1位の『SEVENTEEN』とは大きな隔たりがあるが、高校においても3位や4位にあることを考えると、少女漫画雑誌以上に、週刊少年マンガ雑誌が一定数読まれているといえる。

このデータについてこの情報だけで説明を行うことは難しい。ありうる可能性として、一つには週刊少年マンガが性別を超えて消費されるメ

表5-1 『学校図書館』に見る年齢及びジェンダーと雑誌読書経験のあり方

	学年	雑誌1位	度数	雑誌2位	度数	雑誌3位	度数
男性	高3	週ジャン	150	週マガ	62	週サン	46
	高2	週ジャン	234	週マガ	96	週サン	73
	高1	週ジャン	147	週マガ	49	週サン	39
	中3	週ジャン	270	週サン	65	週マガ	59
	中2	週ジャン	279	週サン	94	週マガ	60
	中1	週ジャン	323	コロコロ	69	週サン	50
	小6	週ジャン	247	コロコロ	164	Vジャン	69
	小5	コロコロ	246	週ジャン	236	Vジャン	110
	小4	コロコロ	360	週ジャン	199	ボンボン	43
女性	高3	non・no	108	Pop Teen	100	週ジャン	55
	高2	non・no	98	SEVENTEEN	81	Pop Teen	80
	高1	SEVENTEEN	195	Pop Teen	87	non・no	74
	中3	SEVENTEEN	179	週ジャン	65	Myojo	52
	中2	SEVENTEEN	171	週ジャン	74	Myojo	65
	中1	ピチレモン	177	りぼん	134	ラブベリー	111
	小6	ちゃお	165	りぼん	142	なかよし	93
	小5	ちゃお	234	りぼん	223	なかよし	123
	小4	りぼん	249	ちゃお	224	なかよし	139

略称一覧：週ジャン＝週刊少年ジャンプ、週マガ＝週刊少年マガジン、週サン＝週刊少年サンデー、コロコロ＝月刊コロコロコミック、ボンボン＝コミックボンボン、Vジャン＝Vジャンプ

インカルチャーとなっているという解釈もありうるだろう。また、サブカルチャー研究あるいはファンカルチャー研究で繰り返し指摘されてきた「やおい」「BL」と呼ばれるマンガジャンルあるいはそのようなマンガの解釈的な読解を好む人びとの存在とのかかわり（金田2007a他）から解釈することもできるかもしれない。この点については、また別の調査・研究を進める必要があるといえる。

以上、【表5-1】から読み取れる男性／女性にとってのマンガ雑誌の

雑誌4位	度数	雑誌5位	度数
Street Jack	21	週刊ファミ通	18
週刊ファミ通	23	Street Jack	23
Street Jack	12	週刊ファミ通	11
週刊ファミ通	36	Street Jack	26
週刊ファミ通	31	コロコロ	17
週マガ	48	週刊ファミ通	45
週マガ	40	週サン	25
ボンボン	44	週サン	30
Vジャンプ	43	小学四年生	36
egg	50	SEVENTEEN	43
週ジャン	53	Zipper	40
Myojo	52	cawaii!	44
Hana chu	46	JUNON	40
ピチレモン	55	nicola	52
nicola	103	週ジャン	101
ピチレモン	68	週ジャン	39
コロコロ	38	週ジャン	29
小学四年生	66	コロコロ	61

　読書経験は、次のように整理することができるだろう。男性は小学校時期に『コロコロコミック』などのゲームや玩具に重点のあるマンガ雑誌を読むが、中学校以降は『週刊少年ジャンプ』をはじめとする週刊少年マンガ雑誌が多く読まれることになる。それは高校になっても変わることはない。一方、女性は小学校時期には『なかよし』『りぼん』『ちゃお』といった少女マンガ雑誌を読むが、中学校以降はファッション雑誌が支配的になる。また、『週刊少年ジャンプ』はマンガ雑誌として一定

数の回答を集めているが、少女マンガ雑誌は読まれない。

つまり、男性にとってマンガ雑誌は中学校以降では支配的な雑誌文化でありうるのに対し、女性は成長と共に支配的な雑誌文化はファッション文化となり、マンガ雑誌は小学校以降、相対的に支配的ではなくなっている。

5　マンガ読者メディアとコミュニケーション～練馬調査から

本節では、前節で確認した点を踏まえ、練馬調査の分析を通して、より明確な若者にとってのマンガ読書のありかたを明らかにする。

着目するのは、まずマンガ読書の頻度及びマンガ読書の際の利用メディアのジェンダー差、次に月あたりに読むマンガ単行本とマンガ雑誌の冊数のジェンダー差、そして、月あたりのマンガ読書量（冊数）とマンガを介したコミュニケーションとの相関関係のジェンダー差である。

マンガ読書の頻度・メディアのジェンダー差

本節ではマンガを読む際のメディアそれぞれにおけるマンガ読書の頻度のジェンダー差について確認する。まず確認するのは、Q12の「あなたはマンガをどの程度読みますか」という質問に対し「よく読む」、「ときどき読む」、「あまり読まない」、「ほとんど読まない」、「まったく読まない」のいずれか一つを選択する質問である。

Q12のマンガ読書頻度についての意識とQ31フェイス質問の性別をクロス集計した（【表5-2】）。まず、男女の合計を見てみると、「よく読む」が46%、「ときどき読む」が30%、この二つの項目で76%である。また、「まったく読まない」という回答は全体の7%である。多くの回答者が何らかのかたちでマンガを読み、70%以上の回答者が「ときどき」あるいは「よく」マンガを読んでいると回答していることがわかる。次に、このマンガ読書頻度のジェンダー差について確認する。クロス集計を行った際、χ^2検定は1%水準で有意だった。調整済み残差から、

表5-2　性別とマンガ（単行本・雑誌を含む）を読む頻度のクロス表

		Q12. マンガ（単行本・雑誌を含む）を読む頻度					
		よく読む	ときどき読む	あまり読まない	ほとんど読まない	まったく読まない	合計
男性	%(度数)	55%(138)	28%(71)	5%(13)	6%(16)	5%(13)	100%(251)
女性	%(度数)	41%(154)	31%(117)	8%(31)	12%(47)	8%(30)	100%(379)
合計	%(度数)	46%(292)	30%(188)	7%(44)	10%(63)	7%(43)	100%(630)

χ^2値は16，自由度は4，** p<.01の有意性

「よく読む」と「ほとんど読まない」の回答に男女差があった。55%の男性が「よく読む」と回答しているのに対して、女性は41%と比較的少ない。つまり、雑誌・単行本の区別なくマンガ読書頻度についての意識としては、男性がより「よく読む」と意識しているということになる。くわえて、女性は「ほとんど読まない」と回答する者が男性よりも多いということがわかる。

以上の読書頻度についての意識質問から、男女共に「まったく読まない」と回答する者は10%以下と少ない。一方で、「よく読む」と回答する者は男性が多く、「ほとんど読まない」と回答する者は女性が多かったことがわかる。つまり、マンガは男女共に広く読まれているが、その頻度には男女差がある。

次にマンガを読む際のメディアについて確認する。Q12-S1では「あなたはマンガを読む時に何で読みますか」という読書の際のメディアにかんする質問を行った。これは、マンガを読む際に使うことのあるメディアとして、「1. 単行本（コミック・文庫）で読む」「2. 雑誌で読む」「3. 電子媒体（パソコンや携帯電話、iPadなどすべてを含む）で読む」という項目それぞれであてはまるものすべてに○をし、さらにそのなかでもっともよく利用するメディアに◎をするという形式をとっている。

【表5-3】を見てみると、まずマンガ読書時に利用するメディアとして「単行本」で読むという回答を選択する者は男女ともに9割以上である。

表5-3 性別と各マンガ読書メディアそれぞれのクロス表

		Q12-S1. 単行本で読む		Q12-S1. 雑誌で読む **		Q12-S1. 電子媒体で読む	
		選択あり	選択なし	選択あり	選択なし	選択あり	選択なし
男性	%(度数)	98%(233)	2%(5)	60%(142)	40%(96)	16%(39)	84%(199)
女性	%(度数)	99%(341)	1%(5)	32%(109)	68%(237)	14%(50)	86%(296)
合計	%(度数)	98%(574)	2%(10)	43%(251)	57%(333)	15%(89)	85%(495)

雑誌のχ^2値は44、自由度は1、** p<.01の有意性（単行本と電子媒体はn.s. 単行本に関しては期待値が低かったためフィッシャーの正確確率検定も合わせて行ったが結果は変わらなかった。）

　この質問は複数回答可なので、他のメディアについて見てみると、「雑誌」において男女間に統計的に有意な差がみられた。男性の60%が「雑誌」でマンガを読むことがあると答えているのに対し、女性は32%が読むことがあると答えている。つまり男性の半数以上が雑誌でマンガを読むことがあるのに対し、女性は半数以下である。これは、前節で示した学校読書調査から見える「マンガ雑誌」読書の男女差と同様の構造を示唆するものだといえる。また、「電子媒体」で読むという回答は男女ともに2割を切っていた。

　さらに、もっともよく利用するメディアについての回答、【表5-4】を見る。先の分析では男女ともに「単行本」はほとんどのものが利用していたが、「もっともよく利用するメディア」に注目すると、「単行本」と「雑誌」にかんする男女の利用の仕方の差異がより明確になる。つまり、女性はマンガを読む際、93%は「単行本」をもっともよく利用し、雑誌をもっともよく利用する者は5%にとどまる。一方、男性はマンガを読む際、74%が「単行本」をもっとも利用しながらも、「雑誌」をもっともよく利用するという回答も25%ある。

　また電子媒体についてみてみると、もっともよく読むメディアとして電子媒体を回答する者は男女共にほとんどいなかったと言える。2010年当時はAmazonの電子書籍サービスもまだはじまっておらず、この調査では電子媒体へはまだ移行していないという結果だった。

第5章　マンガ読書経験とジェンダー

表5-4　性別とマンガをもっとも読む媒体のクロス表

		Q12-S1. マンガを最も読む媒体			
		単行本	雑誌	電子媒体	合計
男性	%(度数)	74%(155)	25%(52)	1%(2)	100%(209)
女性	%(度数)	93%(300)	5%(16)	2%(6)	100%(322)
合計	%(度数)	86%(455)	13%(68)	2%(8)	100%(531)

上の表は電子媒体のセルの期待度数が5未満である為、電子媒体を除外した上でも検定を行った。その際の χ^2 値は45、自由度は1、** $p<.01$ の有意性だった。

　マンガを読むためのメディア、雑誌や単行本、そして電子書籍といった諸メディアの利用状況は、2010年から2017年までの7年間に劇的に変化している可能性がある。とくに、電子書籍にかんしては、2010年以降、多くの配信サービスがはじまっており、現状のメディア利用にかんしては今後の課題となるだろう。

　以上、マンガを読む際のメディア利用についてみてきた。まず注目すべきは、男女共にマンガを読む際に中心となるメディアが単行本であるという点だ。男女共にほとんどのものがマンガを読む際に単行本を利用すると回答し、もっともよく読むメディアとしても女性の93%、男性の74%が単行本と回答している。つまり、マンガ読書経験の中心はマンガ雑誌ではなく、単行本となっているといえよう。また、マンガ雑誌にかんしては、男性の60%が読む際に利用し、もっとも読むメディアとして25%のものが利用すると回答しており、一定のマンガ雑誌読者がいるということができよう。一方、女性でマンガを読む際にもっともよく利用するメディアとしてマンガ雑誌を回答する者は5%と少なく、雑誌で読むことがある者も32%にとどまっている。これは前節で学校読書調査の分析において確認したように、マンガ雑誌読書のジェンダー差を支持する結果だといってよいだろう。

　本節では、マンガ読書頻度の検討を通して、マンガが男女ともに読まれるが、その頻度は男性が高く女性が低いことを確認した。また、マン

ガを読む際の利用メディアに着目すると、マンガをもっとも読むメディアは男女ともに単行本であり、雑誌でマンガを読むことは、男性の半数以上が利用すると回答し、女性は3割程度が利用すると回答していることを確認した。女性にとって雑誌でのマンガ読書経験は男性のマンガ雑誌での読書経験とは異なる、文化実践だといえよう。ここでは利用メディアに着目したが、次節ではここでのジェンダー差を踏まえた上で、マンガ読書の「冊数」にかんする項目からマンガ読書のジェンダー差について確認する。

月あたりマンガ読書冊数から見たジェンダー差

次に、Q13「あなたは以下のような本・雑誌を平均して1ヵ月に何冊くらい読みますか」という、具体的な冊数についての質問項目について確認する。この質問は前節で検討したQ12の頻度についての意識質問とは異なり、冊数についての意識質問であり、冊子数についての回答としては「読むには読むが、1ヵ月に1冊も読まない」という回答者が一定数いた。また、質問項目は単行本、マンガ雑誌、電子媒体についてそれぞれ問うているが、前節で確認したとおり、電子媒体は回答者が少なかったため、ここでは検討しないこととする。尚、単行本の回答における「200冊」と「300冊」という回答、マンガ雑誌の回答における「30冊」と「40冊」という回答は外れ値として除外している。

まずマンガ単行本、マンガ雑誌共に平均値は男性の方が高かった。

単行本は、男性の平均が4.8冊、女性の平均は4.0冊である。平均値の差の検定を行ったところ、男女で有意な差は見られなかった。

次に、マンガ雑誌は、男性が平均2.8冊、女性は平均が0.7冊だった。平均値の差の検討を行ったところ男女によって有意な差が見られた。また、0冊=不読者と回答したものは、男性では41.4%（n=104）であるのに対し、女性では74.7%（N=275）だった。つまり女性は70%以上の回答者が1ヵ月平均でマンガ雑誌を0冊読む、つまりは読んでいないということになる。

図5-1 月あたりのマンガ単行本読書冊数

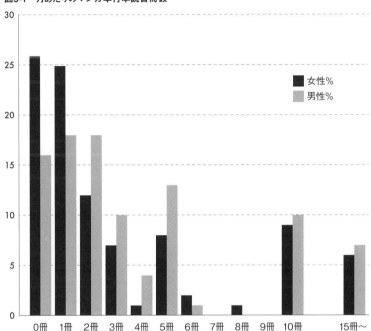

　前節で頻度にかんする項目を検討した際、男女ともに「まったく読まない」という回答は10％以下だが、具体的な冊数にかんする質問の場合、0冊という回答が際立ってみられた。

　以上の男女のマンガ単行本とマンガ雑誌の読書量についてのヒストグラムを示す。尚、回答のなかには小数点を含む「1.5冊」などの回答があったが、これは四捨五入している。

【図5-1】の月あたりのマンガ単行本の読書冊数についてみてみると、「今月」ではなく、概ねの月あたりの冊数にかんする質問であったためか、「5冊」「10冊」「15冊」という区切りに一定数の回答があることがわかる。

図5-2 月あたりのマンガ雑誌読書冊数

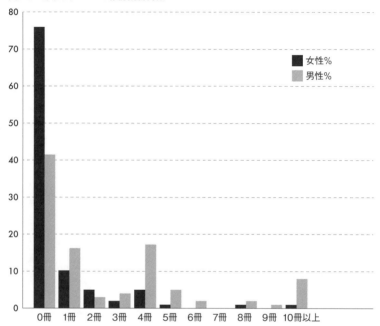

　各冊数をみていくと、女性は0冊が26%（n=94）、1冊が25%（n=92）と、不読者であるか1冊読む程度というもので50%を超え、一方で10冊、15冊以上と答えるものが、9%（n=32）、6%（n=25）と一定数おり、ある種の二極化が見られる。一方男性は0冊の不読者が16%（n=40）、1冊が18%（n=45）と女性よりも少なく、2冊読む読者が18%（n=46）ともっとも多い。

　次に【図5-2】のマンガ雑誌読書の具体的な冊数をみると、まず女性の0冊という回答、つまりマンガ雑誌不読者が75%（n=275）と突出していることがわかる。また、1冊という回答が10%（n=36）と4冊が5%（n=19）という回答が一定数ある。

第5章　マンガ読書経験とジェンダー

　また、男性については、0冊という回答、つまりはマンガ雑誌を読まないと回答したものは41％（n=104）、1冊読んでいるというものが、16％（n=40）、4冊読むと答えたものが、17％（n=43）である。

　月に1冊ということは月刊マンガ雑誌、月に4冊と答えているものは週刊マンガ雑誌を読んでいると考えることができる。

　以上本節では、練馬調査の結果からマンガ読書経験の頻度、マンガ読書をする際の利用メディア、そして、具体的な月あたりのマンガ読書冊数におけるジェンダー差をみてきた。

　男女はその頻度に差はあるものの共にマンガを読むという意識を持っている。しかし、マンガ読書の際の利用メディアを見ると、男女共に単行本が主たるマンガ読書利用メディアであり、マンガ雑誌は学校読書調査の分析結果が示唆していたように、男性には利用されているものの、女性にはあまり利用されていなかった。また、具体的な冊数を見ると、単行本にかんしては女性が0冊（不読者）、1冊読むという者で、50％を超えていたのに対し、男性は34％であった。また、マンガ雑誌の冊数にかんして、男性は0冊が41％ともっとも多いものの、1冊と週刊少年マンガ誌でありうる4冊が一定数いた。女性は75％が0冊と回答しており、雑誌で読むことが少ないことをあらためて確認できた。次節では、このマンガ読書をめぐるメディア利用とマンガ読書の意味づけについて検討する。

6　マンガ読書量とコミュニケーション

　前節でみてきたマンガ読書利用メディアのジェンダー差が、マンガ読書の意味づけといかなる関係にあるのか。この問いを検討するため、ここではQ13のマンガ単行本／マンガ雑誌の月あたり読書冊数にかんする項目を量的変数として用い、マンガを介したコミュニケーションにかんする項目との相関係数を見ることで、マンガ単行本／マンガ雑誌を読むこととマンガを介した特定のコミュニケーションの傾向について考察

する。つまり、マンガをあるメディアで読むことが、日常的なマンガをめぐるコミュニケーションといかなる関係にあるのかについて検討する。

練馬調査ではマンガに限らず、音楽、マンガ、ファッション、小説などの文化活動を介したコミュニケーションについて質問を行っている。マンガを介したコミュニケーションについての質問は、Q2-5「好きなマンガについて友だちと話をする」(会話の資源)、Q2-9「友だちと一緒にマンガ・アニメ専門店(アニメイト・とらのあな、など)に行く」(共同活動の資源)、Q2-14「マンガがきっかけでできた友だちがいる」(友人ネットワーク形成の資源)がある。これにくわえて、Q12-S2の10「マンガの二次創作(同じ登場人物で、原作のストーリーとは違うストーリーを考えたり読んだりすること)に興味がある」(二次創作志向)、以上のマンガを介した四つのコミュニケーションにかんする項目との関係を検討する。

これらの項目はそれぞれ「あてはまる」「ややあてはまる」「あまりあてはまらない」「あてはまらない」の四件法で問うているが、これを程度にかんする量的変数、「マンガコミュニケーション尺度」として扱う。二つの変数の相関をまとめたものが【表5-5】である。

まず、Q2-5「好きなマンガについて友だちと話をする」について見てみると、男女とも、単行本、雑誌共に読む量が多ければ多いほど、「マンガについて友だちと話をする」と回答する者が多いことがわかる。マンガを多く読むということは、マンガについての知識の増加をもたらし、この知識が友だちとのコミュニケーションの資源となる。あるいは、マンガについて友だちと話すなかでより多くのマンガを知り、マンガをよく読むようになると考えられる。

次に、Q2-9「友だちと一緒にマンガ・アニメ専門店(アニメイト・とらのあな、など)に行く」だ。マンガを読むという行為は個人的なものだが、一方で友だちと共にマンガ専門店に行くことは、マンガを介した誰かとの共同での活動である。この二つの活動に相関関係はあるのか。まず男性は単行本については弱い正の相関関係があったものの、マンガ

表5-5　マンガを介したコミュニケーションとマンガ読書冊数との相関

Q2-5. 好きなマンガについて友だちと話をする			Q2-14. マンガがきっかけでできた友だちがいる		
雑誌冊数	男性	0.33***(n=247)	雑誌冊数	男性	0.13*(n=249)
	女性	0.33***(n=364)		女性	0.33***(n=364)
単行本冊数	男性	0.27***(n=248)	単行本冊数	男性	0.14*(n=250)
	女性	0.40***(n=361)		女性	0.42***(n=361)
Q2-9. 友だちと一緒にマンガ・アニメ専門店に行く			Q12S2-10. マンガの二次創作に興味がある		
雑誌冊数	男性	0.08(n=249)	雑誌冊数	男性	0.04(n=229)
	女性	0.27***(n=364)		女性	0.21***(n=332)
単行本冊数	男性	0.15*(n=250)	単行本冊数	男性	0.23***(n=231)
	女性	0.31***(n=361)		女性	0.18**(n=329)

*** $p<.001$, ** $p<.01$, * $p<.05$ の有意性

雑誌を読むことと友だちとマンガ・アニメ専門店に行くこととの間にはとくに関係は見られなかった。一方女性は、雑誌、単行本を問わずマンガを読むことと、友だちとマンガ・アニメ専門店に行くことの間に正の相関がみられる。女性はマンガを読むことが個人的な行為というだけでなく、多く読む際には誰かと共に専門店に行くような、共同の活動の資源となりえているようだ。これは、次の項目の結果をあわせて見るとより明確なものとなる。

マンガ読書冊数とQ2-14「マンガがきっかけでできた友だちがいる」との相関係数を見る。この項目もQ2-9と同様な結果になっていることがわかる。男性はマンガ雑誌、単行本共に弱い正の相関関係があるのに対し、女性は比較的強い正の相関関係を確認することができる。つまり、女性にとってマンガを読むことは友人ネットワーク形成の資源になる傾向がある。この二つの項目に見られるマンガ読書を他人との活動の資源としたり、友人ネットワーク形成の資源へとできることのジェンダー差だが、前節までで見てきたマンガ読書経験のジェンダー差から考えるべき現象である。

そもそも、単行本であれ雑誌であれ、男性は女性よりも多くマンガを読んでいる。にもかかわらず、男性はマンガ読書量とマンガ趣味活動の資源、マンガをきっかけとした友人ネットワーク形成との正の相関関係が、女性ほどはみられない。単純にマンガ読書量が多いことが重要であるというわけではないのだ。むしろ、ここで男性／女性にとってのマンガ読書の意味づけの差が重要になっているといえる。

　ここでいくつかの解釈が可能だろう。たとえば、男性にとってマンガを読むことは、前節までで見てきたように殊更希少な文化実践ではなく、マンガにかんする活動の資源とはならない。一方で女性にとってのマンガ読書は、有徴化しうる希少な文化実践であるからこそ、その相対的に希少なマンガ読書の量が、マンガを介する活動の資源となりえているのではないか。あるいは、女性は、学校読書調査の雑誌読書の変化にもみられたように、成長段階のなかでファッションに関心が移り、マンガへの関心は減少するが、マンガがコミュニケーションの資源となっている場合には減少しにくいという結果、このような帰結をもたらしているのではないか。さらに、マンガのような趣味をコミュニケーション資源とするやり方、あり方自体がジェンダー間で差異がある可能性も十分考えられよう。

　これらの点については、本節の分析のみで結論づけることは難しく、今後発展的に検討していくべき点だと言える。

　さいごに、Q12-S2の10「マンガの二次創作（同じ登場人物で、原作のストーリーとは違うストーリーを考えたり読んだりすること）に興味がある」を見る。マンガの二次創作は、質問文にあるように、既存のマンガやアニメ等のコンテンツのパロディ等の派生作品の創作であり、同人誌として発表されることが多い。70年代にはじまった同人誌即売会「コミックマーケット」に有名な、マンガ消費をめぐる一つの活動である。そして、2節で確認したように二次創作は広く「おたく」や「腐女子」の行う実践として、オーディエンス研究の対象とされてきた（七邊2005、金田2007a）。ここで見る「二次創作」への興味は、一般に「おたく」や

「腐女子」と結びついた興味であり、その興味とマンガ読書との関係を見るものである。まず、マンガ雑誌冊数との関係は、男性では統計的に有意な相関関係は見られず、女性は弱い正の相関関係がみられる。これは女性のマンガ雑誌の意味づけの男性との違い、つまり女性にとってマンガ雑誌を読むということ自体が同性間のなかで希少な活動であるということ、さらに4節で確認した中学校以降の女性のマンガ雑誌読書として週刊少年マンガ雑誌があることから、女性が行う二次創作のなかでも一定の人気を誇る、週刊少年マンガ雑誌の二次創作を志向することを示唆するものだと解釈できよう。

くわえて、男性はマンガ雑誌では有意な相関関係が出なかったが、単行本では正の相関が見られた。学校読書調査にみられたように男性にとってマンガ雑誌とは中学校以降は週刊少年マンガ雑誌となり、さらに高年齢向けのマンガ雑誌も刊行されている。かつ5節でみたように、マンガ読書経験を可能とする主たるメディアが単行本とはいえマンガ雑誌で読む者も一定の割合でいる。その点でマンガ雑誌読書は男性にとって中学校以降共有されるある種のメインカルチャーであり、故に、「二次創作」のような「おたく」アイデンティティと結びつくようなサブカルチャーへの興味との統計的に有意な相関関係は見られないのではないか。一方で、マンガ単行本の読書量と二次創作志向には正の相関が見られる。

これは雑誌とは異なり、単行本の選択、つまりそのマンガの内容が読者の嗜好に委ねられており、週刊少年マンガ雑誌以外のさまざまな(「おたく」的だと理解される内容も含む)マンガを読みうること、くわえて、そもそも純粋にマンガを多く読むということが二次創作志向を高める背景としてあると解釈できる。あるいは逆に二次創作に興味があり二次創作の同人誌の単行本も一次創作の単行本も共に読むというかたちでのマンガへの強い関心を示すものかもしれない。

7 結語

 本論は、マンガ読書経験における利用メディアやジェンダーの問題を、特定のオーディエンスを調査対象とするのではなく、アンケート調査を用いた読者研究的アプローチを通して、若者にとって、その中の男女にとってマンガを読むことがいかなることなのかを考察してきた。

 まず、4節で学校読書調査から、男性／女性の成長に伴うマンガ雑誌読書の変遷を整理し、男性にとって週刊少年マンガ雑誌が支配的な雑誌読書経験であり、女性は成長と共にマンガ雑誌を読まなくなっていく、希少な経験となることを確認した。

 次に、5節では練馬調査の分析を行った。そこではまず、マンガの読書頻度の意識では男性がより頻繁に読むというジェンダー差はありながら、読むと答えるものが7割を超えていた。次に利用メディアは、単行本が男女共に主たる利用メディアであり、4節を支持するように女性にとって雑誌利用でのマンガ読書が少ないということを確認した。

 このようなマンガ読書経験のジェンダー差のなかで、女性にとってマンガ雑誌を読むということは男性に比べ相対的に希少な文化実践であり、一方で男性にとってはとくに希少な文化実践とはなっていないことを6節で確認してきた。そして、それ故に、女性にとってマンガを読むことは友だちとのマンガ趣味活動の資源となり（Q2-9）、友だちネットワーク構築のための資源（Q2-14）となり、二次創作志向については、男性にとって雑誌ではなく単行本で読む冊数の多さが資源となっていた。これは、男性／女性にとって、個人的な経験である雑誌／単行本を読むことが、マンガを介した友人形成や趣味活動等のいかなる資源になっているのか、その特徴を示したものだ。

 本論で示したさまざまな知見は、マンガを読むメディアの歴史的な変化や異なるメディアの受容といった視座と組み合わせて、より明確にされていく必要がある。たとえば、マンガ原作のドラマやアニメを見て、単行本を買うようになるといった複数のメディア経験のなかでのマンガ

受容の現状があろう。これは今後の課題としたい。

初出：團康晃「マンガ読書経験とジェンダー：二つの調査の分析から」『マス・コミュニケーション研究』(85), pp. 205-224, 2014 年
※ただし、大幅に加筆を施している。

第3部　分析篇②

「アイデンティティ」
——界を生きる

第6章 「差別化という悪夢」から目ざめることはできるか?

工藤雅人

ファッションデザインにおける差異の重要性――「他者」と「他社」の重なり

山縣良和「ファッションのワークショップに来た高校生が好きなブランドを聞いたら、5人中3人がユニクロといったんですよ。ユニクロのデザイナーになりたいと。残りの2人は109のブランドを挙げていて、そんな時代なんだと。こういう身近なブランドというか、誰でも買えるブランドには憧れなかったじゃないですか……。」

森永邦彦「(引用者注※ユニクロが) ブランドになっちゃうんですね……。」

神田恵介「しかもその高校生はファッションへの意識が高いはずだよね。」

山縣良和「確実に時代が変わってきた……。」

森永邦彦「(引用者注※ユニクロは) 衣料品ですよね……。」

山縣良和「ユニクロの良さを聞いたら、空間だと。あの空間が落ちつく、と云っていた。」

神田恵介「僕が初めてコムデギャルソンを知ったときは、落ちつかなかった。ユニクロは落ちつくだけで、憧れではないでしょ?」

(インターネットラジオ『僕らはどこにも属さない』第6回(2011年))[1]

上に引用したのは、東京で活動する3人のファッションデザイナーが2010年におこなった鼎談の一部である。このやりとりからは、服を作り・売る側と買い・着る側とのファッションに対する見方のズレが垣間見える。

デザイナーたちにとって身近で誰もが買える服はファッションブランドではなく「衣料品」でしかない。一方、高校生たちにとってはユニクロさえも「好きなブランドは？」という問いへの回答になりうるようなファッションブランドなのである。

　注目すべきはその「理由」である。高校生はユニクロが好きな理由として「空間が落ちつく」と述べている。それに対して、デザイナーの一人はやや唐突に自身が影響を受けたコムデギャルソンを挙げ、初めて知った時には「落ちつかなかった」とまったく逆の感想を述べている。商品が売られている空間とアイテムという違いはあれど、「落ちつく」ことがブランドを好きになる理由になり得るかどうかという点で、デザイナーと高校生は鋭く対立している。

　この対立はファッションとしての服をどうとらえるか、という点にも表れている。

　ユニクロを知らないものはおそらくいないだろう。鼎談とほぼ同時期にユニクロは「流行を取り入れながらも、どちらかと言えば長く着られる定番的なデザインの商品が主流」であり「どんな服にも合わせられるのが強み」と自らの特徴を説明している（『日本経済新聞』2009年2月10日7面）。誤解を恐れずに云うならば、「特徴の無さ」こそが特徴なのである。

　一方、コムデギャルソンの特徴はユニクロと大きく異なる。このブランドを知らないという読者はいるかもしれない。コムデギャルソンは常に新しさを追求し続けてきたブランドであり、それによって70年代半ばから現在まで一貫して東京を代表するブランドとしての地位を維持しつづけている。デザインのみならず、店舗運営などにおいても他のブランドにはない独自性を保ち続けており、この点で鼎談の3人のみならず、さまざまなデザイナーに影響を与えている。やや乱暴だが対比的に云うならば、コムデギャルソンは「特徴の塊」のようなブランドなのである。

　際立った特徴があることをファッション（アイテム）の要件とする考え方がデザイナーたちだけではなく、アパレル業界で一般的なものとな

っていることは、次の文章からも確認することができる。

> さらに商品に目を向けると、コスト削減のため商品企画をアウトソース化したアパレル企業も少なくない中、他者（ママ）が作っていない独自性のある商品ではなく無難な「流行モノ」に偏り、また、商品企画が外部から持ち込まれるためブランドの顔も見えず、価格競争でしか消費者にアピールできない商品が増えているとの指摘がある。結果として商品が陳腐化し、それが消費意欲の減退につながって、さらにコスト競争を招くという悪循環に陥っている。（経済産業省製造産業局 2016: 7）

これは、2015年12月から経済産業省主催で5回実施されたアパレル・サプライチェーン研究会の報告書のなかで、「企画・流通・販売における課題」として挙げられているものの一部である。独自性の無さは商品の陳腐化につながるものと理解され、改善すべき課題とされている。

文中の「他者」はおそらく誤植であり、正しくは「他社」であろう。どんな文章にもつきもののケアレスミスとも考えられるが、この誤植は単なるミスとみなすよりは、ファッションのとらえ方のヒントとして理解すべきである。企業にとってデザインで独自性を出すこと、「他社との差異」を商品という形で創りだすことは、その服を身に着ける人たちに「他者との差異」を提供することでもあるからだ。

ユニクロに対して与えられた「衣料品」という表現は、その服が機能性や価格でしか消費者に訴求しえておらず、デザイン上の「差異」を提供していないという認識に基づくものである。だからこそ、「特徴の無さ」を特徴とするような「衣料品」が「落ちつく」という理由で好きなブランドとして挙げられることを、デザイナーたちは「時代の変化」という言葉でしか理解しえなかったのだ。

ファッションに関する議論における差異への焦点化

そして、おそらく、このような理解のしがたさを感じるのはデザイナ

ーだけではないだろう。ファッションに関する議論においても「差異」は重要なものとして捉えられてきた。やや遠回りにはなるが、ここでファッションに関する理論的な説明を簡単にまとめておこう。

近代以前の封建社会の多くでは、階級などの属性に基づいて服装のルールが決められていたため、服装はそのまま属性を表すものとなっていた。このような属性と服装との厳格な対応関係が緩むは、封建的な身分制の崩壊後であり、これによって下位の階級が上位の階級の服装を模倣することが可能となった。

「流行」という論文において G. ジンメルは、この変化によって、下の階級の上の階級に対する同一化と上の階級の下の階級に対する差異化という二つの動きの連鎖としての流行が生まれたと述べている（Simmel 1911=1976）。階級間での差異化と同一化が流行や趣向を伝達するという見方は、T. ヴェブレンによる『有閑階級の理論——制度の進化に関する経済学的研究』にも見られるものであり（Veblen 1899=2016）、これらは「滴り理論」（trickle-down theory）と総称され、ファッションを論じる際の基本的な説明図式として参照されてきた。

ここで確認すべきは、近代以降、服装と属性との関係が弛緩したことで、服装による自己表現が可能になったという点である。近代以前においても服装は属性を表すものではあったが、服装と属性の関係性は固定的であったため選択的な行為としての自己表現が拡がりをみせることは難しかったからだ。

では、近代以降は服装で自由に自己表現がなされるようになったのだろうか。後続する「差異化」に関する議論を見ると、必ずしもそうではないということが分かる。

たとえばフランス社会に対する分析において、P. ブルデューは「自分を他者よりもすぐれたもの、上品な存在として弁別し、差異化し、きわだたせること」を意味する「卓越化」という術語を用いて差異化を説明しているが、この「卓越化」は個々人が自由に行いうるものではない。ブルデューの理論的枠組みにおいて、「卓越化」は「正統性」（légitimité）

に基づく分類＝等級づけ（classement）とみなされ、また、「正統性」は「支配者が被支配者に対して自らの文化の優越性を承認させるにあたっての基本的根拠」として説明されていることからも明らかなように、差異化（ブルデューの場合には「卓越化」）と階級との関係性は前提されている（石井 1990a, 1990b）。

分析の精度という意味ではブルデューの分析は「滴り理論」よりも洗練されているが、階級的な関係を前提としながら差異化を説明しているという点で、両者は共通する部分が多い。これは、差異化に先立って差異自体の優劣を根拠づける序列が存在し、さらにその序列が階級的な上下関係を土台として作られている、という見立ての共通性と云い換えても良いだろう。

しかし、一方では階級を前提としない差異化に関する議論もなされている。『消費社会の神話と構造』において消費社会を明快に論じたJ. ボードリヤールによる議論がその代表である（Baudrillard 1970=1995）。ボードリヤールによれば、消費社会における消費の本質は「欲求の充足」ではなく「差異の表示」であり、服などのモノだけではなくあらゆる財やサービスが「差異化の記号」となりうる。消費社会とは「「ありあまる豊かさ」を前提として、消費者が差異表示記号としてのモノの消費をつうじて、自分自身を差異のコードに登録せずにはいられない巨大なシステム」なのであり（塚原 2008：13）、消費社会において差異化のための消費という行為は遍在する行為とみなされている。

よく知られたことだが、「無印良品」は 1980 年に西友ストアのPB（プライベートブランド）としてスタートしている。セゾングループの代表であった堤清二（辻井喬）は「ブランド名をつけることで二割も三割もモノが高く売れるというのは、どう考えても納得できない。（中略）三割安くモノが買えたら、それのほうを喜ぶ消費者も多いに違いないということが動機」と立ち上げの経緯を述べ、「無印良品」を「反体制（アンチブランド）商品」と当時呼んでいたことを明かしている（辻井・上野 2008: 164-5）。ここで想定されている「体制」とは云うまでもなく「消

費社会」であるが、現在のえんじ色のロゴを見慣れた私たちにとって「無印良品」は「反体制（アンチブランド）」ではなく「ブランド」であろう。

「『消費』の拒否の形をとる」消費をボードリヤールは「メタ消費」とよび「極上の消費なのである」と皮肉交じりに説明しているが、無印良品の事例は消費社会においては記号消費の否定（＝反体制）さえも差異化のための消費となってしまうことを示したものと云える。

このような消費社会において、『なんとなく、クリスタル』（田中康夫 1981）や『東方見聞録』（岡崎京子 2008）など〈80年代〉の若者文化を鮮やかに描き出した作品に見られるように、ファッションは代表的な「差異表示記号」であった。

現在の社会を「消費社会」と捉えうるか否かは議論が分かれるだろうが、冒頭で引用したデザイナーたちの違和感を生み出しているのも、アパレル・サプライチェーン研究会の報告書においてなされた指摘が前提としているのも、このような消費社会論的な差異化の捉え方であると云って差支えない。つまり、ファッションにおいて重要なのは「他者（他社）」との差異なのだという認識である。

「差別化という悪夢」からの目ざめ?

デザイナーたちが違和感を表明し、また、アパレル・サプライチェーン研究会が「他者が作っていない独自性のある商品ではなく無難な「流行モノ」」（ママ）があふれると嘆いている現状は、たしかに好ましくないように感じられる。しかし、差異の乏しい商品が大量に安価で供給されるという事態は本当に好ましくないのだろうか。

『〈私〉探しゲーム——欲望私民社会論』において上野千鶴子は消費社会を次のように述べている。

> 消費社会の果てしない差別化という悪夢は、そのしくみごと破壊したり逃れたりできるようなものではない。私たちはその中から「少しだ

けましな悪夢」を、価値のヨコナラビに抗して、やっと選ぶことができるだけだ。(上野 1987 → 1992: 86-7)

正統性なるものによる等級づけが信憑性を失い、消費するモノ（記号）によって誰もが差異を示すようになるということは、「生まれや育ち」ではなく消費という行為こそが重視されることを意味している。消費社会における差異化という行為は「自己を表現できる」と捉えればポジティブなものとなるが、他方では「表現させられている」ということもできる。上野が指摘しているのは、後者すなわち消費社会の負の側面である。

このような〈80年代〉の日本の消費社会に見られる負の側面を念頭に置くならば、「落ちつく」という理由でユニクロが支持され、差異の乏しい商品があふれる現在の状況は「消費社会の果てしない差別化という悪夢」から解放された状態であると捉えることもできる。

洋服を着る者、とくに若者にとって、果たしてファッションが示す「差異」はいまも重要なのだろうか。

1 「ファストファッション」の拡がりと「郊外化」
――「ファッション」と「空間」の均質化

「ファッション」と「空間」との関係の変化――「どこも一緒」にいたるまで

この問いに対する答えを出す前に、もうひとつ寄り道をしてみよう。それは「ファッション」と「空間」の関係が歴史的にどう変化したかである。ここまでの差異に関する議論と無関係ではないか、と感じる読者もいるだろうが、理解の補助線として読み進めてほしい。

「ファッション」と「空間」の関係の歴史的な変化を理解するには、難波功士が『族の系譜学』（2007）で示した若者のサブカルチャーグループに対する呼称の歴史的な変化についての議論が大変参考になる。この

議論をファッションのジャンルやカテゴリーの変化として捉えなおした上で、簡単にまとめていく。

戦後の日本において、ファッションのジャンルやカテゴリーを指し示すための言葉として使われてきたものは、大きく二つのタイプに分けることができる。「〜族」と「〜系」であり、現在に近づくにつれて、前者よりも後者が使われるようになってきた。

ジャンルをわける言葉として「〜族」よりも「〜系」が使われるようになっていった過程は、「ファッション」と「空間」の関係性が変化していった過程と考えられるので、「〜族」から「〜系」への変化を「ファッション」と「空間」との関係性の変化と関連付けながら確認してみよう。

戦後の代表的なものに限定しても「太陽族」(1956年)や「みゆき族」(1964年)、「アンノン族」(1971年)や「竹の子族」(1980年)など数多くの「〜族」が存在している。「〜族」と呼ばれたこれらの集団には同じ空間を共有し(これを「共在」という)、互いに承認を与え合うことで集団的なアイデンティティをつくりあげるという特徴があり、ファッションアイテムはその資源として使われていた。似たような服装で集団走行を行う「暴走族」を思い浮かべていただければわかりやすい。(集団ではなく、別々に単独走行をしているのであれば、私たちは暴走族とは呼ばないだろう。)

そして、集団的なアイデンティティ構築の資源となるファッションアイテムが売られていた場所こそ、彼／女らが共在していた空間(みゆき通りやブティック竹の子など)だった。いくつかの「〜族」が空間の名前に由来していることからもうかがえる通り、アイテムを介して「特定のファッション」と「特定の空間」は密接なつながりを持っていたのである。つまり、「ファッションジャンル」(この場合「〜族」)は「着用される空間」とのつながりが強かったのだ。

ファッションと「着用される空間」との結びつきは、戦前の銀座にも見出すことができる。吉見俊哉は、具体的なコミュニケーションは乏し

くとも、その空間にいる人びとが「眺める＝演じる」（見る・見られる）という振る舞いを相互に行うことで、1920年代の銀座という空間（舞台）に「未来＝外国」という意味が備給されていたと指摘している（吉見 1987→2008）。ファッションという点に限定するならば、そこにいた人びとの服や振る舞いが「銀座」という意味を形成していたということである。

そして、吉見が「眺める＝演じる」（見る・見られる）という振る舞いが保証されていた空間として説明しているのが70年代以降の渋谷である。1973年に渋谷パルコが「すれ違う人が美しい──渋谷──公園通り」というキャッチフレーズとともにオープンしたことに象徴的に表れているが、当時の渋谷は「ブラつく」ための街であり、「眺める＝演じる」（見る・見られる）ことを通してファッションを楽しむ空間であった。

戦前の銀座で萌芽的に見られた「眺める＝演じる」（見る・見られる）という振る舞いは、難波が示したように、空間を共有しながら互いに承認を与え合うことで集団的アイデンティティをつくりあげ「～族」へといたる場合もあった。しかし、重要なのは「～族」という集団的アイデンティティが作られたかどうかではない。むしろ、ここで確認しておくべきなのは、相互に「眺める＝演じる」（見る・見られる）ことでファッションを楽しむことができる空間が渋谷などの都市部にでき始めていたということである。

難波によれば、90年代以降に使われるようになったのは「～族」ではなく「～系」であるという。これには同一空間に共在するのではなく、同一系統のアイテムを着用することで、そのネットワークにゆるやかに参加しているような感覚を共有する点に特徴がある。「～系」には「裏原系」などのように具体的な空間に由来するものもあるが、雑誌に由来する「赤／青文字系」やファッションのスタイルから名づけられた「ギャル系」など、空間以外に由来するものが多いという特徴がある。そのため「～系」のアイテムを身に着けていれば着用者もその「～系」に含まれるものとして見なされることとなる。

この「〜族」から「〜系」へというサブカルチャーグループに対する呼称の変化は、「集団による差異化」から「個々人による差異化」へという変化と重なりあうものである。「〜族」とは同一空間を共有する人びとの集まりであるとともに、他の人びとから明確に区別可能な差異をまとった人びとの集まりであった。一方、「〜系」には集団としてのまとまりが欠如している。もちろん、特定のアイテムを着ることで「〜系」と称されるネットワークにゆるやかに参加する感覚が共有されているという意味では、まとまりがまったくないわけではないが、服を着るという行為がなされる場面においては、実在する他者個々人との差異化という側面がきわだってくる。

　さらに、「〜族」から「〜系」への変化は、「共在」という契機がなくなっていったという点で、ファッションを楽しむことが「どこか特定の空間」でなされる行為から空間を選ばず「どこでも」可能な行為へと変化したことを表している。

　ただし、ファッションを楽しむ空間がひろがった（＝「どこでも」可能な行為となった）とはいえ、「〜系」の使用が優位になった時点でさえ、ある「特定のアイテム」を購入できるショップは「特定の空間」に限定されていた。たとえば「裏原系」のショップは文字通り裏原宿に存在し、開店前から列をなすという姿は他の「〜系」のショップにもみられた。つまり、「ファッションを楽しむ」という行為と「特定の空間」との結びつきが希薄化した段階でも、「ファッションアイテムを買うこと」と「特定の空間」は結びついていたのである。

「〜系」の嚆矢が「渋谷系」（1990年代初頭）であったことに逆説的に表れているが、渋谷に代表される「ファッションの街」は、洋服を買い、かつ、着て楽しむ空間から、商品の集積した単なる「アーカイブの空間」に変わったのである（北田 2002）。それゆえ、特定のショップや消費者から構成される消費空間としての「ファッションの街」は存在し続けていたのだ。

　忘れてはならないのは、この空間が日常的な生活空間ではなく、都市

と呼ばれる消費空間のなかにあったということである。茨城県下妻市を舞台にした映画『下妻物語』(2004年公開)では、ロリータファッションに身を包む主人公竜ヶ崎桃子が洋服を買うために東京に行く際に、八百屋の店主からジャスコがあるのになぜわざわざ東京に行くのかと問われ、「ジャスコってスーパーじゃん」と答えるシーンがある。

　スーパーに売られている洋服が買うに値しないもの(「衣料品」)であることをコミカルに暗示するこのシーンは、「ファッションを楽しむ空間」が生活空間にまで拡散していることとともに、「ファッションアイテムを買う空間」は依然として都市に集中していることをわかりやすく表現したものであると云えるだろう。

「郊外化」の果て──「どこにでも」ある「ファストファッション」

　さて、「ファッション」と「空間」との関係はいま、どうなっているのだろうか?

　「ファッションの街は?」と問われれば、東京であれば原宿や渋谷などが想起されるだろう。そこでしか買えないアイテムを扱うショップが原宿や渋谷などの「ファッションの街」にあることは間違いない。しかし、現在の「ファッションの街」の風景の大部分は、日常的な生活空間にもあるブランドやショップ(その多くは「ファストファッション」と呼ばれている)によって構成されている。

　つまり、現在では「ファッションアイテムを買うこと」と「特定の空間」との結びつきさえも希薄化しているのである。ファッションを楽しむことも、ファッションアイテムを購入することも、都市という消費空間に固有の行為ではなくなってきているのだ。

　都市空間に際立ってみられた特徴が薄れ、ファッションを消費する空間さえもが日常に遍在化したことで「どこも一緒」になりつつあると云うことができる。空間的な特徴が薄れているという状況は、ファッションに限られるものではなく、「郊外」や「郊外化」というキーワードと共に社会学においてもこれまで議論がなされてきた。「郊外」とは、労

働や消費がなされる空間である「都市」に対して、住をになう空間として歴史的に成立してきた（若林 2000）。「郊外化」とは、文字通りに「郊外」の拡がりを意味するものだが、「住空間」が拡がっていることを意味しているわけではなく、大型ショッピングセンターなど「郊外」という住空間でよくみられた消費施設が「都市」にも拡がりつつあること、「都心内郊外化」と呼ばざるをえない状況を表現するために使われてきた（近森・工藤編 2013）。

「郊外」論の論点のひとつが、空間の均質化やフラット化というものだ。ロードサイドの大型店舗の増加によって、地方の風景が均質化していく状況は「ファスト風土化」とも表現されてきた（三浦 2004、2006）。この表現で念頭に置かれているのは「ファストフード」だが、ユニクロが都心部よりも地方において拡がってきたことを想起すれば、同じような店舗がどこにでも見られるという意味で、「ファストファッション」の地方における拡がりは「ファスト風土化」のひとつであるということができるだろう。

この「郊外」論と「郊外化」論を補助線にすることで、前述した「ファッションの街」の変化という状況もよりはっきりと摑むことができる。ユニクロは、1985年に下関市にオープンした店舗以降ロードサイド型店舗として各地で展開してきたが、1998年に初の都心型店舗を原宿にオープンしてからは都心部にも店舗を増やしてきた。

一方、「外資系ファストファッション」は 2008 年から原宿などに出店しているが（H&M は 2008 年 11 月に、フォーエバー 21 は 2009 年 4 月に原宿店をオープンした）、2017 年時点において都心部以外への出店で際立つのはイオンモールなどのショッピングセンターである。また、1953年、水戸市で福田洋服店としてスタートしたポイント（現アダストリア）は、2009 年に原宿に同社の複数のブランドが入居するファッションビル「コレクトポイント原宿」を開いたが、都心部以外の店舗の多くは「外資系ファストファッション」と同様にショッピングセンターにある。

このような動きをあえて単純化すれば、「衣料品」が「ファッション

アイテム」へと変容しながらファッションの空間へと拡がっていき、逆に「ファッションアイテム」がそれまで「衣料品」が並べられていた空間にまで拡がったと考えることができる。つまり、1998年以降の都心型店舗の都心部への拡大というユニクロの動きは「ファッションの空間」の「郊外化」であり、「外資系ファストファッション」やポイントなどのショッピングセンターへの出店は「郊外」の「ファッション空間化」というべきものなのであった。

それぞれ異なる特徴を有していたはずの生活空間と消費空間を「ファストファッション」は運河の閘門のように接続させたのである。

『下妻物語』に登場するジャスコは、現在「イオンモール下妻」として営業しており、ファーストリテイリングが運営するファストファッションブランド「GU」が店舗を構えている。映画のなかで描かれていたほどの東京とのギャップは、現在ではないだろう。

ファッションの均質化?──「どれも一緒」は差異の消滅をもたらすのか?

ファッションの消費空間の均質化（「どこも一緒」）は、私たちが手にとり購入することのできるアイテムの均質化（「どれも一緒」）をも同時に引き起こしている。アパレル産業の現状を問う報告書において、「他者が作っていない独自性のある商品ではなく無難な「流行モノ」に偏り、また、商品企画が外部から持ち込まれるためブランドの顔も見えず」という指摘がなされていることからも明らかなように、現在ではどこに行っても同じブランドがあるだけではなく、異なるブランドや異なるショップの商品までもが類似しているのだ。

すでに述べたように、「ファッションアイテム」としての洋服は、自己（もしくは集団）のアイデンティティを他者との差異として表現するために用いられてきた。他の洋服との差異が明確であるからこそ、他者との差異を表現する道具として洋服が使われてきたのである。

では、「ファストファッション」の拡がりに伴う空間とアイテム双方の均質化という動きは、私たちにどのような影響を与えているのだろう

か。

　ユニクロの拡がりを例に挙げながら、都市空間の郊外化（≒均質化）とともに進行する商品やアイテムの均質化によって、ファッションにおいて差異を明示することが重視されなくなってきたという指摘がなされている（中村2010）。

　しかしながら、「ファストファッション」の拡がりと共に、生活空間で売られていた洋服までもが「衣料品」から「ファッションアイテム」へと変わりつつあることを念頭に置けば、洋服によって差異を示し、自己表現を行うというファッションの特徴が都市空間のみならず、生活空間にまで拡がっているという可能性も考えられる。

　ファストファッションの拡がりは、はたして「差別化という悪夢」からの解放を意味するのだろうか。それとも、悪夢が日常の隅々に及んでいることを意味するのだろうか。

2　「ファストファッション」の拡がりを検証する——質問紙調査による分析

　前節での議論を踏まえると、「ファストファッション」の拡がりがもたらす私たちとファッションとの関わりの変化には差異の明示が重視されなくなる可能性と差異の明示が拡大する可能性の二つが考えられる。

　そこで以下では、「練馬調査」のデータを用いて、この二つの可能性を具体的に検討していこう。

ファッションを差異化を伴う自己表現として捉える割合は？

　1節で確認したように、ファッションは洋服などのアイテムによって他者との差異を示しそれによってアイデンティティを表現するものとこれまで考えられてきた。この点は、差異化を階級に基づく集団的な差異化として捉える立場でも、個々人の差異化と捉える立場でも大きな違いはない。そこでまず、このようなファッションの捉え方が現在でも有効であるかどうかを確認しよう。

第6章 「差別化という悪夢」から目ざめることはできるか？

図6-1 自己表現かぶらない4類型

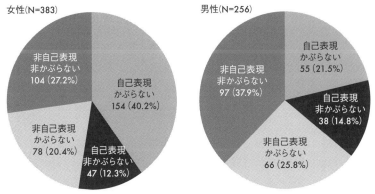

　ここで用いるのは「ファッションは私にとって自己表現である」と「ファッションが他の人とかぶらないようにしている」という二つの質問に対する回答（あてはまる／あてはまらない）である(2)。

　差異化をはかる質問では「かぶらないようにする」というワーディングを採用した。これはファッションに関する街頭インタビュー調査において、あるアイテムを購入（着用）した理由として「人とかぶらないから」という答えが一つの回答パターンとなっていた、ということにある(3)。この回答は古着やそのアイテムと同一のものがほぼ存在しえない「一点もの」の購入理由として挙げられることがとくに多かった。また、同調査のインタビュイーは10代後半から20代を中心にしており、19～22歳という本調査のサンプルとも重なっているため、差異化について尋ねる質問項目のワーディングとしては適切であると判断した。

　この二つの質問項目を掛け合わせ、4つにグループ化したものが【図6-1】である。第1類型は女性でもっともその割合が多く、男性でも2割を超えており、差異化を伴う自己表現としてファッションを捉える人が一定数以上いることが確認できる。

　そのうえで注目すべきなのは、「ファッションが他の人とかぶらない

ようにしている」にもかかわらず、ファッションを「自己表現である」とは考えていない第3類型が女性でも20.4%、男性で25.8%と決して少なくない割合で存在しているという点だ。

第3類型の不思議さ

ファッションが自分にとって自己表現ではないにもかかわらず他の人とかぶらないようにする、というのはこれまでの議論を踏まえればやや奇妙なことである。

ファッションを自己表現と捉えながらも差異化を重視しない第2類型は他人を気にせずに好きなファッションをまとう姿を思い浮かべることができる。滴り理論の批判的継承を試みた松谷創一郎は他者に準拠しない自己準拠的な「内閉的個性」という個性のあり方が若者にみられることを指摘している（松谷 2008a）。また「自己満足」が美容整形を行う動機として挙げられることが多いことも指摘されており（谷本 2008）、他者を意識しないファッション関連行動はこれまでも言及されてきた。

また第4類型はそもそもファッションに対する関心が乏しいと想像できるものであり、ジンメルも「無関心」が分析の「圏外」にあることをほのめかしていた（Simmel 1911=1976）。

このように、第3類型は先行する議論に基づいてもうまく理解することができない。では、自己表現ではないにもかかわらず他の人とかぶらないようにする第3類型にはどのような特徴があるのだろうか。[4]

ファッションとの関わりの違い——「購入頻度」と「購入金額」

まずこれら4類型の特徴を明らかにするために、ファッションとの関わりの高さにどのような違いがあるのかを「洋服を買う頻度」（【表6-1】）と「1か月の洋服代」（【表6-2】）から確認してみよう。購入頻度と購入金額は、ともに第2類型（「1か月に2回以上」が42.6%、「20,001円以上」が23.4%）が有意に高い。第2類型ほどではないが、第1類型にも同様の特徴が確認できる。一方、第3類型と第4類型では頻度・

第6章 「差別化という悪夢」から目ざめることはできるか？

表6-1　洋服を買う頻度（女性）

	1ヶ月に2回以上		1ヶ月に1回くらい		2ヶ月に1回以下		合計
自己表現かぶらない	**54**	**35.1%**	63	40.9%	**37**	**24.0%**	154
自己表現非かぶらない	**20**	**42.6%**	16	34.0%	11	23.4%	47
非自己表現かぶらない	16	20.5%	32	41.0%	30	38.5%	78
非自己表現非かぶらない	**21**	**20.2%**	**35**	**33.7%**	48	46.2%	104
合計	111	29.0%	146	38.1%	126	32.9%	383

$\chi^2=22.153^{**}$ (df=6)
太字は調整残差が±1.96以上（5％水準で有意）であることを意味している。

表6-2　1か月の洋服代（女性）

	5,000円以内		5,001〜10,000円以内		10,001〜20,000円以内		20,001円以上		合計
自己表現かぶらない	21	13.7%	50	32.7%	**56**	**36.6%**	26	17.0%	153
自己表現非かぶらない	7	14.9%	13	27.7%	16	34.0%	**11**	**23.4%**	47
非自己表現かぶらない	18	23.1%	34	43.6%	24	30.8%	**2**	**2.6%**	78
非自己表現非かぶらない	**36**	**34.6%**	37	35.6%	**19**	**18.3%**	12	11.5%	104
合計	82	21.5%	134	35.1%	115	30.1%	51	13.4%	382

$\chi^2=35.664^{***}$ (df=9)
太字は調整残差が±1.96以上（5％水準で有意）であることを意味している。

金額ともに低い。とくに金額は第3類型で「20,001円以上」（2.6％）が有意に少ない。

このことから、ファッションとの関わりは第1・第2類型で強く、第3・第4類型で弱い傾向にあることが確認できる。

洋服を買う場所とファストファッションの購入頻度

「衣料品」と「ファッションアイテム」を融合させるように「ファストファッション」が拡がりを見せていることは1節で確認した。そこで次に、「ファストファッション」をもっとも利用するのはどの類型なのかを見てみよう。調査では個別のブランドをあげ、それらをよく利用す

るかどうかを尋ねている（【表6-3】）。

　ユニクロ（平均75.0%）、ポイント（平均45.2%）、無印良品（平均35.7%）は利用される割合が全般的に高く、類型ごとに有意差はなかった。このことから「国内ファストファッション」が全般的にひろく利用されていることを確認できる。

　一方、「外資系ファストファッション」は平均利用率が20%前後と「国内ファストファッション」ほどの拡がりはないことが分かる。さらに、注目すべきは類型間で利用に有意差があるという点である。ZARA（32.1%）、H&M（31.4%）、フォーエバー21（25.7%）はともに第1類型の利用率が有意に高い。購入頻度や金額では第2類型と共通した特徴が見られたが「外資系ファストファッション」との関わりが強いのは第1類型であるということができる。

　当たり前のことではあるが、「ファストファッション」と括られるものも一様ではないということが調査結果からも分かる。

　すでに述べた通り「ファストファッション」は現在では都心部の「ファッションの街」にも、郊外あるいは生活空間のなかのショッピングセンターにも見られる。しかし、調査を実施した2010年12月時点では【表6-3】にある「外資系ファストファッション」はすべて都心部にあった。このことを踏まえれば、「国内ファストファッション」利用に有意差がみられないのは、これらの店舗が比較的どこにでもあるから、という可能性が考えられる。つまり、第1類型は都心部で洋服を購入する割合が高いからこそ、「外資系ファストファッション」の利用率が有意に高かったという可能性である。

　そこで、個別のブランドではなく、どこで洋服を買っているかを見てみよう。調査では、洋服を買うためにどの程度労力を使っているのかを調べるために、洋服を買う際に利用している場所として日常の生活空間に近い場所から遠い場所までを8つ挙げ（「百貨店」、「ファッションビル」、「ショッピングモール」、「ショッピングセンター」、「ネット」、「駅ビル」、「古着屋」、「ブランドやセレクトショップの路面店」）、それぞれの主観的な利

第6章 「差別化という悪夢」から目ざめることはできるか?

表6-3　よく利用するお店(女性)

	ユニクロ よく利用する		H&M よく利用する		フォーエバー21 よく利用する		GAP よく利用する	
自己表現かぶらない	105	75.0%	**44**	**31.4%**	**36**	**25.7%**	14	10.0%
自己表現非かぶらない	29	70.7%	6	14.6%	5	12.2%	4	9.8%
非自己表現かぶらない	61	82.4%	14	18.9%	10	13.5%	5	6.8%
非自己表現非かぶらない	72	71.3%	**13**	**12.9%**	13	12.9%	5	5.0%
合計	267	75.0%	77	21.6%	64	18.0%	28	7.9%
	χ^2=3.321 n.s.(df=3)		χ^2=14.005**(df=3)		χ^2=9.399*(df=3)		χ^2=2.392 n.s.(df=3)	
	ZARA よく利用する		無印良品 よく利用する		コムサ よく利用する		ポイント よく利用する	
自己表現かぶらない	**45**	**32.1%**	48	34.3%	12	8.6%	62	44.3%
自己表現非かぶらない	10	24.4%	14	34.1%	3	7.3%	15	36.6%
非自己表現かぶらない	11	14.9%	29	39.2%	9	12.2%	36	48.6%
非自己表現非かぶらない	**13**	**12.9%**	36	35.6%	11	10.9%	48	47.5%
合計	79	22.2%	127	35.7%	35	9.8%	161	45.2%
	χ^2=15.526**(df=3)		χ^2=0.558 n.s.(df=3)		χ^2=1.125 n.s.(df=3)		χ^2=1.851 n.s.(df=3)	
	ジーンズ・メイト よく利用する		Right-on よく利用する		しまむら よく利用する			
自己表現かぶらない	5	3.6%	3	2.1%	26	18.6%		
自己表現非かぶらない	4	9.8%	1	2.4%	7	17.1%		
非自己表現かぶらない	9	12.2%	5	6.8%	19	25.7%		
非自己表現非かぶらない	9	8.9%	3	3.0%	26	25.7%		
合計	27	7.6%	12	3.4%	78	21.9%		
	χ^2=5.959 n.s.(df=3)		χ^2=3.412 n.s.(df=3)		χ^2=2.953 n.s.(df=3)			

質問項目では「よく利用するお店すべてに○をつけてください」と指示した。分析に際しては、○が付けられたものを「よく利用する」、つけられていないものを「頻繁には利用しない」とした。表の数値は「よく利用する」の実数と%。
太字は調整残差が±1.96以上(5%水準で有意)であることを意味している。

表6-4 洋服を買う場所（女性）

	百貨店		ファッションビル		ショッピングモール		ショッピングセンター	
自己表現かぶらない	71	46.4%	**138**	**90.2%**	68	45.0%	45	29.8%
自己表現非かぶらない	19	40.4%	37	78.7%	18	39.1%	12	25.5%
非自己表現かぶらない	34	43.6%	60	76.9%	**45**	**58.4%**	**35**	**44.9%**
非自己表現非かぶらない	31	30.1%	78	75.7%	39	38.2%	42	40.4%
合計	155	40.7%	313	82.2%	170	45.2%	134	35.3%
			χ^2=7.133 n.s.(df=3)		χ^2=11.482***(df=3)		χ^2=8.134*(df=3)		χ^2=8.272*(df=3)

	ネット		駅ビル		古着屋		ブランドやセレクトショップの路面店	
自己表現かぶらない	**55**	**35.9%**	120	78.4%	**52**	**34.2%**	81	52.9%
自己表現非かぶらない	11	23.4%	31	66.0%	14	30.4%	21	44.7%
非自己表現かぶらない	16	20.8%	62	79.5%	16	21.3%	26	33.3%
非自己表現非かぶらない	24	23.1%	**68**	**65.4%**	18	17.6%	**21**	**20.2%**
合計	106	27.8%	281	73.6%	100	26.7%	149	39.0%
	χ^2=8.555*(df=3)		χ^2=8.246(df=3)		χ^2=10.092*(df=3)		χ^2=29.652***(df=3)	

質問項目は「よく利用する」、「たまに利用する」、「ほとんど利用しない」、「まったく利用しない」の四件法となっていたが、分析に際しては、前三者を「利用あり」、後者を「利用なし」にリコードした。表の数値は「利用あり」の実数と％。太字は調整残差が±1.96以上（5％水準で有意）であることを意味している。

用頻度を尋ねている。

【表6-4】を見ると、洋服の購入には全体としてファッションビル（平均82.2％）や駅ビル（平均73.6％）が利用される割合が高く、さらにファッションビルの利用は第1類型で有意に高い。路面店（平均39.0％）や古着屋（平均26.7％）など生活空間からもっとも遠い場所を利用する割合は全体では3～4割程度だが、路面店の利用は第1類型が最も高い。一方、ショッピングセンター（平均35.3％）とショッピングモール（平均45.2％）の利用率は4割前後であるが、ともに第3類型での利用率（前者44.9％、後者58.4％）が有意に高い。ショッピングセンターが意味

するものに注意してほしい。質問項目ではジャスコ（現イオン）やダイエーなどをショッピングセンターの例として明示しており、本調査においてショッピングセンターは総合スーパーなどを指している。

　これらのことから、第1類型は洋服購入により労力をかける傾向があり（生活空間から遠い場所で洋服を購入する割合が高い）、「外資系ファストファッション」利用の高さも都心部で洋服を買う割合が高いことが影響していると考えられる。

　一方、第3類型は洋服を身近なところでも買う割合が他の類型よりも高いことが確認できる。有意に利用率が高かったショッピングセンター（スーパー）やショッピングモールは古着屋や路面店とは異なり、洋服を買うためだけに利用される場所ではない。この点は、残差に有意差はないものの利用率の高かった駅ビル（79.5％）にも当てはまる。つまり、第3類型は洋服購入に労力をかけない傾向にあるのだ。「国内ファストファッション」であるポイント系列の利用率が全体平均と変わらない点も、これらのブランドが積極的に選ばれているというよりは、彼女たちにとって利用頻度の高い駅ビルやショッピングモールにこれらのブランドが出店しているために接する機会が多いからだと考えられる。

ファッションとの関わりの違い──「話のネタ」と「流行への関心」

　先に洋服の購入頻度と金額が第3類型と第4類型で低いことを確認した。このようなファッションとの関わりの弱さは他の質問項目からも確認できる。「好きなファッションについて友だちと話すか」（【表6-5】）という質問に対して「あてはまる」と答えた割合（平均30.6％）は、第3類型が16.7％と有意に低く、「つねに流行のファッションをチェックしたい」（【表6-6】）でも「あてはまる」は10.3％であり、全体平均（23.5％）より有意に低い。そして、この2項目は第3類型が4類型のなかでもっとも低くなっている。

　このことから、第3類型は積極的にはファッションに関わろうとしていないことが分かる。

表6-5　好きなファッションについて友だちと話をする（女性）

	あてはまる		ややあてはまる		あまりあてはまらない		あてはまらない		合計
自己表現かぶらない	**63**	42.0%	55	36.7%	**22**	14.7%	10	6.7%	150
自己表現非かぶらない	22	46.8%	14	29.8%	10	21.3%	1	2.1%	47
非自己表現かぶらない	**13**	16.7%	30	38.5%	**30**	38.5%	5	6.4%	78
非自己表現非かぶらない	**18**	17.3%	37	35.6%	**38**	36.5%	11	10.6%	104
合計	116	30.6%	136	35.9%	100	26.4%	27	7.1%	379

$\chi^2=42.148***$ (df=9)
太字は調整残差が±1.96以上（5%水準で有意）であることを意味している。

表6-6　つねに流行のファッションをチェックしたい（女性）

	あてはまる		ややあてはまる		あまりあてはまらない		あてはまらない		合計
自己表現かぶらない	**57**	37.0%	51	33.1%	**32**	20.8%	14	9.1%	154
自己表現非かぶらない	12	25.5%	20	42.6%	11	23.4%	4	8.5%	47
非自己表現かぶらない	**8**	10.3%	31	39.7%	30	38.5%	9	11.5%	78
非自己表現非かぶらない	**13**	12.5%	26	25.0%	**48**	46.2%	17	16.3%	104
合計	90	23.5%	128	33.4%	121	31.6%	44	11.5%	383

$\chi^2=45.655***$ (df=9)
太字は調整残差が±1.96以上（5%水準で有意）であることを意味している。

　逆説的だが、関わろうとせず、洋服の購入にも労力をかけないがゆえに、身近なところにもある「ファストファッション」との関わりが強くなっているのだ。

ファストファッションの逆説──差異の乏しい服が喚起する差異への感度

「ファストファッション」の拡がりは、服装において差異を明示することを重視しない傾向を強化しているのか、それとも、差異を示すことを生活空間での服装にまで浸透させる役割を果たしているのか。これが、本節の冒頭で掲げた問いだった。

「外資系ファストファッション」の利用率が第１類型で有意に高く、

「国内ファストファッション」が出店しているショッピングセンター（本調査の質問項目では「ショッピングモール」がこれに該当している）の利用率は第3類型で有意に高かった。この二つの類型は「ファッションが他の人とかぶらないようにしている」という質問項目に対して「あてはまる」と答えたグループであり、（因果関係として説明することはできないが）ファストファッションの拡がりは服装において差異を示すことを広く浸透させていると推論することができる。

ただし、第1類型と第3類型では「かぶらないこと」の意味が大きく異なっていることに注意する必要がある。この点は「目立つ服装にならないようにしている」（【表6-7】）という質問項目に特徴的に表れている。「あてはまる」の割合は第1類型で4.5％であるのに対して、第3類型は23.1％である。また、「ファッションを選ぶ時は、同性の友だちの目を特に意識する」（【表6-8】）に対する「ややあてはまる」の割合も第3類型で34.6％と有意に高い。

「好きなファッションについて友だちと話をする」割合が有意に低かったこと（【表6-5】）を踏まえると、第3類型にとって「かぶらないこと」は「悪目立ちしないこと」を意味していると考えられる。つまり、「かぶらないようにしている」のは積極的に差異化をはかるためではなく、「かぶってしまうことを避ける」ためなのである。

先に確認したように、「ファストファッション」はファッションに関わる空間を拡げることで、どこにいても少なからず自分が着ている服装が示す他者との差異に気を使うという態度の拡がりをもたらした。他方で「ファストファッション」には一見して分かるような特徴がない（「どれも一緒」）という共通する特徴があったため、それらを着ることは「〜族」や「〜系」のように他との差異をまとうことにはつながらなかった。つまり、「ファストファッション」は差異を意識するという振る舞いを差異の乏しいアイテムとセットで遍在化させたのである。

「差別化という悪夢」はもはやファッションによって自己を表現しようとする者たちを悩ませるものではないだろう。しかしながら、ファッシ

表6-7　目立つ服装にならないようにしている（女性）

	あてはまる		ややあてはまる		あまりあてはまらない		あてはまらない		合計
自己表現かぶらない	**7**	**4.5%**	**40**	**26.0%**	55	35.7%	**52**	**33.8%**	154
自己表現非かぶらない	3	6.4%	17	36.2%	15	31.9%	12	25.5%	47
非自己表現かぶらない	**18**	**23.1%**	28	35.9%	19	24.4%	13	16.7%	78
非自己表現非かぶらない	**22**	**21.2%**	**44**	**42.3%**	29	27.9%	**9**	**8.7%**	104
合計	50	13.1%	129	33.7%	118	30.8%	86	22.5%	383

$\chi^2=48.107^{***}$ (df=9)
太字は調整残差が±1.96以上(5%水準で有意)であることを意味している。

表6-8　ファッションを選ぶ時は、同性の友だちの目を特に意識する（女性）

	あてはまる		ややあてはまる		あまりあてはまらない		あてはまらない		合計
自己表現かぶらない	25	16.6%	41	27.2%	50	33.1%	35	23.2%	151
自己表現非かぶらない	10	21.3%	9	19.1%	19	40.4%	9	19.1%	47
非自己表現かぶらない	15	19.2%	**27**	**34.6%**	26	33.3%	**10**	**12.8%**	78
非自己表現非かぶらない	**8**	**7.7%**	21	20.2%	45	43.3%	30	28.8%	104
合計	58	15.3%	98	25.8%	140	36.8%	84	22.1%	380

$\chi^2=18.126^{*}$ (df=9)
太字は調整残差が±1.96以上(5%水準で有意)であることを意味している。

ョンとの関わりが薄い者たちにまでこの悪夢は、「少しだけましな悪夢」という選択肢を与えることなく、ゆるやかに拡がっているようである。

注
(1) 読みやすさを考慮し、論旨に影響のない範囲で発言を削っている。また、この発言は収録された2010年時点のデザイナー達の考えを示すものであり、2017年時点でも同様の考えを彼らが持っていることを示すものではない。
(2) 質問項目は「あてはまる」、「ややあてはまる」、「あまりあてはまらない」、「あてはまらない」の四件法となっていたが、分析に際して、前二者を「あてはまる」、後二者を「あてはまらない」にリコードした。
(3) (株)パルコ　アクロス編集部が1980年から渋谷・原宿・新宿の三か所で行っている「定点観

測」。筆者はこの「定点観測」に 2006 年から参加していた。質問項目作成においてはこの調査データを参考にしている。
(4) 以下では紙幅の都合上、分析対象を女性にしぼる。
(5) これは調査対象地区の練馬区を含む東京都内を念頭に置いたものであり、その他の地域に出店していなかったわけではない。

第7章 「おたく」の概念分析
雑誌における「おたく」の使用の初期事例に着目して

團康晃

1 はじめに

「あなたはおたくですか？」と問われた時、あなたはどう答えるだろうか。「練馬調査」では、「自分はオタクである」というカテゴリーの自認についての質問に対し、44.2%の回答者が「そう思う」「ややそう思う」と回答し、「わからない」や無回答は4.7%だった。つまり、95.3%の回答者が何らかの「オタク」カテゴリーについての理解のもとに回答を行っていた。

このように「おたく」は現代日本において多くの人びとに知られているカテゴリーの一つであり、90年代以降、多くの批評家や研究者が現代社会的なトピックとして言及し、その歴史についての研究も蓄積がなされてきた（宮台1994→2006など）。そして、その多くが、83年を起源とする「おたく」という集団の持つコミュニケーションの特徴や人格類型に注目して論じてきた。

本章は、これまでの研究でなされてきた「おたく」集団の特徴やその歴史について記述するタイプの研究とは異なる立場から、「おたく」というカテゴリーをめぐる人びとの活動を見ていきたい。この着眼点の違いは次節で詳述するが、その主眼にあるのは、「おたく」カテゴリーの問題は、その歴史を記述する者、研究者だけの問題ではなく、何よりまずその時代時代に生きる人びとにとっての問題でもあるという点だ。

私たちは「おたく」というカテゴリーを持たない時、誰かをあるいは自らを「おたく」として分類することはできない。「おたく」というカテゴリーがなければ、研究者は重要な研究トピックとして特定の人びとを「おたく」集団として措定することができない。さらにこの事実は研

究者にとっての対象の同定の問題だけでなく、人びとの活動にとっても極めて重要な問題となっている。この点については、近年蓄積されている「おたく」を対象とする研究においても示唆されている。

たとえば、宮崎（1998）は教室にいるある人びとに「おたく」というカテゴリーを適用することで分析を進めながらも、その適用の適切性判断の難しさ、「おたく」かどうかの線引きの難しさがあることを指摘している。また、七邊（2005）は、同人誌即売会へ参加する人びとを「おたく」と同定しようと、参加者自身にインタビューしてみると、「おたく」であることを自認していない者がいるという事実を指摘し、集団と文化の関係について議論を展開していた。また、金田（2007a）は同人活動に参加する女性が「同人（※筆者注：ここでは同人サークルのメンバー）」であることを隠すということについて、彼女らが様々な情報誌からその規範を身につけることを指摘している。「おたく」であるかどうかは研究者の定義によって一方的に決定することもできるが、何より人びとは「おたく」であるかどうか、そのアイデンティティをめぐる様々な活動を日々行っている。

そして、このような事例に見られる活動が、「おたく」カテゴリーについての知識によって可能となっている。つまり、七邊がフィールドでみた人びとは同人イベントに出ることと「おたく」であることの区別ができるからこそ「おたく」ではないと答えることができ、金田の紹介する事例は同人をしていること、オタクであることを他人に知られることがいかなることなのかということを当人たちが理解しているからこそ、隠すのだ。「おたく」やそれに関連するカテゴリーについての知識の下、人びとはさまざまな活動を組織することができるのである。

このような本論の立場は、「おたく」カテゴリーの歴史にかんする先行研究に対しても、これまで示されてこなかった知見を提示することができると考える。「おたく」カテゴリーに着目した歴史研究として、松谷（2008b）は詳細な資料を用いた研究を行っており、本論で扱う資料の範囲も重なるところが大きい。だが、松谷（2008b）と本論はその分

析方針が異なる。松谷のアプローチは、社会構築主義の方法論として言説分析を採用しており、そこでは「社会問題」の実在、ここでは〈オタク〉の実在についての判断を留保し、言説の相互作用を分析していくと宣言し、〈オタク〉の意味が時期や出来事を通し変化していく過程を詳細に描いている。

本論は、松谷（2008b）で検討される資料やそこで取り扱われる〈オタク〉カテゴリーの含意、〈オタク〉イメージについての指摘を否定するものではない。しかし、〈オタク〉の実在の判断を留保し言説のみに着目する時、その言説、テクスト自体が人びとの活動として組織されているという点は見落とされる。

「おたく」についてのテクストが組織される時、先述したように、人びとは「おたく」カテゴリーの意味や使用法を知っているからこそ、そのテクストを組織することができる。本論は実在の判断を留保するという手続きではなく、あくまで「おたく」カテゴリーのもとに組織されるテクストを対象にし、そこでの「おたく」カテゴリーの意味や用法を分析することで、「おたく」カテゴリーがその時代時代に生きる人びとのさまざまな活動を可能にし、時にその活動のなかで変化していくことに注目したい。このような概念分析と社会構築主義との関係については浦野（2008、2009）を参照されたい。

そこで本論が分析していくのは、「おたく」という集団ではなく、上で示したような「おたく」カテゴリーとそのカテゴリーのもとになされる人びとの活動のあり方である。「おたく」というカテゴリーがなかった頃、人びとはいかなるカテゴリーのもとに活動を行い、また「おたく」という分類が登場した時、人びとのいかなる活動の可能性を得たのか。あるいは人びとの活動は、「おたく」というカテゴリーにいかなる影響をもたらしたのか。時代時代の「おたく」カテゴリーの人びととの相互作用のあり方について概念分析を行い、「おたく」カテゴリーをめぐる人びとの経験の可能性のあり方の変化を明らかにしていきたい。

2 本論の立場と調査対象

本節では、あるカテゴリーと人びとの活動の関係を問うていくための研究の立場と調査対象を整理したい。これまでも「おたく」というカテゴリーに注目しつつ、その登場や細分化に着目して歴史を記述してきた研究はあった（村瀬 2003、松谷 2008b）。そして、本論が扱う「おたく」にかんする事例の多くも重なるところがあるだろう。しかし、先行研究は現在の「おたく」という集団を措定し、あるいはあえてその実在の判断を留保し、その表象の変遷を描くというスタイルをとるものがほとんどだったといえる。本論はそのような歴史研究とは異なる概念分析（酒井他編 2009、Winch 1958=1977、Hacking 1986=2000）の立場から資料の分析を行うことになる。

つまり、「おたく」という集団や族をめぐる表象の変遷や歴史ではなく、「おたく」という分類が生じることで、誰かを分類したり、されたりすることが可能になり、さらにそのカテゴリーのもとにいかなる活動が可能になっていくのかという点に注目する。このような分類と人びとの相互作用についての着目は、ある種のラベリング論のように見えるが、ここで注目したい現象は、ただあるラベルを誰かに貼ることで、当人がそのラベルを受動的に受け入れるというだけではない。ラベルを貼られたことで、新たな活動の可能性が開かれ、その活動の結果、ラベルの意味そのものが変化する可能性をも持つ。このような相互作用の過程を、具体的な人びとの活動から明らかにしていきたい（Hacking 1986=2000）。

そうすることで「おたく」という族や集団をめぐる表象の歴史として描く際には見落とされた、人びとの経験のあり方の一端を描き出すことができる。そして、このような方針のもとに資料を分析していく際にはエスノメソドロジー、とくに Sacks が展開していったカテゴリー化の議論（Sacks 1979=1987、鶴田 2008、前田 2009）を参考にしつつ、その資料において人びとがいかなるカテゴリーを用いて、何を行っているのかを具に観察していく。サックスは、人びととは社会学者が問題とするような

第 7 章 「おたく」の概念分析

人種や階層、性別や年齢（子どもや大人などの成長段階）、本論の場合「おたく」として常にあるのではなく、さまざまなカテゴリーの集合におけるカテゴリーの下にさまざまな活動を行っていることを指摘した。つまり、人びとがいかなるカテゴリーの下に行為を行っているのか、行っていると理解するのかは、社会学者の問題だけでなく、当人たちにとっても問題であることへの注目を促したのである。

1 節で紹介した「おたく」の調査についても、常に当人たちが「おたく」でありうるのではなく、むしろいかなるカテゴリーに分類されうるのかという問題が当人たちにとって重要な問題であることを示唆する事例だった。本論は、そのようなさまざまなカテゴリーを使用する人びとの活動の地平において、「ファン」や「若者」といったさまざまなカテゴリーがあるなかで「おたく」というカテゴリーが使用可能になる時、人びとは「おたく」カテゴリーの使用の下にいかなる活動を組織していったのか。さらには、「おたく」カテゴリー自体が他のカテゴリーといかなる関係を持ち、その関係は変化していくのかということを具体的な当時の資料から見ていく。

次に本論がとり扱う調査対象、諸資料について整理したい。これまでの研究でも「おたく」という語に注目し分析する研究はあったが、その調査対象は資料の代表性の問題等から積極的に制限され選択されてきた。これは一つの重要な方針だといえる。しかし、本論は、資料の代表性の問題ではなく、あくまで各資料となるそのテキストがいかなるカテゴリーの下に組織されているのかをそれぞれ分析することを主眼とする。そのため、各節で扱う資料は、3 節では 1970 年代以降の漫画雑誌やアニメのファン向けに出版された雑誌（以下、ファン雑誌とする）、4 節では「おたく」カテゴリーの初出とされる『漫画ブリッコ』に掲載された中森明夫の「『おたく』の研究」、5 節では、その報道において「おたく」カテゴリーを全国的なものにした 1988 年から 89 年に発生した東京・埼玉連続幼女誘拐殺人事件（以下 M 事件）について週刊誌や新聞に掲載された報道テキストを対象とする。

3節を中心に扱うファン雑誌についていくつか説明をしておく必要がある。80年代前後の「ファン」や「おたく」カテゴリーをめぐる人びとの活動を観察したい場合、さまざまな手法が考えられる。たとえば、インタビューを実施し、当時について語ってもらうということも可能だ。しかし、現在ある知識において当時のことを語ってもらう場合、語られる「過去」が「現在」における知識のもとに再構成されることがしばしばある。実際、「おたく」はそのような語りをしばしばもたらすものだった（「多重人格」についての事例としてはHacking 1995=1998）。そこで本論は当時流通し、読まれたテクストを資料としている。また当時のテクストとして、「コミケ」の同人誌資料もまた重要な資料となるが、資料へのアクセスの難しさや文脈の把握の難しさから、イベントカタログの抜粋（コミックマーケット準備会 2005）などを参照するにとどめ、当時出版され、全国で読まれていた漫画雑誌やアニメ雑誌（具体的には『ファンロード』『月刊OUT』）を資料とすることにした。

　ファン雑誌を資料とする理由は次のようにまとめられる。多くの「おたく」研究が指摘し、3節以降の分析でも見られるように、「おたく」は「コミケ」のような同人誌イベントやさらにその背景となる70年代の漫画ブーム、それに伴うさまざまに細分化していったマンガ雑誌の創刊ラッシュ、そしてアニメブームといった、コンテンツ文化として展開してきた（米沢2010ほか）。そのなかで、ファン雑誌というフィールドそのものが、「おたく」であることをめぐる実践のなされるフィールドとして際立った特徴を持つようになっていった。そのなかでもファン雑誌などのテクスト媒体における読者や同じ趣味を持ったファン同士の投稿ハガキを通したやりとりは、その趣味活動そのものを可能にする情報提供の場として全国的に販売され、読まれた場であり、ファンであることをめぐる活動そのものとなっていた（金田 2007a）。

　とくに3節の中心的な分析対象となる『ファンロード』は『月刊OUT』と共に80年代に読者の投稿ハガキを中心に構成されたアニメ雑誌であり、アニメや漫画等さまざまの「ファン」として投稿ハガキを書

く「読者」によるテクストを数多く観察することができる。このような誌面上での同じ読者とのやりとり、しかもそれが先月号のハガキへの言及も含めなされるやりとりはファン雑誌という媒体の特徴だといえる。このような言及も含めたやりとりは、同人誌のあとがきなどのテクストよりもより明確に、そのテクストがいかなるカテゴリーのもとに組織されているのかを分析することができる。

そして4節では、そのようなフィールドであるファン雑誌において中森の「『おたく』の研究」が組織され、そこで「おたく」カテゴリーが使用されること、さらに5節では4節においてファン雑誌において登場した「おたく」カテゴリーが、想定される読者が「ファン」とは異なる新聞や週刊誌という場において用いられる際にいかなる活動が展開され、そこで「おたく」カテゴリーにいかなる変化が起こっているのかをみていく。

3 「おたく」以前のカテゴリーの運用事例
――「ロリコン」カテゴリーをめぐって

本節では、「おたく」カテゴリーが登場する以前に、ファン雑誌に見られる投稿ハガキなどのテクストがいかなるカテゴリーのもとに組織されているのか、当時のカテゴリーの使用法や意味に注目し、そのカテゴリーの理解に基づくテクストを通した活動や、カテゴリーの変化に基づく活動の変化を見ていく。

他者としての「ロリコン」、自己としての「ロリコン」

多くのおたく研究においても繰り返し指摘されているように(コミックマーケット準備会 2005)、70年代以降、漫画ブームやアニメブーム、さらにコミケといった同人誌文化の展開が世間の注目を集める中、そのファンの存在も広く知られるようになっていた。松谷(2008b: 117-118)が指摘するように、当時、そのような人びとに「おたく」というカテゴ

リーが用いられることはなく、「ガリ勉」や「ネクラ」といったカテゴリーが用いられていた。また、このようなカテゴリーが流行語となり、アニメやプラモデルに耽溺するキャラクターが作品内で描かれるようになっている。松谷はこのような状況を「個々人の人格や特性、趣味志向性などへのネガティブな注目は、若者たちのコミュニケーションにおいて前景化し」た状況だと説明している（松谷 2008b: 118）。

たとえば『non・no』（1982. 3. 20. pp59-63）には「男性研究　男の心に潜むロリータ願望症」という記事が掲載され、『朝日新聞』（1982. 12. 22. 朝刊. p17）の「ヤング'82　流行語」という記事では、「ロリコンのネクラ族　もうほとんどビョーキ」といった当時の若者の流行語として紹介されている。ここで用いられている「ガリ勉」や「ネクラ」「ロリコン」といったカテゴリーが、この記述を行う当人（記者など）に適用されたものではなく、他者を記述するためのカテゴリーとして用いられている点に注意したい。松谷が指摘した諸カテゴリーの多くは、特定の人びとをそうでない人たちが他者として記述する際に使用されている（ここでは、「彼ら（「ネクラ」など）／私たち（読者・記者など）」）。そしてある他者をこのようなカテゴリーのもとに記述することで、「ネガティブな注目」はなされているのだ。では一方で、ファン雑誌上で特定の人びとは、自らをいかなるカテゴリーで記述していたのか。

前節で解説した投稿ハガキを中心に構成されている『月刊 OUT』と『ファンロード』に注目した。まず、その誌面上においてもっとも際立った自己へ適用されるカテゴリーは「ファン」や「●●ファン」というカテゴリーである。たとえば『月刊 OUT』（1978. 2. 10）の投稿ハガキには、「ルパンとデビルマンファンの高1の私」（p84）、4月号には「SFファン」「アニメファン」（p98）といったカテゴリーの自己への適用が見られる。そして、投稿ハガキにおいて、自らを「ルパンとデビルマンファン」と記述することは、投稿者が何者なのか、何が好きなファンであるのかを示すことであり、そこで読者は投稿者が何者であるのかを理解することができる。そしてこのような自己を何かの「ファン」として

記述することは、たとえばある特定のファンへの文通の誘いをしたり、同人誌の交換を依頼したりするといったファン文化を可能にしている。このようなテクストによって誌面が構成されることで「ファン雑誌」は「ファン雑誌」としての特徴を成り立たせていた。

ファン雑誌におけるさまざまなカテゴリーの自己適用のなかで、とくに「ロリコン」カテゴリーをめぐるいくつかの事例に注目したい。先述したとおり「ロリコン」等のカテゴリーは新聞などである他者への「ネガティブな注目」を可能にしていた。しかし、ファン雑誌においては、同じ「ロリコン」という語が異なるカテゴリーとして使用されていた。その中でも『ファンロード』におけるいくつかの投稿ハガキのやりとりに着目し、分析を行いたい。

創刊間もなかった『ファンロード』の「エンサイクロペディア・ファンタニカ」という「アニメファン」である「読者」がアニメなどの用語について解説するというコーナーでの投稿ハガキだ。そこには吾妻ひでお風のイラストの傍に次のような説明がなされている。

引用①（『ファンロード』1981. 3. 25. p85）
ロリコン
人類全体が変わるべき理想の型（タイプ）、ニュータイプ、一般人（凡族）とは秘術女子高生あるいは秘術女子学生により容易に判別可能である。→あじましでお

ここで引用された「ロリコン」についての解説がいかなる活動であるのかを理解するために、『ファンロード』という場、その枠組みに注意したい。
『ファンロード』は、アニメにかんする情報や読者の投稿ハガキから構成される雑誌であり、その読者の想定としてアニメの「ファン」であることが期待されている。そこで投稿者は「ロリコン」について、新聞などで紹介された他者に向けられたネガティブなカテゴリーとしてではな

く、「人類全体が変わるべき理想の型(タイプ)」だと説明する。さらに、「ニュータイプ」というアニメ作品「ガンダムシリーズ」において用いられる人称カテゴリーと結び付いたものとして、また「一般人(凡族)」とは異なるものとして説明するのだ。この解説は、いわば一般的な「ロリコン」カテゴリーの理解、つまり他者に適用するネガティブなカテゴリーという意味を、『ファンロード』の想定された読者(「アニメファン」)に理解可能な語彙を用いて逆転させている。つまり、「ロリコン」を「理想の型」、「一般人」を「凡族」として描き出すことである種のジョークにしている。サックス(1974)が指摘するように、ジョークに適切に笑うことができるということは笑ってよいポイントについて理解できていなければならない。そして、ある会話における特定のジョークに笑うことができることは、同じ理解を持つ者としてあることを達成する一つの手段となる。この『ファンロード』における投稿ハガキはそのような知識を資源とすることでその面白さを理解できる。そしてこの投稿ハガキの面白さを理解することは、「アニメファン」として「読者」たることに他ならないのだ。このような「ロリコン」カテゴリーの意味とその使用は先に見た新聞や雑誌上での使用とは明らかに異なることがわかる。

　新聞などのマスメディアにおいてネガティブな意味合いをもつものとして用いられていたカテゴリーが、ファン雑誌やアニメ雑誌、さらにはコミケのカタログにおいて、自己の「好きなこと」を示すカテゴリーとして、時にジョークとして使用される事例は「ロリコン」に限られるものではなかった。たとえば、同性愛的な内容を描く同人誌に対して「ビョーキ」カテゴリーを用いる事例等も見られた(たとえば『コミケットカタログ21』1982.08.08. p6)。

発見された「ショタコン」カテゴリー——「好きなこと」の細分化

　さらに『ファンロード』において注目すべき現象は、読者の投稿のなかで、読者によってさまざまなカテゴリーが発明されていった点にある。

第7章 「おたく」の概念分析

引用①から2ヶ月後の1981年5月の読者からの質問コーナーでは次のような質問がある。

引用②（『ファンロード』1981. 5. 25. p74）
Q. 男の人が小さな女の子を好きなのをロリコンといっている意味はわかるのですが、それじゃあ、女の人が小さな男の子を好きなのはなんというのでしょうか……。（練馬区　幡井祐子）
A. 同じ言葉で総称してもいいはずです。そもそもロリコンは、ロリータという女の子を好きになったことからきた名称ですが、正太郎クンを好きになったショタコンとかいうのは、なんとなくゴロが悪いではありませんか。

この質問は、「ロリコン」という「好きなこと」の分類となるカテゴリーの用法を確認し、その性別が逆転したもの、つまり少年愛好趣味も同じカテゴリーとして使用可能なものなのか尋ねている。この質問に対して、編集者は次のように答えている。少年愛好趣味もまた「ロリコン」でよい「はず」だと。さらにその後、鉄人28号の登場人物である「正太郎」を引用し、「ショタコン」だと「ゴロが悪い」とむしろ、カテゴリーの名称として不適切だと述べている。つまり、悪例として「ショタコン」は例示されていたのである。しかし、2ヶ月後の1981年の7月号には次のようなハガキが投稿されている。

引用③（『ファンロード』1981. 7. 25. p95）
第5号 P.74で正太郎君が好きならショタコンと出ていた。悪いか！
どーせ私はショタコンよ！　正太郎君かわいい♡かしこくて素直で弟にしたいわん♡
でも正直、あのページを読んだ時は驚いた……。自分のこと言われているみたいで……うぅ
ところで最近のエンディング、鉄人ばっかりじゃないのォ

そうそう友人の星亜郎どのは「ショーコン」の方がと申しております。

　投稿内容を見てみると、まず1文目、2ヶ月前のことを指して「正太郎君が好きならショタコンと出ていた」と主張している。注意しなければならないのは、2ヶ月前に書かれていたことは「正太郎君が好きならショタコン」だという主張ではなく、むしろ先の引用でみたように本当は悪例として挙げられていたという点だ。しかしながら、この投稿ハガキでは「ショタコン」は悪例ではなく、一つの「好きなこと」に関連するカテゴリーとして発見されている。そして、「悪いか！　どーせ私はショタコンよ！」と悪例として例示された「ショタコン」カテゴリーを、自己に適用してみせる。そして、自らが「ショタコン」であることを、「正太郎」への思いを綴り、「鉄人28号」のエンディングへの愚痴を記すことで示してみせるのだ。
　ここで使用された「ショタコン」カテゴリーは、ネガティブなニュアンスを持つものだと理解されながら、自己の記述のために用いられていることがわかる。
　さらに、この語は『ファンロード』誌上で、少年愛好を指すカテゴリーとして、引用③での「ショーコン」にも見られるように、さまざまな代替案の提案といった議論も含めて、話題になり、流通することになっていった。2ヶ月後の「イロイロなシュミの人のコーナー」では、次のような投稿ハガキがみられる。

引用④（『ファンロード』1981.9.25. p94）
ショタコンの皆様へ、
ブラッドベリの本をおすすめいたします。
かなり好きそーな男のコが出て来るんですわん☆
　（以下略）　（石川県　猫田猫美）

このように少女愛好者を指す「ロリコン」さらに、「ロリコン」の定

義をめぐるやりとりから生じた「ショタコン」という語は、ある「好きなこと」を指す語として発見され、投稿者たちはこのカテゴリーによって自分の「好きなこと」を記述するようになっていった。また、この号には、「ケストナー・コンプレックス」や「クラリス・コンプレックス」といった「ロリコン」の下位分類となる他のカテゴリーの提案なども見られる。そして、このようなカテゴリーが読者に理解され、用いられはじめることで、投稿者は読者のなかにいる「ロリコン」「ショタコン」という「ファン」よりも詳細で具体的な「好きなこと」を持つ者に向けて、おすすめ作品を紹介し、文通の誘いをし、同人誌の交換をすることができるようになっていく。

　これまでは明確な名を持たず、それでも広義のアニメファンとして『ファンロード』を読んでいた読者たちは、特定の趣味嗜好を持つ者に用いるべきカテゴリーを発明し、投稿コーナーで提案し、同じ「好きなこと」を持った者たちに呼びかけるようになっていく。そして、読者たちは時に提案されたカテゴリーを自己に適用し、時にさらなる下位分類を作っていった。そして、このような下位分類の流通は1982年1月号の「ショタコン」特集というかたちで誌面構成にも影響を持つようになっていったのである。

　ここで見てきた『ファンロード』誌上のやりとりには、カテゴリーの使用をめぐって際立った特徴がある。それは、ファン雑誌において、「ロリコン」などのカテゴリーが「私」や「私たち」の「好きなこと」を記述するために用いられている点だ。引用②と③に顕著なように、「ショタコン」という語は、ファン雑誌上で自らの「好きなこと」を示すためにファン自身が自らに適用する新しいカテゴリーとして発見され、広く知られるようになっていった。つまり、「私」は「ロリコン」ではなくまさに「ショタコン」というカテゴリーでこそ適切に記述されるものだという発見を伴うものとして、自らにそのカテゴリーを用いることで、ロリコン以上に詳細なジャンルとなる「ショタコン」や「クラリス・コンプレックス」を持つ読者に向けて文通やサークル活動への参加

を誘うことが可能になっているのである。

このような「好きなこと」を記述するためのカテゴリーの細分化は、アニメ作品の増加やアニメキャラクターの増加に伴い更なる細分化を進め、さらには誌面上で自らの「好きなこと」が支持され、特集されることを目的とした投稿も増えていく。このような細分化の過程は、コミックマーケットのカタログの誌面にも見られる現象であった。しかし「好きなこと」と「好きなこと」を持つ人を表現するカテゴリーの細分化が進む中、次節でみる中森明夫のテクストで「おたく」が用いられるまで「おたく」カテゴリーが目立って用いられることはなかった。

4 「『おたく』の研究」の分析

本節では、これまで見てきたファン雑誌上に「おたく」カテゴリーがいかなるものとして登場し、受けとめられていったのか、当時の雑誌テクストを対象に見ていきたい。

「『おたく』の研究」と題された中森のテクストは、大塚英志が編集を務めていたロリコン雑誌『漫画ブリッコ』に掲載されたものである。決してメジャーな雑誌ではなかったが、70年代後半から続くロリコン漫画の路線と同人誌文化の合間にあるような位置づけの雑誌として展開しており（米沢 2010: 275）、そこで中森のテクストは、投稿ハガキではなく、自身が主宰だった「東京おとなクラブ」の出張版コラムとして掲載されている。中森による「おたく」カテゴリーについてのテクストは1983年6月号から3ヶ月間連載した後に打ち切りとなった。また翌年の6月号では、投稿欄において編集者の大塚英志から「差別用語」として批判されている。この中森のテクストをめぐる一連のやりとりは、後の「おたく」研究においてその初発の事例として繰り返し指摘されてきた（村瀬 2003 ほか）。

中森のテクストは、「『おたく』の研究」というそのテクストの題名からもわかるように、投稿ハガキのような「私たち」についての記述では

なく、「おたく」という現象についての「研究」という枠組みのもとで組織されたものだ。ここでは、この中森のテクストに見られる「おたく」カテゴリーの使用とそこで分類されるもの、その意味に注目し、そのカテゴリーの登場と、反響について確認していく。

「彼ら」「観察対象」としての「おたく」カテゴリー

前節の「ロリコン」カテゴリーの使用で際立っていた点は、それが「私たち」を記述するために用いられているという点だった。一方、「おたく」カテゴリーは対照的な使用法を持っていた。中森は「『おたく』の研究」の連載の初回を以下のような文章で始めている。

引用⑤（『漫画ブリッコ』1983. 6. 1. p199）
コミケット（略してコミケ）って知ってる？　いやぁ僕も昨年、二十三才にして初めて行ったんだけど、驚いたねー。（中略）それで何に驚いたっていうと、とにかく東京中から一万人以上もの少年少女が集まってくるんだけど、その彼らの異様さね。（後略）

中森は、報告すべき研究のフィールドとなった「コミケット」を知っているか読者に問いかける。そして、そのイベントに中森は初めて足を運び、そこで研究対象となりうる「おたく」と呼べそうな異様な事態、人びとに出会い、驚いたことを報告している。このテクストの組織において注意しなければならないのは、前節で見た投稿ハガキの投稿者と中森では、そのテクストを組織する際の書き手の立場が明らかに異なる点だ。引用②③が「私」を記述するために「ショタコン」カテゴリーを用いて、「私たち」「ショタコン」とのやりとりを行っていたのとは異なり、中森は自らと「異様な」「少年少女」たちとを同じカテゴリーのもとに記述できるものとはせず、「彼ら」として記述している。中森は「私／彼ら」、「観察者／観察対象」という区別における「彼ら」「観察対象」に適用されるものとして「おたく」カテゴリーを使用している。そして、

3回の連載を通してこのカテゴリーの関係は一貫していた。

　前節や本節での諸カテゴリーに基づくテクストの組織を見ていくと、70年代以降急激に発展するファン文化を言説として捉える場合には見られない、人びとの経験のあり方が見えてくる。つまり、「ファン」として「自己」を描くことと、「他者」としての「ファン」を描くこととでは、同じ時代の同じ人びとを描くのであっても大きく異なっている。このような事実は、サックスが人びとの記述実践についての洞察において指摘していた。サックスは、ある出来事の当事者として報告することと、傍観者として報告することではその出来事を語る権利や驚く権利に違いがあることを指摘している（Sacks 1984）。「ロリコン」カテゴリーが、まさに当事者としてそのファン活動を行うために使用されていたのに対し、「おたく」カテゴリーは中森という「観察者」にとっての「観察対象」を名指すものとして用いられている。

「好きなこと」と活動形式の分類としての「おたく」カテゴリー

「おたく」というカテゴリーを用いてあるファンやその活動を記述する際の中森の位置づけを見るなかで明らかになったのは、前節で投稿者が「ロリコン」カテゴリーを自らに適用し、「私たち」の「好きなこと」をめぐる活動を可能にしていたのに対し、中森は「おたく」カテゴリーを自らに適用することなく、自らを明示されない「観察者」として「観察対象」である異様な「彼ら」に「おたく」カテゴリーを適用している点だった。また、「おたく」カテゴリーは、このような適用する者／される者の違いだけでない。くわえて注目したいのは「おたく」が、「ロリコン」や「ファン」といった「好きなこと」の分類とも異なる点だ。

　中森は打ち切りにあうまでの3回の連載において、「おたく」にまつわるエピソードを紹介し、そこで「おたく」の特徴を列挙していた。そこで中森は、「おたく」に出会う場所や状況、その活動の特殊性と彼らの「好きなこと」とを結びつけている。

　中森は「おたく」と遭遇したエピソードの舞台として第1回と第2

第7章 「おたく」の概念分析

回に「コミケット」、第3回にはマンガ同人誌の置いてある本屋を挙げている。このような場がある特定の「好きなこと」を持った人が集まる場であることは『漫画ブリッコ』読者にとって理解できるだろう。

中森はこの場と「ファン」の関係について十分理解している。中森は「コミケット」という場に集まる「マンガファン」、「SFファン」や「アニメファン」を列挙し、このような人びとが「普通、マニアだとか熱狂的なファンだとか、せーぜーがネクラ族」と呼ばれる人たちだとし、それでも「ファン」といった「好きなこと」に基づく分類ではなく、「現象総体を統合する適確な呼び名」として「おたく」を用いているのだ（『漫画ブリッコ』1983.6.1. p200）。では、「ファン」のような「好きなこと」の分類ではなく「おたく」というカテゴリーを用いる時、そこには何が想定されているのか。

引用⑥（『漫画ブリッコ』1983.6.1. p200）
（前略）普段はクラスの片隅でさあ、目立たなく暗い目をして、友達の一人もいない、そんな奴らが、どこからわいてきたんだろうって首をひねるぐらいにゾロゾロゾロゾロ一万人！ それも普段メチャ暗いぶんだけ、ここぞとばかりに大ハシャギ。（後略）

引用⑥にあるように「おたく」であることは、「コミケット」からわかる「好きなこと」だけでなく、「クラス」における普段の活動との関係性に基づいて分類されている。これは「おたく」カテゴリーが、ただ「好きなこと」の分類ではなく、学校において「友達の一人もいない」「目立たなく暗い」といった活動特性と「好きなこと」の分類とが結びつけられたことを示している。さらに第2回では「おたく」という語の由来として「コミケとかアニメ大会とかで友達に「おたくらさぁ」なんて呼びかけてるのってキモイと思わない」（『漫画ブリッコ』1983.7.1. p172）と読者に問いかけているように、「コミケ」というある「好きなこと」と結びついた場だけが問題なのではなく、そこでの人びとの振る

舞いが問題となっているのだ。中森は他にも、「おたく」の特徴として「決定的に男性的能力が欠如している」(同上)、「二次元コンプレックスといおうか、実物の女とは話も出来ない」(同上)といった活動の様子を挙げて批判する。つまり、「おたく」カテゴリーが適用される人はある「好きなこと」だけでなく、振る舞いや活動もまたその分類のためのポイントとなっているのだ。

「『おたく』の研究」に対する反響——避けられる自己への適用

このような「おたく」カテゴリーの発明、そのテクストは読者にどう読まれたのか。「おたく」カテゴリーは読者たち「ファン」を他者として、その「好きなこと」と活動の異常性とを結びつけるという使用法をもっている。実際、中森は後に、「当の読者の大半は、そのまま僕が"おたく"の研究"でそう呼んだ「おたく」の人びとだったのだろう。いわば、これは一種の読者罵倒とも読める。反発をくらうのは当然だ。(中略)ある意味で挑発したかった」と振り返っている(中森 1989: 94-95)。このような後年の回顧以上に重要なのは、実際に当時の投稿において読者が「おたく」カテゴリーをネガティブなカテゴリーとして理解していたということだ。中森の連載の第一回の後、次の号には中森のテクストへの感想ハガキが紹介されている。

引用⑦(『漫画ブリッコ』1983.7.1. p201)
(前略)東京おとなクラブ Jr. は2人とも本音で書いているのがよい。悲しいかな、私めは昭和三十年生まれ以降の連中の一人なのであった。それに自分が「おたく」ではないと言い切れないのが辛い。(後略)
(山形県　江口繁樹)

引用⑦の読者コーナーへの投稿ハガキの記述を見てみると、読者である江口は、筆者たちと同じ世代であることを述べた後、3文目で「自分が『おたく』ではないと言い切れないのが辛い」と述べている。まずは

「『おたく』ではないと言い切れない」という記述であるが、これは「おたく」カテゴリーの意味の理解にもとづくものだ。「おたく」カテゴリーは、「ショタコン」や「ロリコン」のような特定の「好きなこと」についてのカテゴリーではなく、前項で見たようにさまざまな「好きなこと」を包摂するものであった。故に、「ロリコン」雑誌の読者である江口は、自らが「おたく」でないことを言い切れない。そして、江口は「おたく」であることを、否定できないことを「辛い」ことだと述べる。引用⑤にあるように、中森は「おたく」を極めてネガティブ（「異様」「暗い」）なものとして特徴づけていた。読者もまたこのカテゴリーに対する理解が可能であるが故に、「おたく」ではないと言い切れないのが辛くなるのである。

　読者の投稿ハガキからもわかるように、中森の「おたく」カテゴリーが明らかにネガティブなカテゴリーとしてロリコン雑誌読者に適用されていることは、読者自身にも理解され、最終的に三回で連載を打ち切られた。そして、翌年の6月号の投稿ハガキのコーナーにおいて、「おたく」カテゴリーが使用された投稿ハガキが掲載された。

引用⑧（『漫画ブリッコ』1984.6.1. p190）
最近、マンガ家、編集者のおたく攻撃が泥沼化してきました。最初は健全な批判だったのが、今ではマンガのネタや罵詈雑言のさかなとなっていて非常に不快です。同人誌ファンがエリを正すことも必要ですが、それに水を差すような中傷を繰り返す同人誌の作り手にも問題があります。この問題に取り組んでください。
神奈川県／AHA413

　読者であるAHA413は、まず1文目で「最近、マンガ家、編集者のおたく攻撃が泥沼化してき」たことを報告している。そして、3文目で「同人誌ファン」がエリを正すことの必要性を認めつつ、「同人誌の作り手」のあり方を問題化している。1文目と3文目で用いられているカテ

ゴリーに注目しよう。1文目で「マンガ家、編集者」の攻撃対象として「おたく」という語が用いられているが、「おたく攻撃」という現象の名前として用いることで投稿者自らへの「おたく」カテゴリーの適用を避けている。そして3文目において、自らを「おたく」ではなく、「同人誌ファン」として、「マンガ家、編集者」を「同人誌の作り手」というカテゴリーにおきなおしている。つまり、「おたく」カテゴリーの自己への適用は慎重に避けられているのだ。

この投稿ハガキに対して編集に携わっていた大塚英志は中森の「おたく」カテゴリーについて「これほどあからさまに差別することを目的として作られた〈差別用語〉も珍しい」と言及し、「おたく」への攻撃の打ち切りの経緯を述べた上で相談に応じていた(『漫画ブリッコ』1984. 6. 1. pp190-191)。

以上のように中森の「おたく」カテゴリーは、ネガティブなニュアンスを持つある種の「差別用語」として理解され、その後、3節の「ロリコン」事例のように「私」や「私たち」を示すカテゴリーとしてファン、読者に積極的に用いられることはなく、ファン雑誌においても異様な他者、批判される第三者を描く際に用いられることになっていく(松谷2008b: 119-123、中森1989)。

以上の分析を通して、雑誌における「おたく」カテゴリーが「ロリコン」や「ファン」「ショタコン」とは異なる意味や用法を持つカテゴリーとして登場し、それ故に、ファン雑誌読者の自己を記述するためのカテゴリーとしての使用が広く展開されることはなかった背景は見えてくる。そして、そのカテゴリーがファン雑誌以外で、広く知られることになるのは、1989年のM事件における報道のなかでのことだった。

5 M事件報道における「おたく」カテゴリー
——「おたく」カテゴリーの変容

「おたく」カテゴリーが中森のテクスト以降、大きく注目されることに

なったのは、M事件（東京・埼玉連続幼女誘拐殺人事件：警察庁広域重要指定117号事件）だった。M事件とは、27歳男性のM（※本文における名は全てMとした）による幼女誘拐殺人事件であり、犯行の特異性から当初からメディアの注目が高く、Mの逮捕後、メディアはこぞってMの周辺情報やMの背景についての報道を行った。多くの「おたく」にかんする研究がM事件によって、「おたく」は広く認知されようになったという指摘をしているが、重要な点は広く認知されたという事実だけではなく、事件報道の中で「おたく」カテゴリーの使用法や意味が変化しながら広く知られていった点だ。

以下では、M事件の報道における「おたく」カテゴリーの使用が1983年に中森の発明によって可能になっていたという点、そして、この事件報道のなかで「おたく」カテゴリーが中森のそれとは異なるものへと変化し、それにともないそのカテゴリーのもとになされる活動の可能性の幅が変わっていった点に注目していく。

Mを何者として描くのか　犯罪と世代と結びついた「オタク族」カテゴリー

M事件の報道の中で「おたく」カテゴリーは用いられるが、注意しなければならないのは、当初から「おたく」カテゴリーのみが注目されていたというわけではない点だ。

逮捕直後の『週刊朝日』では、「犯罪史に残るような凶行に走らせた心理的な原因はいったい何だったのか」という見出しのもと、「ネクロフィリア（死体性愛）とペドフィリア（幼児性愛）がつながったのだろう。両方とも性的倒錯の一つだ」（『週刊朝日』1989.8.25. p28）といった推論がなされている。さらに、続く報道のなかでホラービデオやロリコン雑誌で埋め尽くされたMの自室が報道され、被害者の遺体が撮影されたビデオテープが押収されたことで、Mの犯行と「ホラー」や「ロリコン」といった趣味嗜好が結びつけられ、「ホラーマニア」や「ロリコンマニア」をある種の犯罪者予備軍とみるような解釈が登場し、実際に「ホラー」コンテンツの規制要求が起こっていく。

このようなMの犯行の背景を説明するためのカテゴリーの一つとして「オタク族」というカテゴリーも用いられた。9月1日の『週刊ポスト』において、野田正彰はMの部屋について「まさに閉鎖された個室的世界ですね。これはファミコン、パソコン、アニメなどに熱中する少年や"オタク族"などに共通して見られる自閉化された部屋をシンボリックに表わしています」と解説している（『週刊ポスト』1989.9.1.p34）。また、『女性自身』においては、「事件に登場する用語解説」の一つとして「オタク族」についての解説がなされている。

引用⑨（『女性自身』1989.9.5.p20）
ファミコンやマンガしか興味を示さない世代。仲間同士で集まっても言葉を交わすこともなく、ひたすらそれに没頭する。仲間を名前で呼べず「オタク」と呼ぶことから、この名がついた。
「オタク、あのテープ持ってる？」とはアニメオタクの挨拶語

中森が後に指摘しているが（中森 1989: 93）、「オタク族」という表記は1983年の中森のテキストにおいて用いられたものではなく、その後のファン雑誌において用いられた表記である。しかしこのカテゴリーの紹介において注目すべきは、『週刊ポスト』『女性自身』共に「オタク族」を「ファミコン」や「マンガ」「アニメ」といった趣味嗜好の分類と、部屋の様子から推察される「自閉化」、「言葉を交わすこともな」いという活動の特性が結びついたものとしてとらえている点だ。これは、1983年において中森のテキストにおける「おたく」カテゴリーの用法にも見られた特徴であった。また、『女性自身』のテキストにおいては、「仲間を名前で呼べず」という中森のテキストには見られなかった特徴が加えられつつ、中森が83年の第二回の連載で示した「おたく」と呼び合うというエピソードが紹介されている。さらに、ここでの「オタク族」カテゴリーも中森の「おたく」カテゴリーのように、自己ではなく他者を描くためのカテゴリーとして用いられている。M事件における

Mの特徴を表現するための資源として中森の「おたく」カテゴリーは、変更を加えられ使用されている。中森のテクストにおける「おたく」は「オタク族」という語への変化を経て、Mの特徴を表現するための一つの資源となっていった。

さらに、「オタク族」カテゴリーの使用可能性が中森によって準備されていたという点だけでなく、報道のなかで「おたく」カテゴリーの内容自体が変化しているという点も重要である。一つには「オタク族」カテゴリーがM事件という特異な犯罪の特徴化に用いられることで、そのカテゴリー自体がM事件という犯罪と結びついた点が挙げられる。中森のテクストにおいて「おたく」は批判されてはいても、犯罪との結びつきが示されることはなかった。しかし、「おたく」「オタク族」カテゴリーは、M事件の説明に用いられる時、「ロリコン」や「ペドフィリア」といった他のカテゴリーと共に犯罪を引き起こしうる人びととしての意味が加えられる。『週刊ポスト』においては、次のような推論が示されている。「Mは、年齢的にも、このオタク族の先駆けといったところだろうか。そして翻って考えれば、現在のオタク族の中から第2のMが出てくる可能性も十分あるということになる」(『週刊ポスト』1989. 9. 1. p34)。

もう一つに、M事件の報道のなかで「オタク族」が特定の世代、「少年」や読者の「子ども」を指すものとして理解されている点にも注目したい。中森のテクスト以降、『月刊OUT』などのファン雑誌において「おたく」カテゴリーは「ファン」内における逸脱者、他者として描かれる時に用いられ、ことさら世代を分類するカテゴリーとして用いられることはなかった。しかし週刊誌や新聞の報道で用いられる時、引用⑨にあるように、「オタク族」カテゴリーは27歳のMと同世代に見られる異常な特徴として使用されていく。これは報道される媒体、週刊誌等に期待される読者の問題ともかかわっている。ファン雑誌の想定される読者は当然ファンであり、ある程度読者の世代も想定可能だ。一方で、週刊誌や新聞といった媒体では、想定される読者は「ファン」ではなく、

一般の広い読者となる。このような媒体で「おたく」カテゴリーが使用される時、ファン雑誌では問題とならなかった「世代」の問題に焦点があてられた。

M事件の報道における「オタク族」カテゴリーの特徴として、これまではなかった犯罪者予備軍となる世代という意味の拡張について確認したが、このような報道におけるMの特徴化のもっとも際立った報道形式が、読者としての「親」が自らの「子ども」に対して実施するMとの類似性についての「チェック判定表」だった。「各家庭でその「異常」の若芽を摘み、二度とこんな事件がおこらないように、というのが私たちのスタンスである。「子供部屋を解剖してじっくり観察を」」(『サンデー毎日』1989. 9. 10. pp29)。このようなチェック表は、「子」の特性と犯罪との結び付きを「親」がチェックするという「親子」の関係の規範のもとに描かれていることがわかる。つまり、週刊誌や新聞といった媒体において、「オタク族」カテゴリーはある種「子」の世代の問題、さらには「親子」の問題として拡張されている。そこには3節で見たような「私たち」としての「ロリコン」や4節で見た「彼ら」としての「おたく」とは異なる、「子」に責任を持つ「親」が発見し、なくすべき異常な世代としての「おたく」「少年」が描かれるのである(「大人」と「子ども」のカテゴリーについては、Sacks (1979=1987))。

以上見てきたように、「オタク族」は犯罪者予備軍といった意味、そして特定の世代という意味を加えられたカテゴリーとして、そして「親」や「大人」が発見しなくすべき「子」や「若者」の問題として全国紙・週刊誌のなかで用いられていく。それは、中森が「おたく」というカテゴリーを発明した頃の内容を拡張するものとなっていた。

大塚のテクストの組織に見られる「我々」としての「おたく」カテゴリー

このような報道のなかで、かつて中森の「おたく」カテゴリーを批判した大塚はMと同世代の人間として記事を寄せている(『週刊読売』1989. 9. 10. pp24-26)。そこで、大塚は中森の「おたく」カテゴリーとも、

M事件の報道における「オタク族」とも明確に異なるカテゴリーの用法のもと、そのテクストを組織していく。そもそも83年において大塚は「おたく」を「差別用語」として使用することを避けるべきだとしていた（『漫画ブリッコ』1984.6.1.）。その大塚が「おたく」カテゴリーのもとに何を行っているのか。これはM事件のなかで中森の「おたく」カテゴリーが犯罪と結び付いた特定の世代を分類するカテゴリーとして拡張されていく文脈のなかで理解しうるものだ。

Mの犯行と結びついた諸特徴の一つとして「オタク族」が注目され、犯罪者予備軍世代として問題視される中、大塚はMの「同世代」として、「ぼくらは同じ尻尾を持っている」という記事を書く。大塚はそのテクストの冒頭でM事件の直後、83年に「けんか別れ」していた中森から電話があったことを述べ、続いて以下のように続けている。

引用⑩（『週刊読売』1989.9.10. p25）
この事件を聞いたらじっとしていられなくて。中森さんと僕だけでなく、いわば、元おたく少年だった同年代の作家や編集者たちは、M君と同じ尻尾を持つものとして、みんなこの事件に動揺し、頭を抱えているんです。

ここでは「中森さんと僕」さらには多くの同年代の作家や編集者たちが、Mと同様な「元おたく少年」というカテゴリーのもとに描かれている。前節で見たように、中森の83年のテクストにおいて、中森は自らを「おたく」カテゴリーのもとにテクストを組織してはいなかった。また大塚も当時、自らを「おたく」として明示していなかった。中森はあくまで「おたく」を「彼ら」として描き出し、このことに対して大塚は差別的であるとし、打ち切っていたのだ。にもかかわらず、引用⑩で大塚は「元おたく少年」というカテゴリーを同じ世代、「我々」として用い、そのカテゴリーのもとで「動揺し、頭を抱えている」と述べている。さらに、大塚は「元おたく少年」であることを「我々」の問題とし

ながら、報道において用いられる「オタク族」カテゴリーのあり方、つまり犯罪との結びつきに対して疑義を示す。

　引用⑪（『週刊読売』1989. 9. 10. p26）
　では、今田勇子であるぼくらがいて、なぜ彼が犯罪者となり、ぼくはそうでなかったのか。この立場の差はどこで生じたというのか。言うならば、あみだくじを引くときの運、不運の差に過ぎないのではないでしょうか。

今田勇子とはMが犯行声明で用いた名前である。大塚は同じアニメや漫画を読んできた自らの世代について、「ぼくらのなかに今田勇子がいる」と例えた上で、上記の引用を続けている。つまり、「おたく」であることは「ぼくら」にも当てはまるものであり、犯罪者になりうることと結びつくものではない。「犯罪者」となりうるかどうかは「運、不運の差」に過ぎないのだと。このようなテクストの組織のなかで、大塚は「おたく」カテゴリーを「犯罪者予備軍」の「世代」としてではなく、「ぼくら」のカテゴリーとして使用する。そうすることでM事件における「オタク族」カテゴリーの使用に基づく「オタク族」への批判への疑義を示すのだ。ここで83年に中森によって示された「異様な少年少女」に適用されていた「おたく」カテゴリーは、「ぼくら」を指すカテゴリーとして使用されている。そして、そのカテゴリーの用法の変化は、M事件における「オタク族」批判という文脈への大塚の態度表明のなかで起こっていたのである。さらに、大塚はこのテクストのなかで「おたく」の問題を「消費社会」の問題として、その内容を拡張していく。

　引用⑫（『週刊読売』1989. 9. 10. p26）
　今、感じていることは、「おしゃれ」なものを追い、おたくとは対極に位置していると思っている人たちも、案外イコールなのではないかということです。

たとえば、各国の無数の食器を特集している女性誌がある。無数のアニメだと「おたく」で、お皿だと「おしゃれ」なんでしょうか。本当は、全部「いらない」もので、無意味なコレクションです。この消費社会に生きるものがM君にかんして今、何を言っても、それがやがて自分たちに返ってくるような気がしています。

　大塚はこのテクストの最後で、「おたく」の対極にある人たちも「案外イコールなのでは」ないかと主張している。そこで「イコール」になる理由として、「おたく」もそうでない人たちも「無意味なコレクション」を集めるような「消費社会」に生きる者であり、同じ「消費社会」に生きる者が同じ者に批判を向けても、自分に返ってくると述べる。
　この主張は一見極論に見えるが、「おたく」を批判の対象として扱うのではなく、「消費社会」の問題として取り扱うという態度は、後続のM事件の「おたく」批判に対する議論として繰り返し用いられている。半年後に出版された『別冊宝島　おたくの本』においても「「おたく」こそはポスト産業社会を読む鍵に違いない。この本はそういう視点のもとに、「おたく」の記号生産と消費の現場に直接切り込んだ日本で初めての試みである」（宝島 1989）といった宣言のもと、さまざまな切り口から「おたく」について論じられている。
　大塚の記事自体が、このような「おたく」カテゴリーのもとに「消費社会」を論じる可能性を直接的に切り開いたものだと主張するものではない。しかし、M事件の報道における「オタク族」と犯罪との結びつきに対して大塚が「おたく」カテゴリーを用いて組織したテクストは、大塚らをMと同じ「おたく」カテゴリーのもとに置き、読者である人びとに対し、この問題が消費社会に生きる我々すべての問題であることを主張する。この時、「おたく」カテゴリーは批判対象ではなく、「我々」が引き受けるべき消費社会の問題の一つとして用いられ、そこで「おたく」をめぐる議論にかんする新しい活動の可能性は開かれ、実際にM事件の報道における「オタク族」批判への疑義は可能になった。そして、

このような「おたく」カテゴリーの変化のなかで後に展開されるような、「おたく」へのポジティブな議論、消費社会論としての「おたく」論は展開されるようになっていったのである。

6 結語

　本論は、「おたく」カテゴリー登場以前のファン雑誌における投稿ハガキ（3節）、「おたく」カテゴリーの登場としての中森のテクスト（4節）、そして「おたく」カテゴリーが広く知られることになった契機であるM事件報道（5節）を対象に、それぞれのテクストがいかなるカテゴリーのもとで組織され、その記述のなかでカテゴリーそのものがいかなる変化をしてきたのかを見てきた。「おたく」カテゴリー登場以前、ファン雑誌では、まさに「ファン」であることをめぐって当時ネガティブな意味を持った分類として新聞などで見られた「ロリコン」などのカテゴリーが自らの「好きなこと」を指す分類として用いられ、その使用を通してより細分化されたファン活動が可能になっていた（3節）。このような「読者」であり「ファン」であることが期待される雑誌において、その「読者」をその「好きなこと」だけでなく活動においても異様な他者とするカテゴリーとして「おたく」カテゴリーは登場し、読者にはネガティブなある種の差別用語として理解され、読者自身を記述する際に適用されるものではなかった（4節）。このような「おたく」カテゴリーが広く、週刊誌や新聞においても使用されるようになったのは、89年のM事件の報道だった。そこで「おたく」カテゴリーは、「ペドフィリア」などのカテゴリーと共にMの犯行の特異性を説明するために用いられ、異常な犯罪を起こす可能性のある世代を分類するものとして、親が管理すべき子どもの異常性として批判されていった。83年の「おたく族」カテゴリーは拡張されていったのである。そのような文脈の中、かつて「おたく」を差別用語として批判していた大塚は「おたく」を「我々の世代」を指すカテゴリーとして用いはじめる。それは、

M事件における「おたく」と犯罪の結びつきへの疑義であり、そのテクストのなかで大塚は「おたく」を消費社会と結びついた現象として表現し、その分類の基準を拡張していった。このテクスト自体はその後に言及されることは少ない。しかしながら、後に見られる「おたく」についての語り、現代社会、消費社会の問題として、その可能性を模索するという立場は、M事件の報道における「オタク族」カテゴリーの使用という背景において有意味になるテクスト実践のなかで生み出されたことがわかる。

これは、「おたく」というカテゴリーの登場、そしてその使用をめぐる人びとの活動のなかでの「おたく」カテゴリー自体の変化の記述である。このような記述は、「おたく」であることの可能性の変容を示し、私たちが、今、「おたく」という人びとを問題とすることの基盤をなす「おたく」カテゴリーのあり方の一端を明らかにするものだ。

今回論じた80年代以降、「おたく」カテゴリーは広く知られ、メディア上では、自らを「おたく」として呈示する者も多く見られるようになった。「おたく」カテゴリーは変化しながら、「おたく」カテゴリーのもとになされる活動の可能性の幅もまた変化していくだろう。そこでいかなるカテゴリーと人びとの相互作用のもとに、後に「分化する」〈オタク〉(松谷 2008b)、「能動的なオタク」(村瀬 2003: 139)と評され、多くの人が自らを「オタク」だというような活動が展開されていくのかは、今後の課題としたい。

注
(1) 引用などでない限り「コミケット」、「コミックマーケット」等は「コミケ」と表記した。
(2) 例外的な事例として、『ファンロード』(1982.1.25.p20) においては、新井素子が用語解説コーナーにおいて「あたし 多用される一人称代名詞 「おたく」の逆」という解説を行っている。だが、4節で見るように、中森の「おたく」カテゴリーは、新井の使用する「おたく」とは言葉は同じでも概念としては大きく異なっている。本論はこのような点からも、語の有無や初出ではなく、そのカテゴリーの使用や意味に注目していく。
(3) 『月刊OUT』(1977.9.10から1990.3.01)と『ファンロード』(1980.10.25から1990.12.

01）を対象とした。
（4）同様なカテゴリーの下での推論は、『週刊現代』（1989.9.2. p30）においても見られる。
（5）「ホラー関係者緊急座談会　ロリコンのほうがよっぽど危ない」（『週刊朝日』1989.9.1. p26.）
　　「彼の妄想はここ（※自室）で虚構から現実へと這い出していった」（『サンデー毎日』1989.9.3. p33　※筆者注）
（6）同様な「精神医療関係者」によるチェック表が『週刊読売』（1989.9.10. p29）にもある。

初出：團康晃「「おたく」の概念分析：雑誌における「おたく」の使用の初期事例に着目して」『ソシオロゴス』(37), pp.45-64, 2013年
※ただし、大幅に加筆を施している。

第8章 動物たちの楽園と妄想の共同体
オタク文化受容様式とジェンダー

北田暁大

1 はじめに

 ある特定の趣味に対する特異な没入の形式と人格類型とを結びつける社会的カテゴリーとして、80年代ごろから一般的に使用されるようになった「オタク」。その趣味嗜好の特性やパーソナリティ・社会関係については、すでに、かれらが好むコンテンツの批評的分析や、かれらに固有のものとみられる消費行動、交遊形態についての質的分析などによって、多くの知見が蓄積されてきた。また近年では、團（2013b）などが、「オタク」カテゴリーの使用を可能にする理由空間に着目し、精緻な概念分析を試みている（本書第7章）。

 第2章で述べたように、そうした知的蓄積のなかでも——少なくとも2000年代以降——批評・思想的文脈のみならず、社会学者によっても（肯定的・否定的に）引用、参照される機会が多く、オタク文化論の中心的位置を占めてきたのが、東浩紀のデータベース消費論である。

 主として『機動戦士ガンダム』や『エヴァンゲリオン』、ゲームなどのテクストクリティークにもとづき、メディアテクストを内容・物語定位的に受容する（一定の世界観と相関した物語的な奥行きを求める）のではなく、キャラクターの断片的要素（萌え要素）を、それらの要素が蓄積されたデータベースから抽出し、それらを加工・編集するという非物語志向的な受容の様式に、ポストモダン社会の世界認識の特質を見いだす東の議論は、フィールドワークや歴史分析にもとづく社会学的研究によって継承されてきた。

 本章では、東浩紀により提起されたデータベース消費をオタク的文化受容の特質として経験的に（empirical）捉えることができるかどうかを、

ブルデューの文化理論の適用可能性の検討を通して計量データにもとづき検証するとともに、②東園子——東浩紀の議論を批判的に継承した——によって提示された女性オタクの「相関図消費」との対照に焦点を当てつつ、オタク文化受容の様式とジェンダー・セクシュアリティとの関わりについて考察する。

　これらは、ブルデュー的な論理構成とは異なる形でサブカルチャーを分析する学的方法論としてのデータベース消費論の可能性を模索する（学的文脈と接合する）とともに、データベース消費論において付随的な位置しか与えられていないジェンダーという社会的変数の持つ重要性を指摘することにより、その基本的な構図に変更を迫る作業となるだろう。最終的には、ポストモダン的に映る表層的な受容様式が、きわめてモダンな性愛や家父長制——東がいう大きな物語の代表格——への志向と分かち難く結びついていることを示すこととしたい。

2　「アニメ界」の固有性

　まずは、アニメという界がいかなる意味において自律性を持つといえるのか、という第2章の議論の復習から始めよう。本章から読み始めた読者は第2章の5節以降を読んでから、本章を読み始めてほしい。

　東浩紀のいうデータベース消費とは、その理論的含意は別として、現象論的にみれば、「原作の物語とは無関係に、その断片であるイラストや設定だけが単独で消費され、その断片に向けて消費者が自分で勝手に感情移入を強めていく」という「キャラ萌え」のように、「物語やメッセージなどほとんど関係なしに、作品の背後にある情報だけを淡々と消費する」受容の様式である（東浩紀 2001: 58）。そもそもこうした「物語やメッセージ」を後背化させる表層的な受容の様式は、オタク的とされるアニメ・マンガ等の受容においてどの程度重要な意味を持っているのだろうか、またそれはブルデュー的な卓越化の論理とどのような関係を持つのか、これが第2章の課題であった。

ブルデュー理論では、主体は、各々が持つ文化資本と経済資本の比およびその資本総量によって社会空間へと位置づけられうるわけだが、各主体は自らの資本を元手に、位置どりについてある種の「戦略」にもとづき卓越化のゲームを実践する（象徴闘争）。このゲームの規則がある程度共有され象徴闘争が展開される相対的な自律した場が界と呼ばれる。ブルデュー自身が繰り返し注意を促すように、卓越化・差異化の実践は必ずしも意識的・明示的なものではなく、非意識的な形で身体に蓄積されたハビトゥスが重要な役割を果たす。基本的には、卓越化とは、「ある特定の界において、各主体が、文化資本等を元手に、自らの趣味の正統性・真正性を示すべく社会空間での位置を模索する」ことといえるだろう。ごく簡単にいえば、ここでは意識的・非意識的に各人が持つ正統的なものへの親和性を示す文化的教養（習慣）が重要な意味を持つ。サブカルチャー研究でいえば、Thornton（1995）[1]、南田（2001）、宮台・辻・岡井編（2009）、七邊（2010）などが、こうした卓越化論にそくして分析を進めている。

　しかし、こうした卓越化のあり方は、東浩紀の観点からすれば、きわめてモダンなものといえるのではないだろうか。

　文化についての歴史的知識と実用性から離れた抽象的な文化的判断力・弁別力を持つことを「頂点」、反省的・分析的な視座を欠く即物的な受容を「底辺」とする趣味コミットメントのヒエラルヒーのなかで行われる卓越化のゲームは、歴史的教養と人格陶冶を価値的に結びつけるきわめて近代的な教養主義的ゲームと折り重なるからだ。したがって、ここで考察すべきは、データベース消費がなされる主舞台とされるアニメの界において、卓越化の論理、教養主義的な論理が、界の成り立ちにかかわるほど重要な位置を占めているか、ということである。第2章での私たちの議論はこの問題にかんして、否定的な結論を得た。

　まず、趣味間関係におけるアニメ選好の特徴は、

（1a）　趣味としての自律性が高いこと

（1b）　趣味を共有していることと友人関係の連関が密接であること

に求められる。いわば界としての自律性が読み取りやすく、浅野(2011)がいう趣味縁の形成媒体となりやすい趣味であるといえる。

第2章で述べたように、性別を統制した「趣味選択」どうしの関連(選択1／非選択0)をみたところ、アニメにはきわめて特徴的な傾向がうかがわれた。「パチスロ」「その他」「趣味なし」を除いた19の趣味は、平均11.7個の他の趣味と有意な正の関係にあるのだが、アニメは、正の相関関係にある他の趣味が4個とかなり少なく、また負の相関関係にある他の趣味が6個あった。アニメが関係しない組み合わせで負の相関項目を持つのは、他に一つしかない。φ係数も「マンガ×アニメ」.48**、「ゲーム×アニメ」.36**と他の組み合わせに比しても高い値を示している。**正の連関を持つ項目(他の趣味)の限定性が大きく、負の連関を持つ項目が多いことから、趣味選択の自律性が高いと推察される。**これが第一の点(1a)である。

次に、アニメが友人関係の形成・維持にどのように関係しているのか、という問題。【表2-1】にあるように、「マンガ」「アニメ」「小説」「ファッション」「音楽鑑賞」の趣味選択の有無と、個々の趣味を介した友人関係の活発さとの関係を、「趣味一般について友だちと話をする」「性別」を制御した偏相関係数によって示したところ、アニメという趣味選択が、趣味を媒介とした友人関係(趣味縁)に高い効果をもつことがうかがわれた。

「友だちと一緒に〜へ行く」という共同消費、「〜がきっかけでできた友だちがいる」という友人形成契機のいずれについても、アニメは高い偏相関係数を示している。趣味を介した会話はやや低い数値を示しているが、これは「好きなアニメについて友だちと話をする」という設問項目がなく、マンガの同趣旨設問との相関係数を示したためであり、共同消費、友人形成契機の数値をみるかぎり、マンガよりも高い値となる可能性もある。

第2章で論じたように、音楽鑑賞は相当に多くの若者によって趣味として認識されており、かつコミットメントの度合いが釣り鐘状に分布

するという（高いコミットメントと低いコミットメントが希少で、中間が多い）、いわば社会の全体性を縮約したような趣味の界をなしている。そのため、選択者全体の傾向をみると、【表2-2】のように、趣味縁形成機能は弱くなるが、当然のことながら高コミット層での趣味縁形成効果は小さいものではない。つまり、コミットメントの度合いという変数を考慮に入れず、「その趣味を趣味として認識すること」が持つ趣味縁形成の効果を示したのが【表2-2】であり、この表をもって音楽の界における趣味縁形成機能がアニメより弱いと結論づけることはできない。

ただ、このことを逆の観点から考えると、コミットメントの程度・濃淡を抜きにしても、アニメは「その趣味を自分の趣味と認識している」だけで、かなり強い趣味縁形成効果を持つといえるということを意味している。界の境界線が希薄（参入障壁が低い）なぶん、趣味内差異が重要な意味を持つ音楽に対して、アニメにおいては、(1a)でみたように、他の趣味界との境界線設定（アニメ好きである／ない）が比較的強い意味を持っており、「趣味として選択する」ということが同時に一定程度のコミットメントを含意していると考えられる。他の趣味からの自律性(1a)と、趣味縁形成効果の高さ(1b)は相互に密接に関連しており（敷居は高いがなかに入ると濃い人間関係が得られる「エリート的」「自律的」社会）、その関連性こそがアニメの趣味としての特異性を指し示しているといえるだろう。

こうしたアニメの趣味としての自律性を踏まえたうえで、考察すべきは、(2)アニメの界において、教養と関連するテイストが卓越化ゲームの賭け金となっているか、ということである。第2章では、このことを確認するために、アニメと親近性の高いマンガの受容態勢（マンガの読み方）にもとづき、教養的スタンスが、アニメの趣味自認とどのような関係にあるのかを分析すべく、(2a)意味連関の検討、因子分析の結果を踏まえ、マンガ読書への構えを3つの群に分類し、(2b)そのうち教養主義的表層的な受容態勢が、アニメという趣味自認に効果を持つか否か、をロジスティック回帰分析によって検証した。

結果は、**アニメという趣味自認（つまり界への参入）においては、趣味の卓越化といった要素よりも、データベース消費へのかかわりが重要な意味を持つ**、というものであった。それは、アニメの趣味縁において教養主義的な資源が、趣味縁内での象徴闘争において大きな意味を持っているわけではない、卓越主義的なテイストのゲームとしての要素が強いとはいえない、ということである。

　これは一見意外に思える。アニメファンといえば、いわゆるオタク文化の中核的存在であり、DVDなどの購入、録画による保存、ファンどうしの文脈依存性の高い会話など、「アニメについての知識」の多寡について、こだわりが強いように思えるからだ。ここで押さえておくべきは、**テイストのゲームと知のゲームの相違**である。知識の多寡を争うことはもちろんオタクの趣味縁において重要な意味を持つし、切実である。一方で、それがテイストの闘争とそのままの形では重なり合わないところにアニメという趣味世界の独自性がある。

　この点に鑑みたとき、東浩紀がデータベース消費について論じたことは、相応の説得性を持つ。「界の内部での希少な資源をめぐる卓越化」「本人たちが意識していなくても（非再帰的に）、実は卓越化のゲームをしている」という卓越化モデルは、アニメのような自律的界を構成する趣味（の趣味内関係）を分析する場合には、限界を持っている。表層受容がポストモダン的な社会のあり方を象徴的に表している、という東の社会・歴史分析については留保が必要であるが[3]、少なくとも彼が提起した「オタクコンテンツ」の受容様態と受容共同体のあり方については、社会学が学ぶべき点は少なくない。「趣味の正統性をめぐる卓越化ゲーム」というブルデュー的文化消費のモデルそのものの有効範囲が、経験的水準において設定・検証されなくてはならない。

　卓越化モデルによる分析は、先述したように、オタク系文化の社会学的分析においても重宝されている。たとえば、優れた「やおい・BL」（男性キャラクターどうしの親密な、あるいは性愛的な関係性を描いた表象ジャンル）論を提示している金田淳子は、金田（2007b）において「やお

い・BL」ファンの共同性を、「(マンガへの)愛」「人気」「技術」を文化資本とした卓越化という観点から描き出している。その知見はきわめて興味深いものであるが、ここで文化資本と呼ばれているものは、サブカルチャーにかんして、自ら制作行為にかかわるほどのコミットメントを持つ人たちの間であれば、やおい以外のファン共同体でも観察されうるものではなかろうか。

　たとえば、音楽性尺度が高い層では、自ら楽器を何らかの形で演奏する者、ライブなど発表機会のある者も多く、音楽への「愛」「人気」「技術」が、大きな文化資本として機能している可能性がある。この点は民間社会学的な推論でしかないが、卓越化モデル自体は、初期参入者に対して参加継続インセンティブを与え、界自体の存続を志向するという「少数派」の趣味においてはあまり機能しないように考えられる。90年代におけるネット技術にかんする相互扶助（とくに初心者に対する配慮、初心者を揶揄する者へのより高度な知識を持つ者からの批判）などは、十分に一般化されていない趣味においてはしばしば観察されるものである。逆にいうなら、趣味がある程度社会的に普及していないと、そもそも人数が少ないので、卓越化そのものが意味をなさないわけだ。

　ここで想起すべきは、『ディスタンクシオン』の冒頭部でブルデューが繰り返し、趣味の階層性と意識化の対応関係について述べていること、つまり、文化資本を元手に展開される卓越化は、「中間的」な層においてゲームのルール化が強く意識され、意識的な文化消費の戦略がなされるが、そもそもゲームそのものへのコミットメントを強く意識しない「下位層」や戦略そのものを意識せずとも卓越化が可能になってしまう「最上層」では、顕示的な卓越化はそれほど明確な形をとらない、ということである。

　ある界において他者との差異、卓越化の戦略を展開すること（そしてその場での文化資本の使用形態が他の界での象徴闘争と相同性をもつこと）自体が、社会関係の効果であるというのがブルデューの見立てであり、だからこそ彼は、意識的／非意識的コミットメントを包括して捉える

(「卓越化の意識はなくとも卓越化している」という状態を描き出す)ために(多元)対応分析にもとづき社会空間の構図を描き出した。

その分析戦略が妥当性を持つか否かについては、総論で述べたように私は否定的な見解を持つが、少なくともゲームのルールの意識的(あるいは対象化可能な)遂行という行為が持つ社会的局所性について、ブルデューは自覚的に議論を進めている。すでに一定程度のコミットメントが見込まれるサブカルチャー共同体について、ゲームのルール(何が文化資本として認知されているか)を卓越化のモデルのもとで考察することは、ブルデュー自身が繰り返し注意を促していた「過剰差異化された人間像」を再生産してしまうことになるのではないか。ブルデュー自身の問題意識を継承するうえでも、界を成り立たしめるルールや論理の複数性を、個別趣味にそくして考察し、卓越化という行為そのものを相対化して捉える必要があるだろう。上記の「アニメ界にあること」における表層的な受容様式の効果の大きさは、そうした必要性を再認識させてくれるものである。

以上が第 2 章で見た、アニメ界をめぐる議論の概要であるが、ここで注目したいのは、【表 2-4】で示されているように、アニメ界への参入自認(アニメを趣味と自認するか否か)にかんして、性差が効いている、ということである。男性は女性よりもアニメ界の住人である率が高い。とはいえ、アニメを趣味とする女性も 3 割近くにのぼり、男性の 41.5 ％と比しても極端に少ないというわけではない。この性差がアニメを趣味として選択をした人びとのなかでどのような意味を持っているのか、が以降の議論の焦点である。このさいに大きな参照項としたいのが、東園子によって提示された「女オタク」「腐女子」たちの人物相関図消費という受容様式である。

3 表層受容とジェンダー──相関図消費とデータベース消費

他の趣味領域から強く自律した界において、正統な taste をめぐる卓

第8章　動物たちの楽園と妄想の共同体

越化とは異なる表層的な受容様式により、受容の共同性≒趣味縁を作り出しているアニメファンたち。かれらの織りなす共同性を、データベース消費という観点から経験的・実証的に分析した社会学的研究は残念ながら多くは見られない（浅野（2011）は、一般的な趣味による共同性・公共性の構築可能性について検討している）。

そのなかで特筆に値する成果を生みだしているのが、データベース消費の概念を受け継ぎながら、「やおい」を生産・受容する女性たち──「腐女子」というカテゴリーが自己執行される──の共同体を、相関図消費という観点から分析した東園子の研究である。

東園子は、断片的な萌え要素を表層受容するデータベース消費の枠組みのジェンダー限定性を指摘し、腐女子たちの共同性・関係性（リアルな関係性）においては、登場人物の関係性の構図（フィクショナルな関係性）、つまり人物相関図こそが重要な意味を持っていると指摘する。データベース消費／相関図消費の差異そのものについては、詳細なフィールド研究などの成果を参照せねばならないが、(5)ここでは、二次創作を好む、あるいは表層受容を好むオタクたちにジェンダー差がみられるのか、もし見られるとすればそれはどのような社会学的意味を持つのか、ということについて、引き続き、練馬区調査のデータを分析する形で検証していくこととしたい。

まず「二次創作好きのオタク」といえる層を操作的に括りだしておくこととしよう。データベース消費、相関図消費ともにオリジナル設定のパロディ的・性愛的改編である二次創作との親和性が指摘されているため「二次創作好き」という要件をいれる。また、アニメ、マンガ、ゲームなどとの親和性が「オタク」の定義としてイメージされることが多いので──当然のことながら概念分析的にみればオタクの一側面でしかないが──さしあたってオタク度をそうしたコンテンツへの親和性によって測定することとする。

具体的には、次のようにして、比較分析のための類型を得る。つまり、まず「好きなマンガについて友だちと話をする（反転得点）」「友だちと

一緒にマンガ・アニメ専門店に行く（反転得点）」「マンガがきっかけでできた友だちがいる（反転点数）」「アニメがきっかけでできた友だちがいる（反転得点）」と「ライトノベルが好きだ（反転得点）」「マンガ趣味選択」「アニメ趣味選択」「ゲーム趣味選択」をそれぞれ標準得点化したうえで加算（クロンバックのα=.819）し、これをオタク尺度とする。オタクについては、自認者が相当に多く、アニメやマンガなど通常「オタク的」と形容されるような趣味に興味を持たず、「何かに熱中する」ぐらいの弱い意味において捉えている調査協力者が多いと考えられるため、自認ではなく、「オタク的」という言葉と意味的に結びつけられることの多い趣味選択、行動をもとに操作的に作成したのが、このオタク尺度である。この尺度を5層にビン分割したうえで上位2層を「オタク」、中位を「中間層」、下位2層を「非オタク」とした。

また「マンガの二次創作（同じ登場人物で、原作のストーリーとは違うストーリーを考えたり読んだりすること）に興味がある」の肯定回答2者を「二次創作好き」とし、さらに男女別とし、「二次オタク（二次創作好き・オタク度高）」「非二次オタク（二次創作好きではない・オタク度高）」「二次非オタク（二次創作好き・オタク度低）」「非二次非オタク（二次創作好きではない・オタク度低）」「二次中間」「非二次中間」の計12類型を得た。「二次オタク」「二次中間」「二次非オタク」「非二次オタク」「非二次中間」「非二次非オタク」の構成比は、女性では17.6％、6.2％、7.8％、17.1％、12.7％、28.2％、男性では23.3％、5％、4.3％、22.9％、15.9％、19.8％（二次オタクに男性が多く、非二次非オタクに女性が多い）。この「男女×二次創作志向2値×オタク尺度3値」の12類型と、マンガ受容態勢13項目（ただし二値化。二次創作にかんする質問を除く）とをクロスさせたχ^2検定において有意差がみられたのは、以下の項目である（【表8-1】）（備考欄でゴシック体で示されているのは女性にかんする事柄である）。

男性の二次創作好きオタク（男性二次オタクと呼ぶ）は予想通り、他の男性カテゴリーに比して非データベース消費的（表層的）な受容態度

第 8 章 動物たちの楽園と妄想の共同体

表8-1　マンガ受容様式（二値）×二次創作オタク12種類のχ^2検定

マンガ受容	女性	男性	備考
つねに流行のマンガをチェックしたい	**	**	男性二次オタク多
マンガの登場人物の気持ちを自分の気持ちと重ね合わせてしまう	*	*	**女性非二次非オタク少／**男性二次オタク多
キャラクターの関連グッズを欲しくなることがある	**	**	男性二次オタク多
自分のマンガの好みを知人・友人に知ってもらいたい	**	**	
絵柄が魅力的であれば、ストーリー展開にはこだわらない	なし	**	男性二次オタク多・非二次オタク少
マンガの登場人物に恋をしたような気持ちになったことがある	**	**	男性二次オタク多
マンガみたいな恋をしたいと思うことがある	*	**	**女性二次オタク少・二次中間多・二次非オタク多／**男性二次オタク多
教養のために昔の有名なマンガを読むようにしている	**	なし	**女性二次オタク多**
わたしの生き方に影響を与えたマンガがある	**	**	**女性二次オタク多**
難しいマンガは好きではない（反転）	**	なし	
同じ作品がアニメになっているなら、マンガではなくアニメで見たい	なし	なし	
マンガはフィクションだからこそおもしろい	**	**	**女性二次オタク・二次中間多・二次非オタク多・非二次オタク少**
エッセイマンガ（作者の日常を描いたマンガ）が好きだ			

との高い親和性（自己陶冶的な受容様式）はうかがわれず、また古典マンガを読むという教養志向・難しいマンガを読むという文学的志向も有意な関連がみられない。それとは対照的に、**女性二次オタクには反物語的な表層受容との有意な関連がみられず、また自己陶冶的な受容様式に親和的な傾向がみうけられる。**

「絵柄が魅力的であれば、ストーリー展開にこだわらない」という設問への性別内回答比は、男性二次オタクの場合「あてはまる」13.3％、「ややあてはまる」21.7％であるのに対して、女性二次オタクの場合はそれぞれ1.5％、13.2％にとどまる。また同様の回答の割合は、男性非二次オタクで5.1％、5.1％、女性非二次オタクの場合は、7.6％、12.1％となっており、男性二次オタクが男性非二次オタクに比して反物語的

受容志向の割合が高いのに対して、女性の場合は非二次オタクのほうが反物語的・反自己陶冶志向の割合が高い。つまり、データベース消費の根幹をなす反物語的・非教養主義的受容は、データベース消費の特徴のひとつである二次創作志向との関連でいうと、男性的な受容スタイルであるということができる。

オタク的趣味によって成り立つ界は、総体としては、データベース的・表層受容的な傾向に彩られているが、その内部に立ち入ってみたとき、そこに見逃しがたい男女差を見いだすことができる。やや予断めくが、女性二次オタクには古典的マンガを読むなどの教養志向、また作品から自らの生き方の示唆を受けるといった「自己陶冶としてのマンガ読書」傾向がうかがわれ、態度としては、古典的な「自己陶冶としての読書」態度に近い。「内面的な奥行きのなさ」「歴史意識の飽和」というデータベース消費とは異なった読書傾向が女性二次オタクにみられるわけだ。

東浩紀のいう「萌え要素」（猫耳やメイド服等）や物語の状況・文脈を貫徹して独り歩きする「キャラ」（伊藤剛）の順列組み合わせというよりは、むしろ「キャラ」を流用し、その可能なるフィクショナルな関係性・親密性を、同趣味友人とともにリアルな関係性において擬制するやおいの相関図消費は、関係性の構築に当たってしかるべきキャラどうしの関係の歴史、生育・成長という物語を背景としないと成り立ちにくいと考えられる。

実際、やおいの対象となることの多い作品、『幽☆遊☆白書』『SLAM DANK』『るろうに剣心』『ONE PIECE』『NARUTO』『テニスの王子様』『おおきく振りかぶって』などのなかには、少年期〜青年期にわたる成長ものが少なくない。たとえば近年スマッシュヒットとなった『Free!』などは、事後的に成長ものとして製作者サイドから再構成され、小・中・高校の時系列と作品の順序が入れ替わっている。そこには、相関図を構成するキャラどうしの歴史と、時間を貫徹するキャラの内面性への読み込み、成長・挫折・葛藤・対立・信頼回復を読みとりうる物語

要素が必要となる。この点は、詳細な内容分析の結果を待たねばならないが、本章では、こうした相関図消費の「奥行き」の解釈のために、性愛——近代・現代社会において奥行きと内面性を過剰に仮託されている関係性——をめぐる二次創作を好むオタクのジェンダーギャップについて考察をくわえていきたい。

4　性愛のリアリズムと妄想の共同体

　二次創作好きのオタクの性愛観といっても、①マンガやアニメにかかわる性愛観（フィクション）と、②現実の私生活における性愛観（リアル）とは異なる。以下では、まず①からみていくこととしよう。
　女性二次オタク≒腐女子について興味深いのは、「マンガの登場人物に恋をしたような気持ちになったことがある」に対する肯定的回答率の高さと、「マンガみたいな恋をしたい」に対する肯定的回答率の低さである。男性二次オタクの場合は、両設問とも他の男性カテゴリーに対してきわめて高い割合を示している（56.7％、71.1％）が、女性二次オタクの場合、「登場人物に恋」は76.4％と高い値を示しているものの、「マンガみたいな恋」のほうは67.7％と数値は高いが他の女性カテゴリーに比して有意に高い値とはいえず、また単純な比率でも男性二次オタクよりも低い数値となっている。「マンガみたいな恋」については、女性二次オタクは、二次中間（91.6％）、二次非オタク（83.4％）、非二次非オタク（69.8％）よりも低い値となっており、むしろ二次創作好きの女性オタクの「マンガみたいな恋」への志向は、他の女性カテゴリーに比しても弱いといえるだろう。
　この数字が意味することを考えるには、一見大差ないように見える「マンガの登場人物に恋をしたような気持ちになったことがある」と「マンガみたいな恋をしたい」という二つの質問の意味内容の男女差を考慮に入れなくてはならない。
　ここで、友人関係5因子の得点と異性の友人数、学歴2値、暮らし

図8-1 「マンガの登場人物に恋をしたような気持ちになったことがある」への回答

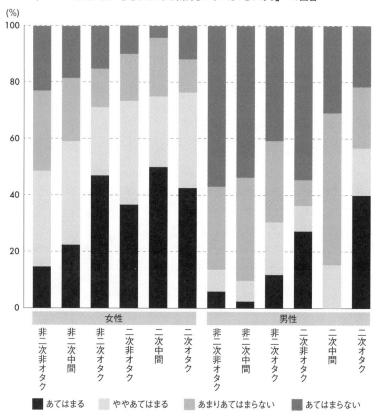

向き、オタク尺度、「異性にもてる」反転得点を独立変数、「マンガみたいな恋をしたい」得点を従属変数とした回帰分析を行った。その結果、有意性が確認されたのは、**女性の場合「接続不安志向（＋*）」と「関係深化志向（＋**）」、「実家の暮らし向き（＋*）」、男性では「接続不安志向（＋*）」「オタク尺度得点（＋*）」「異性にもてるほうだ（－*）」**であった。

図8-2 「マンガみたいな恋をしたい」の回答

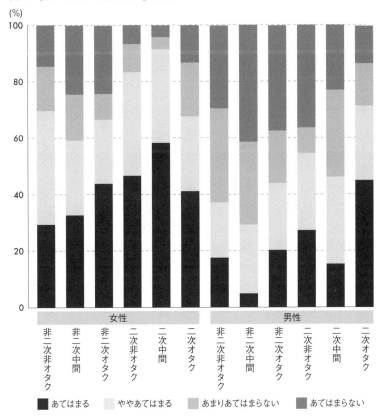

　注意すべきは、男性において「マンガみたいな恋をしたい」に効果がみられたのが「オタク尺度」「モテ意識」であったのに対し、女性の場合には同様の効果がみられないということだ。

　単純化していえば、女性二次オタクの場合、オタク的な情報行動をとること、「モテ/非モテ」の感覚が、「マンガみたいな恋をしたい」に関連していない可能性が高いということである。対して男性二次オタクの

場合は、オタク的情報行動と「モテない」という意識が「マンガみたいな恋」、つまり虚構の恋愛に対する志向との関連をみせている。この結果から因果を推論することは難しいが、「オタク・非モテ・フィクション的（非現実的）恋愛」という、人口に膾炙する三点セットのイメージは、男性の場合のほうが適合度が高い。この三点セットをめぐる男女差をどう考えるべきだろうか。

 ただ注意すべきは、男性オタクのほうが「非モテをこじらせて虚構に逃げている」ということでないということだ。そうではなくて、「マンガみたいな恋」という状況の意味合いが男女で異なっているのではないか、ということである。

 解釈が難しいところだが、男性の場合、「マンガみたいな恋」とは、自らが疎外されている（と感じている）現実の恋愛において必要とされる「男性的」能動性を必要とせずに実現する恋愛関係――ルーマン的にいえば「体験としての恋愛」――を意味しており、その抗事実的・虚構的性格ゆえにオタク的受容行動との関連も高い、と考えられる。つまり「マンガみたいな恋愛」は「虚構的 fictional」という意味において「マンガみたい」な存在なのである。古谷実の『シガテラ』や『ヒミズ』、『わにとかげぎす』などは、オタク男性向けに書かれたというよりも、「非モテ」を所与状況とした男性が突然「可愛い女性」に好意を寄せられる（自らの「行為」の成果ではなく、突然訪れた環境によりもたらされる「体験」としての恋愛）という状況の持つ不条理性を、やや残酷に描き出したものといえるだろう。

 それと対比させていうならば（既存のジェンダー規範において「体験」としての恋愛を内面化する傾向がある）女性では、「マンガみたいな恋」は、「モデルとして as the model」捉えられている、ということができるだろう。それは、現実の恋愛についてまわるノイズが相対的に除去された、恋愛のいわば規範的理念型に近く、だからこそ、「マンガみたい」という言葉が使われてはいるものの、オタク的な情報行動と強い関連性を有しておらず、また抗事実的というよりは相対的に純化された現実である

（現実と地続き）がゆえに、「モテる／モテない」という意識とも関連を持たないのである。

　男性二次オタクにとって「フィクショナル」な体験としての恋愛は——自分の現実体験を代補するものとして——実現可能性の低い憧憬の対象として相応の意味を持つのに対して、女性二次オタクにおいては、一般に女性において有意味とされる恋愛モデルとしてのマンガの持つ意味がことさらに大きいわけではない（移入的受容が高いわけではないこともこの点と関連している）。男性二次オタクは現実の恋愛と相同的なものとして、マンガという「オタク的」表現手段によって表現されるフィクショナルな恋愛に肯定的感情を持つが、女性二次オタク≒腐女子は、自身がオタク的趣味行動をとるからといって、マンガ・アニメのコンテンツに恋愛のモデルをことさらに見いだすわけではない（むしろモデル順応は非オタク女性のほうに見受けられる）。

　登場人物への恋愛も、女性の場合、むしろ非二次オタクのほうがはっきりと強い関連を示している。女性二次オタクは、男性二次オタクとも女性非二次オタクともやや異なる観点から、創作物（マンガ）と恋愛との関係を捉えていると考えられる。後に述べるように、こうした受容論的な男女差は、一般的なジェンダー規範意識の差異ときわめて深く結びついている。男性二次オタクのデータベース的な「萌え」にかかわる知見を、女性のオタクに適用して考えることには慎重でなくてはならない。

　このことと関連して興味深いデータを提示しておきたい。「ストーリーにこだわりのない人が、キャラに恋する傾向がある」といえる、つまり、「絵柄が魅力的であれば、ストーリー展開にはこだわらない」と「マンガの登場人物に恋をしたような気持ちになったことがある」との関連は有意であったが、調整済残差 1.96 以上であったのは、男性のみであった。この傾向はストーリーから切り離された断片的な表象に対する「萌え」を示すものと思われるが、こうした萌えは、男女すべての他のカテゴリーについて見出すことはできない。この点からも、データベース消費、萌え要素の断片的受容という構図は、「男性的」な見取り図

であると考えることができる。

　森川嘉一郎は、少女マンガと少年マンガに描かれた恋愛像を比較して、「男性のオタクと女性のオタクは、同床異夢のごとき様相を呈している」（森川 2007: 50）と述べたが、表現内容だけではなく、マンガというメディアの受容様式のジェンダー差についても同じことがいえるのである。

＊

　以上は相関図消費という消費・受容の様式にかんする問題であったが、もう一点東園子の指摘で重要な意味を持つのが、腐女子たちが相関図消費という受容の形式を通して、女性どうしの解釈共同体、ホモソーシャルな女性の共同体（東の言葉で言えば、「妄想の共同体」「女性のホモソーシャル」）を構築している、という指摘である。あるいは陳のジャニーズファン分析の視点を借りるなら、〈仲の良い男子どうしの関係性を共同消費することによって作り上げられる、女性ファンどうしの親密な関係性〉といえるだろうか。

　腐女子たちは、「妄想」された男性どうしの性愛関係を通して、現実的な異性愛関係を排除した、女性どうしの共同性を作り上げる、と東園子は分析する。この東の仮説を直接検証することはできないが、「違う趣味の友だちよりも、同じ趣味の友だちのほうが大切である」という設問項目を検討することを通して、同趣味友人への志向が①二次創作志向および②男女差とどのようなかかわりがあるのかをみていくこととする。

　まず件の12類型における「同じ趣味の友人が大切」の肯定／否定二値の回答の割合をみてみよう。肯定の割合は、女性では「二次オタク＞非二次オタク＞二次非オタク＞非二次非オタク」となっており、10％水準で有意差が認められる。「二次オタク（腐女子）」のグループが、突出している形である。一方、男性の方は「二次オタク＞二次非オタク＞非二次オタク＞非二次非オタク」（5％水準で有意な差）となっており、オタクか否かという軸とともに、二次創作志向の強／弱が効果を持っていることがうかがわれる。

この数値を解釈するためには、同趣味友人志向に対する①男女差②二次創作志向③オタク濃度といった三つの要素の効果をふわけする必要がある。

そこで、まず同趣味友人志向を従属変数、二次創作志向（4値）、性別を独立変数とした回帰分析を行った。この際、同趣味友人志向が、そもそも友人関係に対する構えに由来している可能性もあるため、友人数、異性の友人数、および「友だちをたくさん作るように心がけている」「初対面の人でもすぐに友だちになれる」「遊ぶ内容によって一緒に遊ぶ友だちを使い分けている」を統制変数として投入した（回帰a【表8-2】）。ここでは二次創作志向（**）と性別（*）、「初対面の人とでもすぐに友だちになれる」（−*）、「遊ぶ内容によって友だちを使い分けている」（+**）であり、二次創作という文化実践そのものが、同趣味友人志向＝趣味縁志向と関連をもっていることがうかがわれる。また「女性であること」が趣味縁形成において正の効果をもっているとも推察される。

もちろん、二次創作志向は必ずしもオタク的趣味へのコミットメントを意味してはいない。そこで、上記の回帰aに追加独立変数としてオタク尺度、オタク尺度と二次創作志向の交互作用項を投入した（交互作用項については後述）ところ（回帰b【表8-3】）、「二次創作志向**」「性別*」「初対面の人とでも友だちになれる*」「遊ぶ内容によって友だちを使い分けている**」の効果は確認されたものの、オタク尺度とオタク×二次創作の交互作用項は有意ではなかった。ここからうかがわれることは、(1)同趣味友人志向に対して「性別」および「二次創作志向」が効果を持つと考えられる一方で、(2)オタク的な趣味行動様式（オタク濃度）については効果がみられない、ということである。

一見、同趣味友人志向は、強い共同性・凝集性を持つように思われるオタク的趣味行動によってもたらされるように思われるが、とくに女性の場合、アニメ、マンガへのコミットメントそのものよりも、二次創作志向という受容様式へのかかわりがむしろ同趣味友人志向と強い関連があることがうかがわれる。

表8-2 「同じ趣味の友人が大切」を従属変数とする回帰分析a

	標準化係数 β	t値	有意確率
(定数)		9.136	.000
マンガの二次創作※に興味がある	.177	4.364	.000
性別ダミー	−.095	2.350	.019
異性友人数	.039	.670	.503
友人数	−.074	−1.249	.212
友だちをたくさん作るようにこころがけている	.038	.824	.410
初対面の人とでもすぐに友だちになれる	−.099	−2.151	.032
遊ぶ内容によって一緒に遊ぶ友だちを使い分けている	.153	3.745	.000

※同じ登場人物で、原作のストーリーとは違うストーリーを考えたり読んだりすること

表8-3 「同じ趣味の友人が大切」を従属変数とする回帰分析b

	標準化係数 β	t値	有意確率
(定数)		9.424	.000
マンガの二次創作※に興味がある	.124	2.688	.007
性別ダミー	−.088	2.162	.031
異性友人数	.044	.743	.457
友人数	−.083	−1.410	.159
友だちをたくさん作るようにこころがけている	.044	.957	.339
初対面の人とでもすぐに友だちになれる	−.097	−2.135	.033
遊ぶ内容によって一緒に遊ぶ友だちを使い分けている	.150	3.679	.000
オタク尺度_二次創作	.124	1.252	.211
オタク尺度	−.015	−.160	.873

※同じ登場人物で、原作のストーリーとは違うストーリーを考えたり読んだりすること

この点から考えても、同趣味友人志向は、オタク的趣味の内実というよりは、大塚英志のいう物語消費をも含む包括概念としてのデータベース消費の特徴であり――東浩紀のいうデータベース消費、東園子のいう相関図消費はこの下位類型にあたる――そのなかでも、断片的な萌え要素そのものではなく、要素の組み合わせの如何（how）が問われる物語的な消費様式によってもたらされている（女性に多くみられる）と考えることができそうだ。

しか・し・、・こ・こ・で・性・別・に・焦点を定めると、二次創作／オタク尺度／性別の関係はもう少し込み入っていることがわかる。さきほど友人志向4値を従属変数とする回帰分析の結果、二次創作志向の主効果のみが観察された、と述べたが、同様の重回帰分析を男女別に行ってみよう（回帰c）。このことにより、二次創作志向とオタク尺度と性別とのより複雑な関係がみえてくるはずである。結果は【表8-4】の通りで、解釈を要するものの、興味深い結果を示している。

女性の場合は、オタク尺度ばかりではなく、二次創作志向も有意性がみられなくなり、二次創作とオタク尺度の交互作用項（オタク×二次創作）のみが（*）、男性の場合、二次創作のみが有意となる（*）。ただし、オタク尺度と交互作用項とで多重共線性が発生している可能性は否めず（男女ともにこの二つの変数のVIFが5～6程度）、強く主張することはできないが、「オタク尺度×二次創作」の交互作用項の標準化係数βは0.26と相対的に高い値を示しており、男性のそれが有意ではないとしても負の値を示している、という対照性は興味深くはある。

以上の分析は、女性の場合は、「腐女子である（二次創作好きオタク）」ということが、男性の場合は「二次創作が好き」であることが、同趣味友人・趣味縁形成志向に強い関連を持つ可能性を指し示している。**「腐女子」どうし（二次創作好き・オタク）であることが重要な関係性構築の契機となる女性と、二次創作好きが重要な契機となる男性との差異が、「同じ趣味の友人」を求める態度への志向に異なる意味を与えている可能性がある。**

表8-4 「同じ趣味の友人が大切」を従属変数とする回帰分析c（男女別）

	女性			男性		
	標準化係数			標準化係数		
	β	t値	有意確率	β	t値	有意確率
(定数)		7.241	.000		6.946	.000
マンガの二次創作※に興味がある	.098	1.644	.101	.171	2.289	.023
異性友人数	.009	.124	.902	.115	1.117	.265
友人数	−.072	−.978	.329	−.126	−1.214	.226
友だちをたくさん作るようにこころがけている	.112	1.892	.059	−.052	−.703	.483
初対面の人とでもすぐに友だちになれる	−.089	−1.492	.137	−.104	−1.431	.154
遊ぶ内容によって一緒に遊ぶ友だちを使い分けている	.116	2.168	.031	.181	2.785	.006
オタク尺度_二次創作	.263	2.030	.043	−.060	−.377	.706
オタク尺度	−.175	−1.381	.168	.207	1.382	.168

※同じ登場人物で、原作のストーリーとは違うストーリーを考えたり読んだりすること

　また、友人関係の「質」の違いも見逃せない。二次創作志向、オタク尺度、両者の交互作用項の代わりに、「二次創作志向2値×オタク尺度3値」にかかわるダミー変数を投入すると、男女ともに「二次創作オタク」が5%水準で有意であるが、「友だちをたくさん作るようにこころがけている」という独立変数は、男性では有意ではなくまた負の値を示している一方で、女性の場合5%有意で標準化係数は正の値をとっている。「友だちをたくさん作るようにこころがけている（反転）」を従属変数、上記12類型を要因とした一元配置分散分析の結果をみても、女性各群には有意差は認められず、男性の「二次創作・オタク尺度高層」と「非二次創作・オタク尺度低層（非オタク）」のあいだに差がみられるのみである。

　二次創作好き女性オタク群は、たしかに初対面的な状況を回避する側

面はあるものの、総じて他の女性群と同様、友人開拓志向を持ち、関係深化志向を共有しており、「二次創作オタクであること」がそうした友人関係志向を阻害しているとはいえない。一方で同一趣味の共同性・趣味縁へのコミットメントは女性他群に比してやや高く、二次創作という関係性・相関図（フィクション）を消費する友人との関係性（リアル）を重視する二重の関係性志向に貫かれた人びとであるといえるだろう。[11]

さらに詳細な精査が必要ではあるが、さしあたり、腐女子たちの同趣味友人志向は、オタクであることと二次創作好きであるということの両者が交差した水準——つまり二次オタク≒腐女子であるという事実性——にあり、それは二次創作による共同性生成を基調とする男性のあり方とは異なっている、と考えることができる。この点は、相関図消費を介してホモソーシャルな（妄想を共有するリアルな）共同体の形成をめぐる東園子の議論を、ある側面から傍証するものといえるだろう。ここまでの論をまとめると次のようになる。

(A)　女性二次創作好きオタク≒腐女子は、二次創作を好むとはいっても、一定程度、自己陶冶的、感情移入的な、つまりは「古典的」ともいえる物語受容の様式をとっている（相関図消費とイコールではないが、相関図消費の前提となる物語の舞台論的設定への肯定的態度を示している）。

(B)　男性二次創作好きオタクにおいては、データベース消費志向とキャラへの恋愛感情が結びついているが、女性二次オタク≒腐女子についてはそのようなことはいえない。また、女性二次オタクは、自身がオタク的趣味行動をとるからといって「オタク的」コンテンツに恋愛のモデルをことさらに見いだすわけではない。

(C)　女性二次オタク≒腐女子の同趣味友人志向・趣味縁志向は、「二次創作を志向する女オタクである（腐女子）」という事実性に由来している。腐女子であることと、同趣味の友人（多くの

場合同性であると考えられる）を重視することの間には密接な関連がある。

5 ホモソーシャリティの描出を媒介としたホモソーシャリティの形成

しかし、東園子の問題提起を受け、データベース消費と相関図消費とのジェンダー差を確認したとしても、いくつか疑問点は残る。

まず①同じような様式の消費様式（二次創作）を、一般には同じものとみなされるような文化的財（アニメ・マンガ・ゲーム）を志向していながら、なぜ上記のような実践の差異が生まれるのだろうか。また、②なぜ腐女子たちは自らのホモソーシャリティを男性どうしのカップリング（男性の関係性をセクシュアルに読み変える相関図消費）という回路を経て達成するのだろうか。後者の問いは、前者の問いと密接に結びついている。

東園子は、おそらくは、腐女子がしばしば侮蔑的なセクシュアルな意味づけを与えられてきたことを念頭におきつつ、相関図消費と腐女子のセクシュアリティへのかかわりを相対化して——別の言い方をすれば、「仲がいい」から「性愛」までの連続性をもって——捉えているように思える。たしかに「男にモテないから妄想に逃避している」「いや、モテる人も多い」といったやりとりは不毛である（というか、どうやったらその仮説を立証できるのか、検証の成功条件が曖昧にすぎる。モテの意味内容に男女差があるとすればなおさらである）。東園子のみならず少なくないBL論者が、BL志向とセクシュアリティとの関連について慎重な態度をとっているのは当然のことである。[12]

腐女子を安易に珍妙な人たちとして面白おかしく紹介するメディアや、「客観的」と自認する心理学者の「計量分析」や精神分析的批評が、そうした点をほとんど考慮していないこと、そもそも多くのオタク論が「女オタク」の存在を考慮の外に置いて議論を進めていること、BLとセクシュアリティの関連をめぐる議論の蓄積を等閑視していることなどに

鑑みると、その慎重さは十分に理解することができる。腐女子たちの制作物・消費作品を、男性同性愛の「表象の簒奪」として捉える重要な問題提起もなされており（石田 2007）、その問題提起に対して、「簒奪ではない」というのとは異なる答え方、「性愛・性的指向そのものが照準点ではない（同性の親密性を性行為に還元して捉える思考パタンを解除する）」という論理で応答していく――その場合には、ある側面において簒奪的要素があることは否定されない――という姿勢である。[13]

しかし一方で、BL、やおいの多くが明確にセクシュアルな題材を扱っている以上、腐女子自身のジェンダー観やセクシュアリティを抜きに相関図消費を語ることが難しいのも事実である。以下では、「女性二次オタク」「男性二次オタク」のジェンダー・セクシュアリティ観の違いに焦点を当てて、データベース／相関図消費の差異について検討していくこととしたい。

その前に、腐女子（二次オタク女性）が好む二次創作産品において、「性」がどのように解釈されうるのかをいくつかの研究の成果を参照しつつ、検討しておく。

結論的にいうと、男性の二次創作オタクが好む二次創作作品と、女性のそれとでは、「性」の扱われ方そのものに見逃しがたい差がある、ということである。「関係性ゆえの性」と、「欲望としての性」の差異とでも表現することができるだろうか。

もちろん、ハードな BL と呼ばれる男性どうしの性行為を扱った二次創作あるいは BL 作品が出典数として少なくないことは事実であるが、溝口彰子や守如子などが指摘するように、赤裸々な男性どうしの性交を描いた BL においても、「同意」「愛ゆえの結びつき」といった手続き的表現が採用されていることが多く――つまり外形的にレイプとみえるような同意なき性交であっても、受け側の心象風景を独白として明示化することにより、同意が調達された相互行為として読者に提示される――「レイプである／ない」「猟奇的である／ない」といった規準を無自覚に、素材のテクスト分析なく比較できるようなものではない。

性的なものは無関係ではないが、外形的な行為だけで識別し排除しうるような単純な問題でもない。山岡（2016）は、腐女子は心を開いて同趣味の男性と付き合えばよい、などとしているが、両者のジェンダー意識のギャップをみると、それは官製婚活なみの、学術的にいささか度をこえた「アドバイス」であるというしかない。

　腐女子は「現実の対異性関係になれておらず、そこから逃避する非社交的」な人たちではない。事実はまったく逆で、腐女子こそがもっとも現行社会における男女の差異、差別、家父長的な性別役割分担、セクシュアリティ意識に敏感（sensitive）なのであり、その対極にあるのがデータベース消費を生きる男性オタクである。これはポリティカル・コレクトネスの問題ではなく、「現代において異性愛・男性中心主義な性関係のあり方」をどう捉えるか、ということのジェンダーギャップを明確に示している。先行研究が示唆するように、原典の関係性設定をもとに作成される二次創作における「性」や「関係性」の表現は、男女において異なる形で受容されている。

　以下では、二次創作オタクのジェンダー・セクシュアリティ意識が、ジェンダー差にどれだけ関連しているかを指し示していくこととしよう。「異性愛からの逃避」「現実の男性からの逃避」といった解釈は提示できないはずである。

　まず、二次創作好きオタクという共通性があったとしても、男女の間で、他のカテゴリーにおける男女差以上に大きい差が、観察されるということ、ものすごく粗くいうと、「オタク男」と「腐女子」のあいだには、非オタク層における隔絶よりもはるかに深いジェンダー意識の深淵が立ちはだかっている、ということを確認しておきたい。

　先述の山岡（2016）は、腐女子自身への調査、わけても計量的な調査が不在の社会学的な腐女子研究に対して、統計的な「客観的」研究を提示していると自負しているが、この書については、調査設計・手法・分析のいずれにおいても大きな疑問を抱かずにはいられない。山岡はアンケートの結果から得られた4群（オタク・腐女子・一般・耽美）について、

他の質問項目から得られた得点、あるいはそれらにそくして構成された尺度の平均点を分散分析により比較するという方法を一貫してとっているが、最大の問題は、山岡が尺度の信頼性について定型的に（クロンバックのα）確認している一方で、その尺度の妥当性についてはほぼ言及がなく、そのため、独立変数（説明するための変数）と従属変数（説明される変数）のあいだの意味的関係が不分明となっている、ということである。

あまり批判的な論述に紙数を使いたくないが、腐女子への偏見にもとづく一般化――ヘテロ男性の「認知的不協和」の解消？――が少なくないことに鑑み、一例を挙げよう。

たとえば山岡は「オタク度が高いほど排他的人間関係が強くなるし、質的にも量的にもオタク群とは異なる腐女子群は、オタク全体のなかでも少数派であるため、より排他的な人間関係が強くなる」（山岡 2016: 35）という大胆な結論を提示しているが、ここでいう「排他的人間関係尺度」は「自分の趣味の仲間以外の人と付き合うと違和感がある」「友人のなかだけで通じる言葉がある」「自分の趣味の仲間以外の人を一般の人と呼ぶ」などから構成されたものであり、これらの質問項目は、(山岡が質問項目作成にさいしてヒアリングした) 当事者による腐女子やオタクの定義、あるいは重要な構成要件であると考えるべきで、これらにより構成された尺度に基づく得点について、「腐女子群」「オタク群」と、それ以外の群の平均値に差が検出されるのは、当たり前である。なにしろ4群を作るためのもととなるオタク尺度そのもののなかに「自分の趣味の話で盛り上がりたい」「同じ趣味の仲間どうしでいると安心する」「自分の趣味の成果に没頭していたい」という趣味志向性を聞く項目や「自分は他のひとと価値観やモノの感じ方に違いがあると思う」という自己認識にかんする項目が入っているのだから、それらで構成された尺度の得点が高い者が「自分の趣味の仲間以外の人と付き合うと違和感がある」「友人のなかだけで通じる言葉がある」「自分の趣味の仲間以外の人を一般の人と呼ぶ」という傾向があったとして、何の不思議もない。[14]

従属変数を作るために使用された質問項目は、独立変数（要因）として使用されてもおかしくなく、意味的には独立変数と従属変数はトートロジー的要素をたぶんに含んでいる。ややテクニカルな話にはなるが重要な点なのでこの点について補足しておきたい。

　テクニカル、と書きはしたが、実際は簡単な話である。「関西が好きだ」「関西にある球団を応援したい」「プロ野球が好きだ」「プロ野球では伝統あるチームが好きだ」「阪神鉄道に潰れてほしくない」といった項目から「独立変数」となる尺度を作り、従属変数に「阪神ファン」の程度をあてがったところで、それは何の説明にもならない。因果推計のもととなる関連性を調査するのが、回帰分析や分散分析などの多変量解析の目的であるので、こうした意味的なトートロジーは回避不可能なものであるが、他の変数との関連の相違や意味的な検討（数字だけであれば、多重共線性の診断）をもって対処するのが常道であり、私は山岡の研究にこの手続きを慎重に踏んだ形跡を見いだすことができない。この調子で「オシャレ」や恋愛観、親との関係（！）まで分析しているので、結果的に「腐女子はオタクと付き合うことで、オタクの認識を変えることができる。幸い、オタクは腐女子よりも、異性と親しくなりたいという欲求が強い。共通の話題があって、腐女子が少し好意的な態度を示せば、簡単にオタクと仲良くなれるはずである」（ibid: 243）といった「アドバイス」を提示してしまえるのだ。

　これはたんなる方法論的な不備ではなく、変数の作り方、数字の出し方、およびそれに対する解釈にまで及ぶものであり、容易には看過できない。「腐女子が少し好意的な態度を示せば、簡単にオタクと仲良くなれるはずである」という全体の議論を受けての診断がどれほど的を逸しているか、を以下に示し、より適切な解釈を与えていきたいと思う。

　第一に、オタク、腐女子といっても、それは文化的・社会的に構成されたカテゴリーである以上、何らかの形で、性別とかかわっているはずである。山岡の研究では、腐女子のなかに男性も含まれているが、これは腐女子的な行動タイプが女性に限られたものではない、というそれ自

体もっともな前提を採る（したがって男性腐女子の特性を摘出する）のであれば理解可能であるが、どうもそうした分析的戦略のうえになされた処置ではないようだ。であるとすれば、まずは、行動類型（オタクであるか否か）と二次創作志向によって群を分割し、男女差を念頭に置いた分析にしたほうが、恋愛・性愛を主題化するうえでは適切であろう。

本章では、「二次創作好き」「オタク尺度」と、男女により、計12類型を得て、そのジェンダー観にかんする平均差をみてみた。ジェンダー観の測定に用いた質問項目は、「オタク」や「二次創作」への志向とは意味的には自律したものと判断している。

先に述べたように、女性の場合は、「腐女子であること≒二次オタクである」ということが、男性の場合は「二次創作が好きであること」が、同趣味友人志向＝趣味縁志向に強い関連を持つ可能性を指摘した。これはささいな事柄に思えるが、重要な論点である。さきほどの分析で行ったのは、すべての男女について、「二次創作好き」「オタク尺度の高さ」にくわえ、「二次創作好き」と「オタク尺度」の交互作用を検討するというものであった。

交互作用とは、複数の要因が考えられるときに、その要因が組み合わさった要因が、個別の要因の効果のみを考えるだけでなく特有の効果を持つ（持たない）ということ。たとえば癌の発生率を従属変数（結果）、煙草の喫煙頻度、摂取酒量の多さを独立変数（原因）とした分析をする場合、喫煙頻度と酒量のほかに「喫煙頻度×酒量」という二つの変数が交互する要因を考えることができる。これにより、癌の原因が、「煙草」だけなのか「酒」だけなのか、それとも「煙草を吸って酒も飲む」なのか、が識別されうる。本書のテーマに戻ると、男性の場合「二次創作志向」が「男オタクの趣味縁」志向の要因の一つ（この場合は有意な関連と表現した方がいいだろう）を示しているのに対して、女性の場合、たんに二次創作好きというだけではなく、「二次創作好き」でかつ「オタク的情報行動をとる」という交互作用項が、「同趣味の友人関係・趣味縁に参加を志向する」において一定の意味を持っているということである。

回帰分析自体はそのものとして、独立変数と従属変数の因果関係を示すものではない（関連の度合いや有無を示すものにすぎない）から、もっと正確にいえば、女性の場合、「二次創作好きである」と「オタク的情報行動をとること」という「腐女子である」という交互作用項が有意であり、男性の場合はそうではない、ということだ。この二つの変数の交互作用項、つまり「二次創作するオタクであること」が女性の場合大きな意味を持つということをまずは踏まえておく必要がある。分析を試みるさいには、腐女子は二次創作好きかオタクであるかに還元されない要素を持つ可能性を考慮しなくてはならない。

　こうした単純な分析からも、腐女子と呼ばれたり自認したりするひとたちが、たんなる女性オタクではなく、二次創作への親和性を強く持っていることが推察される。二次創作への親和性は腐女子にとって副次的なことではなく、自らが腐女子であることの構成要件の一つになっている可能性があるのだ。

　さて、そうしたことを前提としたとき、同じように「二次創作好き」で「オタク的情報行動」をとる、といっても、女性の場合と男性の場合に大きな意味の違いがある可能性が考えられる。「二次創作」において描かれる内容が性愛的なものが少なくないことを考えると、「腐女子（二次創作好きでオタク的情報行動をとる）」と、「男性のディープなオタク（オタク的消費行動をとりつつ、二次創作にも親和性がある）」とのあいだに、性愛についての捉え方の相違があることも容易に想像することができる。二次創作を、「既存の性愛」を読み替えるものであるか、「既存の性愛」を増幅させていくものであるか、のいずれで解釈するかにより、その意味はまったく異なってくる。女性と男性とで「二次創作であること」の意味がまったく異なっている可能性があるということだ。

　ここで、二次創作への親和性、オタク的情報行動、男女でわけたジェンダー観をみてみよう。以下は、ジェンダー意識についての質問項目を標準化し、男女別に示したものである（【図8-4】）。可読性を重視してオタク中層8層は図からは除いているが、むろん標準化得点の算出に際

図8-4 12類型（中層2*2*2＝8層のぞく）とジェンダー規範

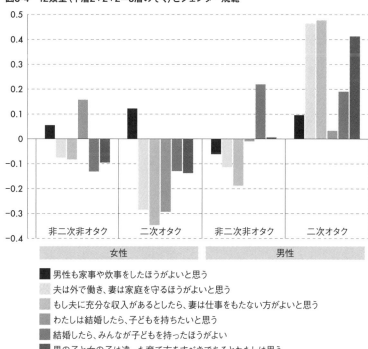

- 男性も家事や炊事をしたほうがよいと思う
- 夫は外で働き、妻は家庭を守るほうがよいと思う
- もし夫に充分な収入があるとしたら、妻は仕事をもたない方がよいと思う
- わたしは結婚したら、子どもを持ちたいと思う
- 結婚したら、みんなが子どもを持ったほうがよい
- 男の子と女の子は違った育て方をすべきであるとわたしは思う

※縦軸は各回答を反転させた標準得点を示す。

しては12類型すべてを計算に入れている。

　計12群のなかで、もっとも対照的なジェンダー観を示しているようにみえるのが、「女性の二次創作好きオタク」と「男性の（二次・非二次）オタク」である。もっとも「保守的」ともいいうる傾向を示しているのは、二次創作好きの非オタク男性であるが、統計的に分析を施す場合、女性オタクと男性オタクとの対照性が確認される。

　ジェンダー意識を従属変数、男女×二次創作志向×オタク尺度3層の12層を要因とした分散分析の結果、「夫は外で働き、妻は家庭を守

るほうがよいと思う」(**)、「もし夫に充分な収入があるとしたら、妻は仕事をもたない方がよいと思う」(**)、「男の子と女の子は違った育て方をすべきであるとわたしは思う」(*)、および 10%水準ではあるが「わたしは結婚したら、子どもを持ちたいと思う」で有意差がみられた。多重比較を行ったところ、有意差を見いだせたのは、「女性／非二次非オタク」と「男性／非二次オタク」のあいだ(*)、「女性／非二次中間」と「男性／非二次オタク」(*)、「女性／非二次オタク」と「男性／非二次オタク」(*)、「女性／二次オタク」と「男性／非二次オタク」(*)のあいだであった。二次創作好きというわけではないがオタク的な情報行動・趣味傾向を持つ男性と、女性オタクとでだいぶ異なる傾向を示している。

単純に標準得点の全体的傾向をみたときに、興味深いのが、「男性も家事や炊事をしたほうがよいと思う」以外で、二次創作好きの女性オタクと、男性二次創作好きオタクで正負が逆になっている、ということだ。男性の非二次非オタク、つまりは「オタク文化に関心のない男性」が、女性のオタクと対照的傾向を示しているのであれば、話はわかりやすい。オタク文化志向とジェンダー規範とが関与して対照性を生み出していると考えられるのだから。しかし、実際のところジェンダー規範にかんしていえば、「オタク文化に関心のない男性」——すべての群のなかでもっとも幸福度が高い「リア充」——と女性オタクの違いよりも、オタク男性とオタク女性のほうに明確な違いを見いだすことができる。「夫は外で仕事、女は家で家庭」「夫に充分な収入があれば妻は仕事を持たないほうがよい」といった志向は、とりわけ二次創作好きの腐女子においてもっと低い値を示しており、逆に、男性の二次創作好きオタクにおいてもっとも高い値を示している。これは、ある意味で奇妙なことではなかろうか。「アニメ」を趣味として選択したのは、「二次オタク女性」82.5%、「非二次オタク女性」65.2%、「二次オタク男性」81.7%、「非二次オタク男性」79.7%にのぼり、かれらはいわば参入障壁の高いアニメ界の住人である場合が多い。そのなかで性別による鋭い境界線が

ジェンダー規範について走っているのである。

　ざっとみて即座に分かるように、ジェンダー意識にかんしてもっとも「遠い」関係のひとつが、腐女子と男性二次オタクである(18)。もちろん二次創作（BLや二次創作の自費出版など）好きのオタク女性が必ずしも、世に言う「腐女子」というわけではないが、その趣味傾向からしてさしあたって、本章にいう「二次創作好きオタク女性」を腐女子と呼んでもかまわないと思われる。すると、このデータをみるかぎり、心理学者による「腐女子は［引用者注：男性の］オタクと付き合うことで、オタクの認識を変えることができる。幸い、オタクは腐女子よりも、異性と親しくなりたいという欲求が強い。共通の話題があって、腐女子が少し好意的な態度を示せば、簡単にオタクと仲良くなれるはずである」（山岡 2016）という提案は、限りなく現実性を欠いたものといわなくてはならない。

　「腐女子」は、戦後家族的な性別役割規範に対してきわめて否定的な立場をとっており、一方で「男性オタク」は、もっとも家族の戦後体制に適合的なジェンダー規範を持っている。この対照的な両者をたかだか趣味が共通しているという点で「仲良くなれる」とするのは、いささか楽観的にすぎる。もっとも大きな断層線が走っているのが、腐女子とディープな男オタクである可能性があるのだから。

　せっかく「遠さ」が問題となったので、ここで、男女12類型と、性別役割分業意識（「もし夫に充分な収入があるとしたら、妻は仕事をもたない方がよいと思う」「夫は外で働き、妻は家庭を守るほうがよいと思う」）、将来像（「わたしは結婚したら、子どもを持ちたいと思う」「結婚したら、みんなが子どもを持ったほうがよい」「男の子と女の子は違った育て方をすべきであるとわたしは思う」）を分析変数とした多重対応分析を行い、ジェンダー意識にかんする諸類型の幾何学的表現を平面上に表現してみたのが【図8-5】である。多重対応分析では、軸が交差する原点の近傍にプロットされていることは際立った特徴のない項目であることを示しており、幾何学的距離はそのままジェンダー規範についての数学的距離を示す。

図8-5 若者のジェンダー規範空間

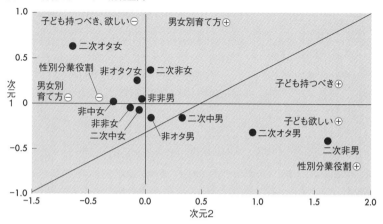

二次創作好きの非オタク男性という少数派が図の構成をやや読みとりにくくしているが、二次オタク女性≒腐女子と二次創作好きオタク男性≒ディープな男性オタクとの数学的距離の遠さは明確である。縦軸と横軸の解釈は難しいが、縦軸は、男性がほとんど図下側に位置し、かつ女性がほぼ上側に位置していることから「男性中心主義」の軸、横軸は男性に幅があり相対的に女性に幅がみられず、「子どもを持つべき」「男女は異なった育て方をすべき」といった項目が強く反映されているので「パターナリズム」の軸とでも解釈できるだろうか。こうした軸の解釈自体はここでは重要な論点ではない(腐女子が、非男性中心主義的かつ非パターナリスティックな位置にプロットされることは興味深いが)。ブルデュー風にいうなら、重要なのは、「若者のジェンダー規範空間」とでも呼ぶべきもののなかで、腐女子とディープな男性オタクとが対極的な位置にプロットされていること、そして腐女子群は両軸において特徴的な位置にプロットされているということである。

ではなぜこのようなジェンダー規範意識の対照性が生じるのだろうか。この点は、すでに多くの先行研究が示唆を与えてくれている。

第一に、「関係性を消費する」という受容様式を持つ腐女子（二次創作好き女性オタク）と、組み替え可能な「萌えキャラ単体」要素を消費するという男性二次創作オタクの志向性の差異は、登場人物関係性そのものを消費者（自分自身）の立場を括弧入れした状態で享受するという態度（そこに自らは参入しない）、と消費者自身がキャラクターへの親近感（萌え）を持つという態度の差異と深いかかわりを持つ。

　ひとつには、女性向け同人誌・BLが男性どうしの恋愛を多く描いているものの、それが必ずしも性的な関係性の表現と直結していない、性的関係そのものよりも親しい友情や恋愛関係が生成する物語・歴史的（geschichtlich）過程が多く描かれているということだ。

　いわゆる二次創作ではないが、BL単行本86冊545エピソードについて統計分析を施した牧田翠（2015）によると、商業BL誌において「性行為描写なし」が46％、「性行為暗示」とあわせると半数を超える。また登場人物どうしが関係を持つにいたる要素については女性向けが「恋愛」を重視する一方で男性向けでは「強制・暴力」「享楽」などが女性よりも高い値になっている。先に述べたように、二次オタク女性の群≒腐女子では、「ストーリー重視（非表層的）」「実存的なマンガ読書体験（生き方に影響を受けた）」といった物語的・実存的な受容様式の傾向がみられた。腐女子にとって、（それを二次創作で加工するにせよ）性関係にいたるまでの登場人物どうしの歴史＝物語を読みとりうることは、重要なファクターとなっているのだ。関係性が性を担保するわけである。

　男性どうしの性愛関係をある種の物語の理に適った（reasonable）形・プロットに加工・受容する、ということは二重の意味で「反マチズモ」的な方法論である。第一に、それは、ときにして暴力的な要素を含むとされる男性的な性への欲望の発露を、性欲という安易な説明項で理解するのではなく、関係性の構築過程によって得られた「結果」として受け止める点で（東園子 2015: 214-216）、「性欲」という関係性の外部（あるいはさまざまにありうる関係性の一部）に位置するとされるノイズを付随化する。性犯罪が起こるたびに「男の性欲は……」という紋切型の説明

図式に日々晒される女性にとって、性そのものを否定することなく性愛を描くため、性そのものを関係性のなかに収めるという方法は、現行の男性中心主義に覆われた社会を相対化するうえで重要な戦略であるといえる。

先にも述べたように、「マンガみたいな恋をしたいと思うことがある」という傾向は、オタクではない女性にも（むしろ強く）共通して見られた。かれらにおいて「マンガみたいな恋」という言葉で想定されているのはおそらくは、既存の性愛規範に則った――男性を能動的・活動的、女性を消極的・家庭向きというように配分する（ときにそれを逆転させる）――プロットを持つものであろう。それに対し、腐女子たちが志向する物語性は、既存の性規範が入り込めないという仮想的状況（男性どうし）において、関係性構築の積み重ねが性愛へと結実する、というプロセスである。これは腐女子の「現実からの逃避」などではなく、表象受容・創作行為を通じ既存の性別・性愛規範を「再構築」していく試みであるといえるだろう。こうした転覆的な物語性への志向は、性愛を扱ったBL・やおいの表現・受容にも現れ出ている。上記の分析から、即座に女性は性を回避する、などと結論してはならない。実際牧田の研究でも4割を超える商業やおい作品が性を明確に表現している。BL・やおいは、性を関係性という膜で包み込む。しかしそれは性を排除していることを意味しない(23)。これが第二の論点である。

やや古いデータであるが、守（2010）は、2004年9月号として公刊された男性向けのポルノ雑誌と女性向けの、レディコミ、BLを比較しつつ、興味深い論点を提示している。守によると、一話あたりの性描写ページ数の平均はレディコミをのぞき、BLと美少女コミック、エロ劇画に比して大きな差はみられず「女性向けのポルノは性行為にいたる〈言い訳＝物語〉が長い」という仮説をいったん却下している（守 2010: 154）。そのうえで、ページ数に限定されない物語の描出方法に着目し、男性／女性向けの相違点を指摘する。

女性向けポルノグラフィにおいては登場人物である女性の内面のモノ

ローグが多用され、それが「暴力的にみえかねないハードな性行為であっても、登場人物にとってそれが暴力でないことを示す」「安全化」の装置となっているという。性行為が終了した後のモノローグは、いわば登場人物にとっての性行為の意味解釈を示す部分であるが、そうした結末部モノローグは、男性向けのエロ劇画が57％、美少女コミックが41％、女性向けのレディコミで94％、ハードなBLでは87％と女性向けポルノグラフィのほうが高い値を示している。ページ数としては性描写の度合いに大きな差はないが、性描写に対する登場人物の意味づけが可視化されるという点で、女性向けポルノでは、外形行為に還元できない性行為の位置づけ＝物語化がなされているといえるだろう。少女マンガが率先して発達させてきたモノローグの手法は、現代の性描写にも引き継がれ、外形行為を意味づけ、動機の語彙を与える主体が誰であるか、を読者に対して明示化する。それはセクシュアル・ハラスメントという概念の基底に流れている思想と同様のものだ。

　外形行為が同じでも、本人がどう受け止めるかによって、セクハラと妥当な性愛行為の線引きがなされる。性愛行為（として）の妥当性は、一方的に男性により、あるいは構成要件を規定する法的な形でのみ／によって測られるものではなく、その行為を自らの生活史・意味世界のなかに位置づける女性（必ずしも女性ばかりではないが、「受け手側」）が主体的かつ能動的に判断する。モノローグは男性が共有する動機の文法（「嫌よ嫌よよ……」）を相対化し、外形行為の定義権を女性のもとに差し戻す。この方法論は、性行為の意味づけの権利を女性に賦活するものであると同時に、「女性には性欲がない」「女性は性について受動的」といった男性的意味づけにもNoを突きつける。やや大仰にいえば、性を含む自らの身体にかかわる行為選択、体験について、マチズモな男性社会ではマイノリティとならざるをえない女性の自己決定権を構築するものといえるだろう。

　関係性による性愛の包含、外的性行為の意味定義（再定式化）権の賦活。それは性からの逃避などではない。むしろ既存の性愛のあり方を、

抗事実的な状況設定のなかで再構想していく実践であるといえるだろう。もちろんそこには性関係とされるものの脱性愛化という方法も含まれる。「関係の絶対性」が性の意味そのものを組み替えていくのである。

　最後に、かなり解釈が難しいのだが、留意すべき事柄に触れておくこととしよう。「わたしは結婚したら、子どもを持ちたいと思う」に対する女性二次創作好きオタクの（相対的な）否定的態度である。

　もちろん、女性二次創作好きオタクにおいても、「子どもを持ちたいと思う」に対する肯定的回答は76.1%（「そう思う」50.7%、「ややそう思う」25.4%）に上るが、他の女性カテゴリー（「非二次オタク」91.8%、「二次非オタク」88.2%、「非二次非オタク」91.5%）に比してかなり低い値である。一方の男性二次創作オタクは、「結婚したら子どもを持ちたい」はすべての群のなかで一番高い値を示している。ジェンダー規範項目のなかでもっとも男女オタクで対照的ともいえるのがこの点である。

　ここで、男女別に、「マンガの二次創作（同じ登場人物で、原作のストーリーとは違うストーリーを考えたり読んだりすること）に興味がある（反転得点）」「学歴二値」「実家の暮らし向き」「仲のいい友だち数（51以上は51として処理）」「異性友人数（21人以上は21として処理した）」「異性にもてるほうだ」「オタク的情報行動尺度」「二次創作好き×オタク的情報行動交互作用項」を独立変数、件の「わたしは結婚したら、子どもを持ちたいと思う」を従属変数とする重回帰分析を行った（【表8-5】）。

　女性では、「実家の暮らし向き*」「仲のいい友だち（−）*」「二次創作（−）*」「二次×オタク（−）**」が有意であり、男性では「実家の暮らし向き*」「モテる（10%有意）」のみが有意であった。

　この結果からもわかるように、女性の場合、結婚・出産への志向性は、腐女子（二次創作好きでかつオタクである）であることと負の関連を示しているのに対して、男性は交互作用項もオタク的情報行動尺度も有意な効果がみられない。結婚・出産にかんしては、男性は「オタクであるか否か」「二次創作オタクであるか否か」は関連が見られず、「暮らし向きがいいか悪いか」（金銭）と「モテるかどうか」（異性への魅力）といった、

表8-5 「わたしは結婚したら、子どもを持ちたいと思う」を従属変数とする回帰分析

	女性			男性		
	標準化係数					
	ベータ	t値	有意確率	ベータ	t値	有意確率
(定数)		8.578	0		6.285	0
異性友人数20まで	.072	.718	.473	−.149	−1.469	.144
オタク尺度_二次創作	.377	2.571	.011	−.283	−1.536	.126
マンガの二次創作※に興味がある	−.155	−2.314	.021	−.089	−1.055	.293
学歴	−.016	−.273	.785	.096	1.325	.187
実家の暮らし向き	−.128	−2.137	.034	−.172	−2.336	.021
仲のいい友だち_50まで以外欠損	−.193	−1.991	.048	.027	.271	.786
異性にもてるほうだ	−.089	−1.422	.156	−.141	−1.879	.062
オタク度尺度	−.252	−1.733	.084	.193	1.092	.276

※同じ登場人物で、原作のストーリーとは違うストーリーを考えたり読んだりすること

ある意味で20代後半〜30代に一般に観察されうるような素朴な事柄と関連している。括弧付きで言うが「普通の結婚・出産」観を持っているわけだ。だが、女性はそれと異なる。あきらかに、二次創作が好きでオタク的な趣味・行動をとるという志向と傾向が、結婚・出産への消極的意向と関連している。

重要なのはここでの従属変数である結婚・出産への志向自体が、多くの回答者にとって現時点で「抗事実的」な措定であるということである。

現在、20歳前後の多くの若者にとって、結婚も出産もそれほどリアリティのある話ではない。だからこそ、逆にそうした年代において、「女性の二次創作好きオタクであること」が、将来的な出産意向に否定的な見解と関連があるということが興味深い。ところで（抗事実性の意味が変わるが）抗事実的な条件をともなった質問に対しては、「現時点で一般に想定されている、と当人が予期するような結婚」を想定する回答と、「自らが考える結婚のあり方」との違いを分出することはできないが、前者の「他者の予期の予期」にもとづき、後件に回答を出すのが常

識的推論といえる。つまり回答が結婚そのものへの消極的姿勢を示すものか、出産についてのものなのか、判別はできない。しかし腐女子の傾向が、「現時点で一般に想定されている、と当人が予期するような結婚（と出産）」に否定的な態度をとっていると考えることはそれほど不自然なことではない。

実際、女性二次創作オタクのジェンダー規範意識においては、既存の性別役割分業に対する否定的意識が強かった。まだ20歳前後の若者が想定する既存の結婚とはどのようなものであろうか。性愛行動、性愛観はこの40年で大きく変わってきたが、親世代（団塊以降団塊Jrぐらいまで）が理想化してきた「標準世帯モデル」が、若い世代においても理念としては依然強く維持されている。腐女子たちは、そうした標準世帯モデルのもとで「ささやかな幸せ」というオブラートに包まれた家父長制が前提とする役割分業に懐疑的な立場をとっている。「結婚して子どもを持つ」という事柄も、そうしたソフトな家父長制のなかで必要条件として喧伝されてきたものである。日々抗事実的な条件設定（男性どうしのフィクショナルな性愛）のもとで、「関係性による性愛の包含」を、読むこと、書くことのなかで実践しているかれらにとって、しばしば物語の結末として描き出される異性間の「結婚」、そして出産という、自己決定・自己身体の決定権にかかわる出来事に違和感をもったとしても不思議ではないだろう。実際若者のジェンダー規範空間を示した【図8-5】でも「子どもを持ちたい」「男女で異なった育て方をすべき」は右半分に男性群が集中し、左側に女性群が一定の幅をもって集中している。女性身体の自己決定にかんする態度、寛容性をこの項目が示しているというのもあながち深読みとはいえないだろう。

しかし、一方で、他の既存のジェンダー規範に比した場合でも、結婚・出産への否定的回答は高い値を示している。

結婚という制度は、現代の日本においては異性愛者間の次世代再生産を担う集団を担保するものとして位置づけられている。「このわたし」が結婚・出産するという想定は、腐女子たちが愛好する抗事実性（男性

どうしのカップリング）と折り合わないし、また、女性の主体性を低く見積もる既存のジェンダー規範においては、自分自身の「外的性行為の定義権」を、自らに帰属する「行為」としてではなく、部分的に外部化・体験化（制度に帰属させる）ことでもある。性行為をともなう出産という自己身体に強くかかわる事柄について、「結婚すること、産むことを期待する制度」に意志決定を委ねることに若い腐女子が相対的に否定的な態度を示したとしても不思議はない。もっといえば、BL・やおいにおいては、それが生殖を伴わない他者の行為であること、また異性間であっても安全化の装置が機能し、「わたし」の立場を宙づりにし、読み手は「第三者的視点」に立つこともできる（守 2010: 189）。「このわたし」の「結婚」「出産」は、その二つの条件を失効させるもの、「腐女子的妄想力」を無効化しかねない事柄なのである。藤本由香里はいう。

> 「想像する自己」も間違いなく「私」である。ならば、「空想的世界」の享受のためには、「私」と現実の間に明確な線引きができていることが何よりも必要となろう。はじめから妄想であることを設定された「男性どうし」という表現は、現実と比して「噓っぽい」のではなく、そこが「そういう現実」であることを私たちにより強く、そして何度でも認識させてくれるファクターである。……やおいへの志向は現実からの逃避というよりも、現実へのよりシビアな認識を下地にした気散じといえるかもしれない。（藤本 2007: 66）

そう、女性二次オタクの結婚・出産への否定的態度を、「成熟への恐れ」「虚構への逃避」などと解釈すべきではないのだ。むしろ、それは、20歳前後という年齢でありながら、自己身体のシビアな問題として出産という出来事を解釈しうるジェンダーセンシビリティの現れ、と考えたほうがよい。「既存の意味での成熟を恐れる」というのであれば、それは未成熟とは異なる。「虚構志向」が、現実の自分の「モテなさ」に由来するという証拠はないし、それで批判されるのであれば政治的理想

主義（左右問わず）は虚構への逃避であるということになる。性愛的事象についてのみ「理想主義」が「未成熟」と結び付けられてしまうのは、男性の既存の規範の赤裸々な表出をもって未成熟と成熟とを語る文法の効果であろう（「母親の喪失」を成熟と規定した江藤淳を想起してほしい）。

　萌え的欲望との対比で関係性への欲望（斎藤環、辻泉）があるとして、それを既存の性秩序において実現することへの批判的意識（ジェンダー非対称性への感受性）、そして自己身体への感受性（当事者になりうる異性愛的女性を介在させない形で表現する方法論、男性同性愛の表象、安全化の装置）を満たす形で表現・消費するものとして、やおいは機能しうる（している）。それは、「現実のモテ／非モテ」や自分の現実における性愛関係とは直接的な形で結びついているのではない。その意味で「BLはフェミニズムである」という溝口彰子の議論は、どこまでも正しいように思われる。

6　動物たちの楽園と妄想の共同体

　本章では、データベース消費という東浩紀の議論が、全体としてはアニメ界の特質をうまく言い表してはいるものの、「女性オタク」については、東園子がいう相関図消費が妥当であることを確認しつつ、相関図消費を生きる腐女子たちのジェンダー意識を、主として男性の二次創作好きオタクと対比しつつ、検討してきた。

　そのなかで、「客観性」を謳う山岡の議論、とりわけ「腐女子はオタクと付き合うことで、オタクの認識を変えることができる。幸い、オタクは腐女子よりも、異性と親しくなりたいという欲求が強い。共通の話題があって、腐女子が少し好意的な態度を示せば、簡単にオタクと仲良くなれるはずである」といった――おそらく山岡に限られない男性知識人の――アドバイスにいたる推論の問題性を指摘してきた。山岡の著作は、徹底的に既存の男性主義的な観点からみた腐女子の「逸脱化」に貫かれている。

重要なのは、腐女子と呼ばれたり、自認しているひとたちが、男性的な理由空間においてそう記述されるような「現実逃避」「男性からの逃避」をしているわけではないということである。「男性どうしの性愛」という状況設定は、関係性を紡ぎあげる物語が性愛を規定する、という抗事実的な状況設定にもとづく「理想的親密状態 die idealen intimaten Situationen」(24)の設定であり、だからこそ、その関係性の読み込み——「フィクションを読む能力の高い読者」(守 2012: 93)(25)——は男性どうしという設定を越えてさまざまな領域に広がりうる。また、その既存の男性中心主義的な規範を解除した「理想的親密状態」の想定は、みずからを「理想的性愛状態」に置くことを可能にすると同時に、立場を括弧入れすることにより——自らの性的志向を括弧に入れた状態で——既存の性愛規範に批判的な態度、自らの性愛にかんする事柄を体験ではなく行為として受け止める態度を可能にする。(26)

　山岡は「恋人がほしいにもかかわらず、交際を不安に思い恋人を作ろうとしない」という腐女子の傾向性（先述のようにその摘出手続きに疑問はあるが）を指摘し、「自分は恋人ができないのではなく、恋人がほしくないのだ」といった認識でもって認知的不協和を解消している、という。これもまた、まったく同意することのできない推論である。(27)

　恋愛や性愛、結婚などにかかわる既存の規範に従順に従うのではなく、その意味を関係性や自己身体にかんしてシビアに問いかけつづける点にこそ、腐女子の「可能性」がある。認知的不協和という理論は実に取り扱いが面倒で、「恋人がほしくない」「結婚したくない」を、「実は……なのに」と分析者が前提とする認知的環境にあわせて解釈してしまうことがある。それは学術的にも倫理的にも誠実な態度であるとはいえない。端的にかれらは——現在のジェンダー秩序に適合的、という意味においてであれば——「恋人はいらない」のであり、「結婚したくない」可能性も大きい。既存のシステムのバグを同性の友人とともに発見する「理想的親密状態」を手放すぐらいなら、恋人も結婚も不要、というのは、不協和どころか、ごく自然な認知的・感情的・行動的「態度 attitude」

である。

　交互作用項の効果などからわかるように、オタクの下位類型に「男オタク」と「女オタク」がいるわけではない。腐女子＝二次創作好きオタクは、きわめて洗練された形で、それぞれの方法で男性中心主義的な世界観に——意識の存否にかかわらず——異議を申し立てている。その異議を認知的不協和の補正という権利は、誰にもあるはずがない。

＊

　かつてアドリエンヌ・リッチ（Rich 1986=1989）は「レズビアン連続体（Lesbian Continuum）」という概念を提示した。それはしばしば性愛的な指向を希薄化するものとして批判を受けたが、その基本的含意は、現下の異性愛中心・男性中心主義的な社会の体制のなかでは、女性たちは、性愛であれ、恋愛であれ、日常的な仕事、家庭生活、学習過程など、いつかしら、どこかで、濃度の差異はあっても、「女性である」がゆえに相通じ合う問題に気づかざるをえないとの問題意識から、その負の気づきを肯定的な連帯へと転化させていく可能性を模索したものと私は解釈している。もちろんそれは女性が「非性」的な存在であることを意味しないし、また世に言われる同性愛的指向を潜在的に持っていることを意味しない。女性という存在を交換財として扱い、またその存在を過剰なまでに性化するまなざしへの違和（と巻き込まれ）を、さまざまな水準と濃度において認め合い、関係性そのものを志向する、あるいは指向せざるをえない立場性を共有すること。それがリッチのいう「連続体」の含意であったと私は解釈している。

　関係性の深度と濃度の差異を相互に認め合いながら、性や愛を所有する主体／される客体という対立軸を突き崩し、いわば関係性の連続的関係を創出していく。19世紀以降、近代的な公的／私的空間、生産領域／再生産領域の区別を無効化していく「公共的な親密圏」「親密性を媒介とした公共圏」（陳 2014）というべきものの構築に、多くの女性たちが携わり、またそのことによって政治とは異なる水準での「社会的なも

の」の実現に寄与してきた。膨大な蓄積を持つアメリカ社会史・女性史が教えるように、世紀転換期のアメリカにおいては、高等教育を受けた女性の第一世代が、「ボストン・マリッジ」と呼ばれる女性どうしの生活世界での共同性・関係性を築き上げ、また、ジェーン・アダムスのように、女性たちによる集合的・親密な共同性のなかから社会へと向かい合っていく場（ハルハウスなど）を生み出していった。そうした世紀転換期の女性たちを、現代の異性愛男性主義的な観点から——現代においても同様であるが——スキャンダラスにとりあげることは、産業革命における女性就労形態、公空間から排除された高学歴女性たちの社会的実践、労働組合の男性中心主義と安価な労働力としての女性労働力を期待した経営者の戦略、ヴィクトリア的家族観とフロイト的性差観がモデルとして急速に拡大した時期の混迷、そうした社会的文脈とそれにかかわる理由空間とをまったく捨象したものと言わざるをえない。[29]

「公的領域・男性的友愛から排除された女性たちの関係性構築」「親密性という公共圏の構築」という課題は、近代産業社会における普遍的な課題としてあり、またあり続けているといえる。その課題がポップカルチャーを媒介として、男性的な象徴闘争を闘争としてではなく親密な関係性——それは必ずしも性行為にたどり着くものではない——として再解釈し、声高な政治的コールとは異なる「もう一つの声」をしたたかに、社会に届けていく。そうした方法論が顕在化したのが、70年代以降の趨勢であろう。いまや、日本のみならず、中国や台湾、韓国、欧米でも「BL」や「やおい」は、女性たちの関係性の連続体、関係性表象を媒介とした（自らの）関係性構築を生み出し続けている。英語圏には、"PwP (Plot what Plot、Porno without Plot)"という言葉がある。[30]直訳するなら、まさに「やおい（やまなしおちなしいみなし）」である。こうした動向を「クール・ジャパン」の産物と考えるのは、それこそいささか哀れな文化帝国主義である。「レズビアン連続体」は、産業化された先進社会において、ポップカルチャーを介しほぼ例外なく、また発祥・伝播の方向性を異としながら、拡大の一途をたどっている。

「もう一つの」、というよりは潜在的には「もう半分の」声を、社会学者はどのように受けとめ、再定式化していくことができるだろうか。陳（2016）によると、彼女たちの「ほっといてください」というメッセージは台湾でも香港でも共有されているというが、それを「モテないから」「責任をとりたくないから」と理由づけしてしまえる分析者の観点こそが、問われねばならない。「な・に・か・ら・ほっといてほしい」のかを考察しない分析視座の問題をこそ考えるべきであろう。

アニメという象徴闘争のモデルからは遠いはずの界においても、さらに象徴闘争の形式をめぐり、深く、抵抗力を蓄積したジェンダーの断層が走っている。その断層を、田舎町の下級官吏の子どもとして生まれ、エコール・ノルマルの教授にまでのぼりつめた男性——その位置そのものというよりは、位置の正当化をめぐる言説の男性性——の「闘争」論で分析できることは限られている。

アニメもBLもどうでもいい、というひともいるだろう。

しかしそのことがいかに大きな政治的連帯・社会的な関係性構築の資源の存在から目を背けることになるのか、社会学はその点をしたたかに、我慢強く問い続けなくてはならない。(31)

注

(1) 「サブカルチャー文化資本」という概念を提示したことで多くの後続文献を生み出したソーントンの議論は、バーミンガム派のCSを批判的に継承しつつ、「シカゴ学派」への立ち戻りを示唆し、ブルデュー理論を援用して、クラブカルチャーにおける「趣味taste」の卓越化ゲームを描き出したものである。シカゴ学派への回帰ではベッカーの『アウトサイダース』がもっぱら参照されているが、ある人びとの集合に対して属性・カテゴリーを付与することにより、そのカテゴリーが人びとの行為を規定していく、という再帰的過程（ラベリング）に着目したベッカーの視点がどのようにしてブルデュー理論と接合されているのかは不分明といわざるをえない。

(2) 本章でも、有意水準を示すp値について、$p<.01$の場合を$**$と、$p<.05$の場合を$*$と略記する。

(3) というのも——『ヱヴァンゲリオン』などのテクスト分析の妥当性は措くとして——データベース消費そのものがはたして大塚（1989）のいう「物語消費」と異質な消費形態なのか、それとも包含関係にあるのか、また70年代以降の「やおい」の興隆をみたとき、それが95年を分水嶺とした歴史分析として適切であるのか、またオタク文化と呼ばれるものをもとに社会

の理由空間の変動を論じることの正当性を明示しているか、が不分明だからである。
（4）なお東園子（2015: 154）によると、「「やおい」という言葉は、最近はあまり使われていない」という。とはいえ、同趣の BL（ボーイズラブ）とともに、Yaoi という言葉・概念が広く世界的に認知されており、英語圏でもほぼ同義といえる "PwP" が俗語として使われている点には、「ヤマなし、オチなし、意味なし」という概念の持つある種の汎用性をみることができる。
（5）東園子は次のように述べている。「東浩紀によれば、データベース消費においては「彼ら［＝男性オタク］の物語への欲求は、きわめて個人的に、他者なしに孤独に満たされている」……という。だが、やおいの相関図消費における物語の希求は、自分の好きなものに対して他の人がどう考えているのかを知りたいという、他者の存在と結びついた欲望としてある」（東園子 2015: 184–185）。
（6）二次創作好きでオタク度の高い女性を「腐女子」という言葉でまとめあげることにはもちろん問題がある。二次創作好きと BL 好き、やおい好き、女オタクなどの差異を孕んださまざまな概念が交差する地点に「腐女子」概念は存在しているわけだから、丁寧な概念の分析が必要となるだろう。しかし、計量的な分析においては、当事者の自認をもととすると析出しようとした問題を分析できなくなるケースもある。本書の練馬調査では、オタク自認への肯定的回答が、本章で分析したいオタク的受容様式と上首尾に対応しないため（オタクという自認とオタク的と分析者が考える趣味行動様式とが整合的な関係をもたない）、以後、「二次創作好きで、オタク尺度が高位 2 層である女性」を、操作的に腐女子とし、適宜「≒」の記号をもって併置する。
（7）重回帰分析を行う際には、サンプル数が少ない場合、多くの変数を投入することは、多重共線性が懸念されるため、ここでは試行的に友人関係にかかわる個別の質問項目にもとづき因子分析を行い、そこで得られた 5 つの因子（友人開拓因子、接続不安因子、関係深化因子、議論志向因子、関係切り替え因子）の因子得点を独立変数として投入した。
（8）この回帰分析では当初「友人数（51 名以上を 50 扱い）」を独立変数として投入していたが、多重共線性が疑われたため、これを除いた分析を本文では示している。
（9）したがって、森川嘉一郎の「腐女子は実際にモテない」という予断は、少なくとも、腐女子であることについて、「モテる／モテない」が効果を持たない、印象論以上の妥当性を持たないといえるだろう。次のような森川の記述は、「モテ／非モテ」が「オタクであること」と実際密接に結びついている男性の観点から書かれたものといえる。「腐女子に〈女性〉を代入しようとするあまり、モテない腐女子像を矮小化するとすれば、それはモテない腐女子に対する差別に加担することになる。そうした異議申し立てがなされず、あたかも女性一般がモテないオタク女を馬鹿にすることを間接的に追認するような論調が多いのは、なぜか。そこには、女性どうしを対立的構図に置きたくないという思惑が、絡んでいるのかもしれない。あるいは、腐女子差別も、女性一般が無自覚なだけで、結局は男性優位社会によってし向けられているという構図が採用されるのかもしれない」（森川 2007: 131）。
（10）東の次の指摘を参照。「やおいの作者は自分が対象とする原作・キャラクターやその魅力をよく知る来場者に自作が購読されることを望む傾向があるのに対し、〈男性向け〉の作者はそうではないと推測できる」（東園子 2015: 172）、「〈男性向け〉の同人作品を好む男性オタクの間ではパソコンの OS など人間でないものを美少女キャラクター化する遊びがあり、「萌え擬人化」と呼ばれている……ここでのおもな関心の対象は擬人化されたキャラクターの図像だと推測できる」（ibid: 173）。
（11）本書では扱うことができなかったが、「アイロニカルな没入」とオタクの行動原理とを結びつける大澤真幸の理論的分析は本章の論点にかんしても示唆的である。大澤は、オタクたちにみ

られる現実(もしくは任意の可能性)への徹底的な相対主義的態度(アイロニズム)が、「にもかかわらず、であるがゆえに」逆説的に特定の世界観・対象への没入を可能にする、という逆説を「アイロニカルな没入」と表現している。「彼らは、それが幻想＝虚構に過ぎないことをよく知っているのだが、それでも、不動の「現実」であるかのように振る舞うのである。オタクたちは、虚構と現実を取り違えているという、評論家的な批判が見逃しているのは、意識と行動の間のこうした捩れである。彼らに、いくら、「あれは虚構に過ぎない」と主張しても意味はない。彼らは、それをよく知っているからである」(大澤 2008: 105)。あらゆる世界の出来事を相対主義的に、ということは自らを全体の俯瞰者の位置に置くことにより、アイロニストは現存する「俗世的」な価値や規範に対する優位性を獲得する。そのメタレベルでの超越性を「認識」しているかぎりにおいて、かれらは個々の価値の相対性を「認識」しない他者に対して優位に立ち、自らが選好する価値・規範についても「相対的なものでしかない」という認識を随伴してコミットしているということをもって、「相対的なものでしかない」ことを認識せずに特定の価値・規範を主張する他者を構造的に劣位に置くことができる。

たとえば——大澤の提示した事例ではないが——現在のネットスラングに「逆張り」という言葉があるが、これは、世のなかで重要な価値だと思われており、その相対性を認識せずに信じている他者が多数であると判断されうる場合に、自らの主張の妥当根拠を肯定的に語ることなく、「相対性を知らない(マジョリティとかれらが考える)他者」の立場性を相対化・批判する、という行動様式のことを指す。「逆張り」自体に根拠はさして必要ない。「ポリティカル・コレクトネス」的な価値を主張する他者の妄信ぶりや、人権などの近代的価値観の普遍性を疑わない者、そうした普遍性を知るはずもない「大衆」の心性を理解できないインテリの不誠実さと不見識をメタレベルから主張するだけでよい。そうした「反常識・反建前・反PC」といった「反の思想」は、定義上無敵である。大澤がオタクに見いだしたアイロニカルな没入は、現在きわめて日常に観察される態度となっている。

こうした大澤的な「アイロニカルな没入」論を統計的に検出することはきわめて難しいが、練馬区調査では「バカらしいと思っていたことに、いつのまにかはまってしまったことがある」という設問を用意していたので、それがオタク的趣味と関連がみられるかどうか概観してみた。この質問項目を逆転得点化・標準化したものとオタク尺度にはたしかに有意な相関がみられたが、これも男性オタクと女性オタクとでだいぶ異なる様相を呈している。以下の図(【図8-3】)を見てわかるように、「アイロニカルな没入」にかんしては、「二次創作オタク」、「非二次創作オタク」で男女にかんしてきわめて対照的な傾向がみられる。女性二次オタクはこの値がきわめて低く、女性の群のなかでもっとも低い値を示しているのに対して、男性二次オタクはそれとまったく逆にすべての群のなかでもっとも高い値を示している。

こうした対照性がなにを意味するのか、ここで詳述することはできないが、男女ともに「非二次・非オタク」が平均に近い値を示していることから、「二次創作好き」「オタク度高」がなんらかの形でアイロニカルな没入に、しかも男女が対照的な形でかかわっている可能性は否めない。実際、二次創作志向2値×オタク度3層×性別の12類型でみると、男女ともに「二次創作オタク」のマスコミ不信は高いものの、「日本人である以上、国のための奉仕活動には積極的に参加すべきだ」「日本に合法的に移住した外国人は、日本人と同じ権利を持つべきだ(反転)」(排外性)などは男性二次オタクが有意に高く、また(分析上の理由から)愛国心・排外主義項目を2値化したうえで、「アイロニカルな没入」(2値化)を統制しても、国家奉仕・排外主義と男性二次オタクとの関連は残る。つまり、男性の二次創作好きオタク(ディープな男性オタク)は全般的にアイロニカルな没入の度合いが高く、愛国奉仕志向・排外主義が

図8-3　アイロニカルな没入

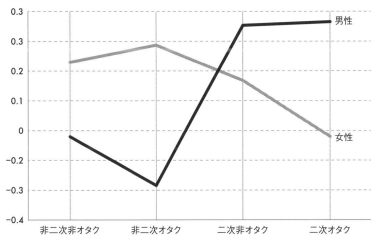

強い傾向にある。このあたりの詳細な分析は別稿に期したいが、排外主義的な愛国心や、「戦後民主主義」的前提を懐疑する国家への奉仕志向は「反PC」的態度といえるだろうが、ディープなオタク男性はそうした態度をとる傾向性が高く、アイロニカルな没入の効果もみられる。一方**女性二次オタクの場合は、全般にアイロニカルな没入度は低く、国家奉仕志向・排外主義ともにディープな男性オタクと正反対の傾向（国家奉仕否定的・移民肯定的）であり、現代日本で「歴史が軽視されている」とみる傾向が高い**（これは女性二次オタクに「レキジョ（歴史を愛好する女性）」が多いためと考えられ、動員型・排外的なナショナリズムとは異なる意味を持つ）。この二次創作オタクのジェンダー差の少なくとも一部は、アイロニカルな没入の濃淡によって説明することができそうである。つまり、大澤の「オタクは、世の中の標準的価値をメタレベルで相対化しつつ、「反」標準的価値にアイロニカルに没入する」という仮説は、男性のディープなオタクについては一定の妥当性を持つように思われるが、それは女性のディープなオタクについてはあてはまらない。むしろ、ディープな女性オタクは、そうしたアイロニズムが弱く、動員的・排外的なナショナリズムにも否定的、つまり「PC適合的」である。

もちろん女性二次オタク（≒腐女子）にも、しばしば指摘されるように、第三者的・傍観者視点の採用、「放っておいてください」という標語に表れているような社会との距離設定志向は存在する。しかし、それは大澤がいう「アイロニカルな没入」がもたらす超越性とは異なった「社会との距離化」の方法論といえるだろう。やや思弁的に仮説を立てるなら、次のようになる——**ディープな男性オタクの社会との距離化は、社会に散在する個別の価値や規範を部分集合とする全体集合を俯瞰するようなメタ的・上位的視点をめざすのに対して、腐女子のそれは、集合としての境界設定（全体集合からの離脱）というよりは、ルーマン的システム理論にいうシステムの意味境界設定に近い。**前者は「全体/部分」「要素/集合」という集合の関係を前提とするのに対し、後者は、自らの観点が意味的に自律しており（したがって他者につい

ても「ある意味の準拠点にもとづいて」観察することになり)、必ずしも上位／下位、包含関係を含意する集合関係を築くわけではない、と。「放っておいてください」は、自らが属するシステムでの行為を、他のシステム（道徳や法、政治）で一意的に記述される（意味づけされる）ことを拒む姿勢を示したものであり、他のシステムに対する優位性、集合論的な包摂性を示したものではない。であるがゆえに、他の意味システムに準拠すべきと考えられる事柄、たとえば「PC」的規範や法規範などを自らの観点によって包摂することもなく、別の準拠点（法や道徳）へと移行して考察することが無理なく成立する。これは包含関係を前提とする男性的アイロニズムではきわめて困難な視点の切り替えの方法である。全 12 類型のなかでも、こうした集合境界・意味境界の差異がもっとも先鋭的にあらわれているのが、ディープな男性オタクと腐女子のあいだ、ということができるだろう。「オタク vs リア充」といった疑似的な対立項より深い断層が、ディープな女性オタク／男性オタクのあいだに走っている。

(12) 「BL」に表現される男性どうしの性愛は、現実を生きるゲイの性愛表象の簒奪である、という相当な正当性を持つ批判が石田 (2007) 等から提出されている言論状況もまた、腐女子の性的指向や性的な事柄にかかわる問題意識を先鋭化させているといえるだろう。

(13) 東においては、この点は強く主張されているわけではないが、たとえば、溝口 (2015) などは、「戦闘的」な形で、BL の持つ「同性愛の（男性的）性愛化」の軛からの解除機能を論じたものといえるだろう。この場合、闘争線は、腐女子と男性同性愛者の間にではなく、男性中心主義的な強制的異性愛とのあいだに引かれることとなる。

(14) この事態を回避するために私たちはアニメやマンガ、音楽といった特定の趣味に限られない趣味一般での友人形成契機などについての質問項目を設定し、個別趣味の効果であるか、趣味一般の効果であるかを識別できるように質問紙を設計した。

(15) 変数の関連と因果推計の関係は一筋縄ではいかない複雑な問題をはらんでいる。この点はラザースフェルドのパネル調査やエラボレーション分析以来の古典的な社会科学の課題であるが、計量的な関連の分析をいかにして因果分析に持ち込んでいくのかについては、いまなお議論が絶えない。しかし少なくとも、因果帰属の手続きをさいして、常識的・意味的推論が重要な役割を果たすことを否定する論者は社会科学者ではまずいないといっていいだろう（そもそも重回帰分析にしても、人文社会科学系の場合、医学統計のような予測力を持つモデルを構築することは不可能に近く、そのぶん、関連を精査すると同時に意味的連関を十分に考慮する必要性が大きくなってくる）。この点は、注意を喚起するまでもない常識に属する事柄と考えていたが、山岡の書に「計量的だから客観的」という前提を置いているとしか思えない研究者の肯定的評価を見かけたので、あらためて注意を喚起しておきたい（本章の分析が因果帰属について「逃げ腰」になっているのもそのためである）。政治学系の書であるが、Brady et al. (2004=2014) などがこの点を明快に説明してくれている。

(16) 人文社会科学者が政策や生き方について学問的知見をもとに「アドバイス」すること自体は否定されるべきではない。しかし、その「アドバイス」——ということは一定の因果推計をしていることになる——が経験的データに整合的でかつ因果帰属も適切になされていないと、居酒屋談義、対談論壇のそれと大きな差異はないと考えてよい。あまりに対応例が多いのでとくに事例は挙げないが、前注に挙げた書を読んだうえで、適宜読者に判断していただきたい。

(17) 酒・煙草・癌の発生率の事例は交互作用を説明するさいによく引証される事例である。たとえば https://software.ssri.co.jp/statweb2/column/column1003.html などを参照。

(18) 東園子 (2015: 231) は 2009 年 8 月のコミックマーケット 76 にて「同人誌を扱うサークルのスペースで、机の後ろ側にいるサークル関係者の性別」を調べ、「〈男性向け〉同人誌中心の

『東方 Project』の調査スペースにおいて、一人でも女性がいたのは 360 スペース中 94 スペース（26％）だった」のに対し、「やおい同人誌中心の『ヘタリア』スペースで一人でも男性がいたのは 360 スペース中 4 スペース（1％）にすぎなかった」と報告している。東はこの物理的空間の分離の原因を、「やおいにかんする場」での男性拒否・男性嫌悪的な姿勢、「二次創作化されることを批判する原作ファン」「やおいに否定的な男性」からの自衛策に見いだしている。この空間的な断絶の遠因は、「二次創作をすること」「女性が性愛に関わることを描くこと」を囲繞する強固なジェンダー規範のギャップが横たわっているように思える。

(19) 第一次元はイナーシャ（説明される分散の割合）が .31 で、第二次元は .29、固有値はそれぞれ 2.17、2.05。判別測定では、第一次元は「夫は外で働き、妻は家庭を守るほうがよいと思う」「もし夫に充分な収入があるとしたら、妻は仕事をもたない方がよいと思う」「結婚したら、みんなが子どもを持ったほうがよい」等で、第二次元は「もし夫に充分な収入があるとしたら、妻は仕事をもたない方がよいと思う」「わたしは結婚したら、子どもを持ちたいと思う」「男の子と女の子は違った育て方をすべきであるとわたしは思う」などが相対的に高い値を示しており、あえて解釈するなら、第一次元（横軸）は性別役割分業意識の強さを、第二次元（縦軸）はすべての女性群が高い位置にプロットされていることから「（反）パターナリズム」と解釈することができるかもしれない。

(20) 逆にいうと標準的な統計分析を経ずに対応分析だけで布置図を解釈しようとすることがいかに危険であるか、ということでもある。

(21) 牧田（2015）では、『このBLがやばい！ 2015 年度版』NEXT 編集部編でランキング掲載された 86 冊の単行本 545 エピソードを分析対象としている。きわめて的を射た問題設定の下に数字を集計した良書である。

(22) この点を東園子は「やおいの中の性行為は、男どうしのホモソーシャルな絆の「最終形態」である」（東 2015: 216）と表現している。

(23) 男性向けエロマンガと BL を比較した牧田（2015: 30-31）によると、男性向けエロマンガでのエピソードあたりの平均射精回数は 2.7 回、BL の「攻め射精」0.2 回、「受け射精」0.3 回と明確な差がみられたという。また描き方にかんしても「男性向けだと「前戯で 1 回射精、性交で 2 回」などというパターン」も少なくなく、「射精は「イった」という記号でしかない」場合が多いといった対照性がみられるという。また、愛撫行為表現が多く書かれる男性向けエロマンガと異なり、BL では愛撫行為はほぼ描かれていない（0〜1％）という。BL では、愛撫行為そのものの表現より、性行為にいたる関係性の築き方のほうに重点が置かれている、というわけだ。

(24) むろんハーバーマスの「理想的発話状態 ideale Sprechsituation」をわざとらしく複数形としたもじりであるが、たんなる言葉遊びというよりは、ハーバーマス的な討議倫理に対峙すべくギリガンの「ケアの倫理」が打ち出された経緯をここで想起を促したいという含みもないわけではない。

(25) またファンダム研究で指摘されるように、ジャニーズファンなどに共有されている自己規制的規範や、それからの逸脱に対するサンクション、あるいはファンとしてのアイドルへの近接性を適切な形で示す財獲得の関係性を、「アイドルを占有する嫉妬」として捉えることも慎重に検討されるべきであろう（陳 2014）。アイドル個人の占有・近接を目指す象徴闘争というよりは、アイドルどうしの関係性そのものを、同様の趣味を持つファンと、一定のルールを定めながら共同的に受容する、という態度は、ブルデュー的な象徴闘争とは異なる水準で分析される必要がある。

(26) 金田淳子は「やおい作品から「再生産／抵抗」的な要素を抜き出す作業が行われることがある。個々の批評としては重要な作業であるものの、そこからやおいジャンル全体と異性愛秩序という社会構造との関係を論ずるならば、短絡といわざるをえない」(金田 2007b: 53)という。「異性愛秩序の再生産・補強である／ない」「抵抗的である／ない」というのは、当然のことながら、いかなる比較の準拠点からなされるのか、によって異なる判断根拠を要する。特定の作品の内容をそうした準拠点を示すことなく「抵抗的である」と評価することはできないし、「再生産的である」ということもできない。本章では、「強制的異性愛・男性中心主義なジェンダー・セクシュアリティ秩序の不公正を問題化する」という準拠問題にもとづき、ある種のしたたかな「抵抗性」を読みとるという姿勢を採用している。

(27) また 00 年代に話題となった森川嘉一郎の論文(森川 2007)にも、社会統計学的な意味での問題点を見いだすことができる。まず、森川は『ぱふ』2002 年 7 月号の読者アンケートと国立社会保障・人口問題研究所のデータをもとに、20 歳以上の『ぱふ』読者アンケート回答者の有配偶者・交際相手率の低さ(28%)を、同年齢層一般女性(48%)と比較し、「腐女子は女性一般に比して縁遠い傾向がある」としているが、そうしたことをいうために必要な人口学的変数、つまり学歴や職の有無、収入、親の職、所得、年齢(初婚年齢の分布を考えるなら 20 歳以上という限定は変数統制にならない)などが統制された様子はない(というか、そうしたことを分析できるデータセットが存在していないのだと思われる)。練馬区調査では、二次オタク女性≒腐女子は、学歴が高く(高卒大学在籍者が多い)、また実家の暮らし向きもよい。結婚への移行にさいして学歴が負の効果を持つこと、有職で所得の高い女性が晩婚・未婚の傾向にあることもよく知られている。また、当然のことながら、『ぱふ』アンケート回答者が読者のサンプルとなりえているか、という観測にかかわる問題も考慮されなくてはならない。たとえば森川が依拠した総務省データで大学在籍・卒業の学歴を持つ 20 歳〜35 歳の女性の「恋人がいる率」は 40%であり、同年代高学歴女性の婚姻率も低い。サンプリングのエラーを含めて考えるなら、森川の「腐女子は女性一般に比して縁遠い傾向がある」という議論は、疑似的な差を主張している可能性もある。私もまた「二次オタク女性≒腐女子」が既存の婚姻・男女の性愛関係に否定的であり、森川の言うように「腐女子であること」が効果を持つとは考えるが、森川が異なるデータセットを接合して差し出した結論をそのまま飲み込むわけにはいかないし(学歴等を統制すればそれほど大きな差は観察されない)、それを「腐女子の理想が高いから」と理由づけすることにはかなりの躊躇を覚えざるをえない。本文で見たように、腐女子≒二次創作オタク女性が、学歴が高く、実家の暮らし向きもよく、そしてドミナントな性別役割分業に否定的な態度を示していることを考えると、「理想が高い」というよりは、現行の家父長制的な制度の下での恋愛・婚姻に、やや消極的な姿勢がみられる、程度に収めておくべきと考える。

また森川は腐女子の交際相手の指向について、「オタク男でない方がいい」という『ぱふ』読者の回答傾向、上記の「理想が高い」を「捻じれ」と表現しているが、「腐女子であること」は、既存の性愛・結婚規範に抗する態度と関連があるのだから捻じれでもなんでもなく、きわめて理に適った判断であると思われる。

(28) リッチの「連続体」概念は、性愛の指向に焦点を当てる「レズビアン存在」に限定されない女性どうしの絆、関係性を指し示すものであり、セジウィックがいうように「ホモソーシャル連続体」と表現することもできる。ホモソーシャル概念そのものが強制的異性愛体制における男性中心主義を表現・告発したものであったため、この語を「男どうしの絆」にあくまで限定的に使うべき、との議論も少なくない。これらの議論を踏まえたうえで、性愛に限定されない、

男性中心主義体制下の女性どうしの「女性のホモソーシャル」を考察したものとして東園子（2006）を参照。
(29) こうした点についてはなにより Federman（1991=1996）参照。
(30) この語の存在については清水晶子氏からご教示頂いた。http://expressions.populli.net/dictionary.html
(31) 本章の執筆にあたって、東園子さん、辻泉さん、辻大介さんから貴重なコメントをいただいた。頂いたコメントを十分に咀嚼・反映できておらず、当然のことながら文責は北田にあるが、丁寧なコメントを寄せていただいたお三方に心よりお礼を申し上げたい。

Invitation 「趣味の／と文化社会学」のためのブックガイド

「はじめに」で述べたように、本書はある意味で読者を「選んでいる」。しかしその場合の「選んでいる」というのは、過去の経験的・理論的研究の蓄積を尊重し、その大きな地層の上に少しだけでも新しい土や砂を積み重ねていくという態度を共有するか否か、という意味においてであり、専門知識の多寡や専攻する領域や興味関心の如何は問うていない。本書では、ピエール・ブルデューという、理論からフィールドワーク、計量分析までこなす巨人の差し出した理論構想の一部を、卓越化という論点にそくして、批判的に継承していくことを目指したものであり、文化論・趣味論を卓越化とは異なるフレームで分析するための方法をほんの少しだけ提示したものにすぎない。以下のブックガイドでは、ブルデューとの対峙という尊大な野心からは少し距離を置いて、「趣味の／と文化社会学」を考えていくさいに道しるべとなりそうな文献を紹介していくこととしたい。

ブルデューをめぐって

難解をきわめるブルデューの文体は、しかし、抽象語（というかフランス現代思想文体）になじんでいない読み手を躊躇させるものであり、「なにはともあれ『ディスタンクシオン』から」というのは、あまりお勧めできない。まずは、相応の歴史性を持つ社会学という系譜のなかでブルデューがプロットされる位置を確認することから始めたい。そのとき導きの糸となるのは、ブルデューが自らの理論や調査をかみ砕いて解説した講演などが掲載されている**『構造と実践——ブルデュー自身によるブルデュー』**（石崎晴己訳、1991年、藤原書店)、および宮島喬・石井洋二郎編**『文化の権力——反射するブルデュー』**（2003年、藤原書店)、

ヴァカンによる要を得た解説と対談が掲載されている『**リフレクシヴ・ソシオロジーへの招待——ブルデュー、社会学を語る**』（水島和則訳、2007年、藤原書店）、『**実践理性**』（加藤晴久他訳、2007年、藤原書店）などであろう。

　ブルデューの議論が文化的再生産論を眼目としたものかどうか、については専門家でも意見が割れているようだが、彼が現代的な階級（階層）構造と文化資本との関連、その構図のなかでの個々人の軌道（移動）を分析の基本スタンスとしていたことは間違いない（こうした点については、**宮島喬・藤田英典編『文化と社会——差異化・構造化・再生産』**（1991年、有信堂）、**宮島喬『文化的再生産の社会学——ブルデュー理論からの展開』**（1994年、藤原書店）などを参照）。その意味で、『**ディスタンクシオン——社会的判断力批判（Ⅰ・Ⅱ）**』（1990年、藤原書店）に向かう前に、あるいは向かいつつ押さえておきたいのが、階層研究、階級研究の分野である。ブルデューを「哲学的」に解釈しようとすると、つい今村仁司他訳の『**実践感覚（1・2）**』（1990年、みすず書房）に手が伸びてしまうのだが、それは、レヴィ゠ストロースの構造人類学をめぐる議論状況や、70年代以降社会学者にも「再発見」されたウィトゲンシュタインの議論などをある程度理解していないと、相当に手ごわい。ブルデューの研究デザインの根幹をなす階層・階級論の流れを一通り把握しておいたほうが『**ディスタンクシオン**』への道は縮まるだろう。**直井優・藤田英典編『講座社会学13　階層』**（2008年、東京大学出版会）は、けっして入門書とはいえないが、比較的最近の階層研究の動向を俯瞰するには欠かすことはできない。第2章でも出てきた**ピーターソン**の文化的オムニボア論（Peterson, R (2005), "Problems in Comparative Research : the example of omnivorousness," in *Poetics* (33)）は、日本で長らく議論されてきた「地位の非一貫性」とも関連する事柄であり、この点は、**宮島喬・石井洋二郎編『文化の権力——反射するブルデュー』**（2003年、藤原書店）に収められた**片岡栄美「『大衆文化社会』の文化的再生産——階層再生産、文化的再生産とジェンダー構造のリンケージ」**などを出発点と

して、文献表にある片岡の一連の論考を参照してほしい。また、ブルデュー理論と現代的な階級分析との接合を図ってきた**橋本健二**の思考の軌跡は、『**階級・ジェンダー・再生産――現代資本主義社会の存続メカニズム**』（2003年、東信堂）、『**現代日本の階級構造――理論・方法・計量分析**』（1999年、東信堂）にまとめられている。橋本は2006年には『**階級社会――現代日本の格差を問う**』（講談社）を世に問い、格差社会論に湧く議論空間に「階級」という概念を再投入するとともに、『**居酒屋ほろ酔い考現学**』（2008年、毎日新聞社）といった文化的場に定位した社会分析も提示している。

　ここまで到達するのも一苦労だと思うが、逆に言うとこれらを読んでから『ディスタンクシオン』に立ち戻るとき、「フランス現代思想」とは異なるいい意味での泥臭さを感じとることができるだろう。本書では手の込んだ統計分析は用いていないが、この地点で**盛山和夫『統計学入門**』（2015年、筑摩書房）を熟読し、後に挙げるような入門書をこなしつつ、**浦上昌則・脇田貴文『心理学・社会科学研究のための調査系論文の読み方**』（2008年、東京図書）で統計用語アレルギーをある程度解消したところで、『ディスタンクシオン』に向かいあってほしい。その頃には『**美術愛好**』（山下雅之訳、1994年、木鐸社）と『**ディスタンクシオン**』のあいだに走っている方法論的差異が見えてくるはずだ。

「界」の具体的な分析を展開する『**ホモ・アカデミクス**』（石崎晴己他訳、1997年、藤原書店）、『**芸術の規則（1・2）**』（石井洋二郎訳、1995年、1996年、藤原書店）、『**住宅市場の社会経済学**』（山田鋭夫他訳、2006年、藤原書店）、『**国家貴族（Ⅰ・Ⅱ）**』（立花英裕訳、2012年、藤原書店）などは適宜読者の興味関心にそって読み進めていってほしい。メディア批判の本もあるし、自伝的な書、自らの講義の教科書用に作られた本などもある。手法・方法の多様性、理論の壮大さ、守備範囲の広さ、どれをとってもブルデューは「the 社会学者」である。こういう「ビッグ・ネーム」はもう社会学には現れないかもしれない（私はそれでいいと思っている）。社会学という知のフィールドで、「作者」の固有名の消去――科学的方

法――と、固有名の消しきれなさ――理論的想像力――との間で葛藤したブルデューの姿は、20世紀に展開した社会学という学問の写し鏡であったといえるかもしれない。(文責・北田暁大)

若者研究

日本の若者を対象にした社会学的研究は多岐にわたっている。その広がりを知るためにはまずは**小谷敏・土井隆義・芳賀学・浅野智彦編『「若者の現在」』**シリーズ(『労働』『政治』『文化』)(2010～12年、日本図書センター)が適しているだろう。総勢30名の著者による、テーマも方法論も多種多様な若者研究が紹介されている。執筆者のなかには社会学者以外の評論家や活動家なども含まれており、若者研究という分野がアカデミックを超えて広がっていることが実感できるはずだ。若者研究の広がりを示した叢書としては他にも岩波書店の**『若者の気分』**シリーズなどが挙げられる。

さて、本書は日本の「若者文化」(「政治」や「労働」ではなく「文化」)を対象にした計量社会学的研究の文脈に位置づけることができる。しかしながら、この分野は上記の多岐にわたる若者研究のなかでもとりわけ研究蓄積が少ない。その先駆といえる業績が「はじめに」や理論篇でも触れられていた**宮台真司・石原英樹・大塚明子『サブカルチャー神話解体――少女・音楽・マンガ・性の30年とコミュニケーションの現在』**(1993年、パルコ出版→増補版、2007年、ちくま文庫)である。そこにはきわめて細分化しているようにみえた1980年代当時の若者の趣味文化を、独自の理論枠組みと計量的なアプローチで解明しつくそうという野心があふれており、さまざまな批判点はあれども今なおその輝きはまったく色あせていない。

宮台らの研究のすぐあとには、都市社会学者の高橋勇悦が代表となって設立された青少年研究会(当時、青少年問題研究会)も計量的な若者研究をスタートさせている。同研究会は1992年より10年ごとに都市部の若年層を対象にした質問紙調査を実施しており、その成果は多数出版

されているが、代表的なものとしては2002年実施の調査データをもとにして編まれた**浅野智彦編『検証・若者の変貌――失われた10年の後に』**（2006年、勁草書房）がある。同書では1990年代以降に若者をバッシングするような言説が増加しているという問題意識のもと、若者について否定的な様々な通説をデータにもとづいて検証する作業が行われている。なお同研究会が実施した2012年調査をもとにした最新の成果は、**藤村正之・浅野智彦・羽渕一代編『現代若者の幸福――不安感社会を生きる』**（2016年、恒星社厚生閣）として刊行されている。

　青少年研究会のように若者を対象にした計量社会学的な研究には、同時代における通俗的な若者論を反証することを目的としたものが少なくない（宮台らの研究も世間一般の「新人類」論や「おたく」論を反証する試みだったということもできるだろう）。その一方でそうした通俗的な若者論が生み出される社会的背景に着目した知識社会学的な研究も積み重ねられてきている。その先駆となるものが**小谷敏編『若者論を読む』**（1993年、世界思想社）である。同書では1970年代の青年論や「モラトリアム人間」論から80年代の「新人類」「おたく」論が分析されている。また90年代以降の若者論については**同編者の『二十一世紀の若者論』**（2017年、世界思想社）で分析されている。

　このほか世間的に大きな注目を集めた**古市憲寿『絶望の国の幸福な若者たち』**（2011年、講談社→2015年、講談社＋α文庫）や、戦後の主要な若者論を分析対象とした、**浅野智彦『「若者」とは誰か――アイデンティティの30年』**（2013年、河出書房新社→増補新版、2015年）、**後藤和智『あいつらは自分たちとは違う」という病――不毛な「世代論」からの脱却』**（2013年、日本図書センター）、**片瀬一男『若者の戦後史――軍国少年からロスジェネまで』**（2015年、ミネルヴァ書房）なども、日本の若者論の変遷とその社会的背景を知るうえで参考になるだろう。（文責・小川豊武［おがわ・とむ　1981年生まれ。昭和女子大学人間社会学部専任講師。専門は社会学・メディア研究］）

| 読者・読書研究

　書籍や雑誌の内容ではなく、その読者のあり方を解明しようとする研究は、文学、歴史学、メディア研究などさまざまな分野において蓄積されてきた。本ブックガイドでは、読者研究の領域を切り開いた著名な研究について紹介する。

　前田愛『近代読者の成立』（1973年、有精堂出版→2001年、岩波現代文庫）は、文学研究は作品の内容を解読したり作者について語ったりするだけにはとどまらない、大きな広がりを持っていることを教えてくれる一冊だ。明治時代にまで遡り、黙読と音読の関係や文学ジャンルと読者層の関係について歴史的に解明していく手つきは見事である。

　読者や読書の歴史について学びたいと考えるならば、ぜひ目を通しておくべきなのは、ロジェ・シャルチエとロバート・ダーントンによる研究である。ロジェ・シャルチエは、読書の文化史・社会史にかんする重要な研究を数多く残してきた。彼の問題関心は、書物の印刷・出版・流通から読書の場所や形態、そして書物の種類と読者層の関係にいたるまで多岐にわたっており、その視点と記述の豊穣さは国内外の研究者に大きな影響を与えてきた。書物と読書の歴史を研究しようとするならば必読だと言えるだろう。まずは**ロジェ・シャルチエ『読書と読者――アンシャン・レジーム期フランスにおける』**（長谷川輝夫・宮下志朗訳、1994年、みすず書房）を読んでみることをお勧めする。

　ロバート・ダーントンもシャルチエと並んで評される重要な歴史家であり、フランスにおける読書文化の歴史をさまざまな仕方で解明してきた。**ロバート・ダーントン『革命前夜の地下出版』**（関根素子・二宮宏之訳、1994年、岩波書店）は、アンシャン・レジーム期のフランス社会のあり方を、書物との関係という視点から明らかにする刺激的な研究である。また、歴史資料の用い方にかんする議論や数量的に読書のあり方を把握することへの批判的検討も行われており、書物と読書の歴史を研究するための方法論を学ぶこともできる一冊である。

彼らと近しい問題関心のもとで、日本において書物のメディア史・読書の社会史研究を推進してきた人物の一人として、永嶺重敏がいる。**永嶺重敏『雑誌と読者の近代』**（1997年、日本エディタースクール出版部）は、近代日本において、雑誌という活字メディアがいかなる読者にいかにして読まれたかを歴史的に探求したものである。雑誌を教育雑誌、総合雑誌、婦人雑誌、大衆雑誌に分類したうえで、それぞれの読者層やその変化を鮮やかに描き出している。また、**永嶺重敏『モダン都市の読書空間』**（2001年、日本エディタースクール出版部）は大正後期・昭和初期の東京をフィールドにした読書の社会史研究である。同書では、書店や図書館や貸本屋などの読書装置・活字メディア・読者層という3つの視点のもとで、雑誌読者層の大衆化、大正期における新たな読者層としての労働者、当時エリート的存在だったサラリーマン層の読書文化などについての興味深い議論がなされている。

　これまで、重要な読者・読書研究の多くが歴史研究として行われてきたのは、おそらく偶然ではない。今日では当たり前と思われるような形態とは異なる読者のあり方を解明することが、知的関心を惹起する重要な課題とされてきたのであろう。これらの輝かしい歴史研究の蓄積を踏まえた上で、現代における読書や読者について研究を進めていくことは、挑戦的で刺激的な試みなのではないだろうか。（文責・岡沢亮）

「ファッション」の研究

　ここでは本論で言及しなかったものを中心に「ファッション」に関する研究を紹介しよう。

　本論で見てきたように、ファッションに関する社会学的研究では差異化に焦点があてられることが多かった。「滴り理論」と呼ばれる流行の捉え方もそのひとつであるが、歴史学者フィリップ・ペローは**『衣服のアルケオロジー――服装からみた19世紀フランス社会の差異構造』**（大矢タカヤス訳、1985年、文化出版局）において、近代化の進展とともに服装が他の階級との差異を示し、かつ、所属する階級の同一性も示すよ

うになるという「滴り理論」の基本的な捉え方を史料に基づき実証的に検討している。古着から既製服へという衣服の入手形態の変化が流行の伝わり方（滴り方）も変化させたことなど、ジンメルらが踏まえていた当時の社会的な状況を具体的に把握できるだけでなく、社会学的分析においては見落とされがちな「モノとしての衣服」という論点の重要さを再確認することができるだろう。日本における古着流通の歴史については**朝岡康二『古着』**（2003年、法政大学出版局）が詳しい。

1990年代以降の日本語によるファッション研究を先導していたのは間違いなく**鷲田清一**であり、彼を中心にファッションとして論ずべき対象は拡げられた。何より『モードの迷宮』（1989年、中央公論社→1996年、ちくま学芸文庫）をお勧めするが、手早く当時のファッション研究の状況を把握するのであれば「『うわべの学問』と考える人に、この本は無用である」という鷲田の宣言が巻頭に躍る**『ファッション学のみかた。』**（1996年、朝日新聞社）が最適である。ファッションがおしゃれや流行とは縁遠い人とも深くかかわっていることが分かるはずだ。本論におけるファッションと関わらないことの難しさへの焦点化はこうした研究の流れに位置づくものである。

もうひとつ、90年代以降の動きとして「身体」への注目が挙げられる。**鷲田清一『ちぐはぐな身体──ファッションって何？』**（1995年、筑摩書房→2005年、ちくま文庫）が読みやすいが、社会学的な研究としては**ジョアン・エントウィスル『ファッションと身体』**（鈴木信雄訳、2005年、日本経済評論社）が外せない。ピエール・ブルデューやミシェル・フーコー、ブライアン・ターナーなどの研究を踏まえてなされる議論は読みやすいものではないが、ファッションを分析する際になぜ「身体」に注目する必要があるかを説得的に論じている。分かりにくいと感じた方には**中村うさぎ・石井政之『自分の顔が許せない！』**（2004年、平凡社新書）を推したい。身体を介して社会を経験するとはいかなることかが体感できるだろう。**谷本奈穂『美容整形と化粧の社会学──プラスティックな身体』**（2008年、新曜社）は美容整形という身体加工の分

析としてだけではなく、質問紙調査における質問項目づくりの工夫という点でも大変参考になる。回答者の外見の良し悪しを測るためになされた質問は見事である。どんな質問が良いかを考えながら読んでほしい。

2010年以降、「ファッション批評」も穏やかな盛り上がりを見せている。対象がいわゆるハイファッションに偏ってはいるものの、方法論的な自由度の高さは学術的な研究にはない特徴であり、ファッション好きにとってはなじみやすいかもしれない。**林央子『拡張するファッション』**（2011年、スペースシャワーネットワーク）や**西谷真理子編『ファッションは語りはじめた──現代日本のファッション批評』**（2011年、フィルムアート社）が手に取りやすい。（文責・工藤雅人）

社会的カテゴリーとしての「おたく」の研究

第7章でみてきたように、「おたく」カテゴリーが広く知られるようになった時期自体、遠い昔のことではない。M事件以降、「おたく」をめぐるさまざまな批評・研究が積み重ねられながら、「おたく論」とでも呼ぶべき領域を構成している。

大塚英志や**中森明夫**による**『Mの世代──ぼくらとミヤザキ君』**（1989年、太田出版）はM事件直後に編まれた批評であり、当時の状況、そのなかで「おたく」を論じることがどのように展開されつつあったのかを垣間見ることができる。また、当時を回顧する批評としては、**大塚英志の『「おたく」の精神史──一九八〇年代論』**（2004年、講談社現代新書→2016年、星海社新書）などがある。

その後の「おたく」の研究の展開は多岐にわたるものであり、その点については次項の「オタク文化受容論と腐女子研究」を読んでほしい。

ここでは社会的カテゴリーとしての「おたく」を分析するという本論の背景についてのガイドを示しておきたい。

まず、誰かが誰かに対して特定のラベルを貼ったり、あるいはスティグマを付与するといったことを扱った研究として**ハワード・S・ベッカー**（**『完訳アウトサイダーズ──ラベリング理論再考』**村上直之訳、2011年、

現代人文社)や**アーヴィング・ゴッフマン**(『**スティグマの社会学——烙印を押されたアイデンティティ**』石黒毅訳、2001年、せりか書房)、**ポール・ウィリス**(『**ハマータウンの野郎ども——学校への反抗 労働への順応**』熊沢誠・山田潤訳、1985年、筑摩書房→1996年、ちくま学芸文庫)、さらにエスノメソドロジー、とくに**ハーヴェイ・サックス**の成員カテゴリーについての議論(その一部として「ホットロッダー——革命的カテゴリー」ガーフィンケルほか『**エスノメソドロジー——社会学的思考の解体**』山田富秋訳、1987年、せりか書房、所収)などがある。

サックスの成員カテゴリーにかんする議論は、「おたく」をはじめ、人びとを分類することをめぐるさまざまな文化現象を具体的なデータを用いて研究したい人にとっては有益な示唆にあふれている。その多くは英語の講義録(Harvey, Sacks. *Lectures on Conversation, Volumes I and II*, Wiley-Blackwell)で読める。興味がある方はぜひ手に取ってもらいたい。

また一方で、特定のアイデンティティやカテゴリーについての歴史的研究として**ミシェル・フーコー**の仕事(『**ピエール・リヴィエール——殺人・狂気・エクリチュール**』慎改康之他訳、2010年、河出文庫、『**監獄の誕生——監視と処罰**』田村俶訳、新潮社)および、**イアン・ハッキング**の「人々を作り上げる」(『**知の歴史学**』2012年、岩波書店、所収)という研究プロジェクト、加えて概念分析の社会学(**酒井泰斗他編**『**概念分析の社会学——社会的経験と人間の科学**』2009年、ナカニシヤ出版および『**概念分析の社会学2——実践の社会的論理**』2016年、ナカニシヤ出版)などがある。なお、エスノメソドロジーとハッキング、概念分析の社会学との関係については『概念分析の社会学2』の「おわりに」において詳述されており、その方針を知る上で役に立つ。(文責・團康晃)

オタク文化受容論と腐女子研究

本書で見てきたような受容論的なオタク文化論を検討するうえでは、89年に出版され、現在増補版も出ている**大塚英志**『**物語消費論——「ビックリマン」の神話学**』(1989年、新曜社→『物語消費論改』2012年、ア

スキー新書）がなによりも重要である。大塚の議論は、ビックリマン・シールのような「断片」を収集する人びとの行動のなかに、オリジナルの物語がない（希薄な）状態で、「断片」の背後にある物語を個々人が読みこんでいく「物語消費」のあり方を先駆的にとりあげたものである。80年代の消費社会論を先導したボードリヤールが「オリジナルなきコピーが反射するシミュラークル」と論じたような事象が、まさにオタク的消費のあり方と映しあわされて考察されており、以後の「オタク文化と消費社会」をめぐる議論の道筋を決定的に定めたものといえるだろう。

こうした物語消費論を承け、批評家の**東浩紀**が2001年に提示したのが**『動物化するポストモダン——オタクから見た日本社会』**（2001年、講談社現代新書）である。東は大塚の議論を批判的に継承し、高度化したポストモダン時代においては、人びとはもはや断片の奥に物語を読みこむこともなく、その断片を提供するデータベースそのものを消費している（データベース消費）、と喝破した。この東浩紀の議論に対して、やおい、BLを享受する腐女子の受容の特徴を、「（人物）相関図消費」、つまり男性キャラクターどうしの親密な関係性を享受・受容する姿勢に求めたのが東園子である。**東園子**には多くの論文があるが、まずは現時点までの思考の集大成であるといっていい**『宝塚・やおい、愛の読み替え——女性とポピュラーカルチャーの社会学』**（2015年、新曜社）を読むことをお勧めする。

東園子の議論は、東浩紀がとりあげたデータベース消費が、ある意味で「男性的」なものであり、腐女子たちが「相関図消費」、およびその消費を介して自分たち自身の関係性の構築を試みていることを経験的（empirical）に指し示した。本書第8章は、東園子の議論を計量的な手法で検証しただけのものにすぎない。

00年代後半には腐女子をめぐる議論は隆盛をきわめ、さまざまな類書が出版されたが、全体を俯瞰するには、『ユリイカ』の一連の腐女子特集、「腐女子マンガ大系」（2007年6月臨時増刊号）、「BL（ボーイズラブ）スタディーズ」（2007年12月号）、「BLオン・ザ・ラン！」（2012年

12月号)をみれば、議論の状況はある程度見通しがつく。近年では**『美術手帖』**2014年12月号が「ボーイズラブ」を特集している。この4冊の書誌情報をたどれば、腐女子論の大枠は把握することができるだろう。

本章で用いたクロス表分析、回帰分析などについては、店頭で買うのに多少の恥じらいが生じるかもしれないが、オーム社の「マンガでわかる」シリーズ、**高橋信『マンガでわかる統計学』**(2004年、オーム社)、**『回帰分析編』**(2005年)、**『因子分析編』**(2006年)をお勧めする。というのも、分かりやすさを重視しながらも、このシリーズは手で実際に計算してみることを推奨しており、SPSSやSASの操作マニュアル書よりもはるかに、統計学の勉強に向いているからだ。**『回帰分析編』**を読み終わった頃に、**太郎丸博『人文・社会科学のためのカテゴリカル・データ解析入門』**(2005年、ナカニシヤ出版)をしっかりと読めば、本書における統計手法の「間違い」やデータ量保存の杜撰さ、あるいはブルデューのそれも見えてくるだろう。

最後に、女性どうしの絆という論点にかんしては、第8章でも言及した、**A・リッチ『血、パン、詩。』**(大島かおり訳、1989年、晶文社)、**L・フェダマン『レスビアンの歴史』**(富岡明美・原美奈子訳、1996年、筑摩書房)、また**E・デュボイス、R・デュメニル『女性の目からみたアメリカ史』**(石井紀子他訳、2009年、明石書店)、日本にかんしては**今田絵里香『「少女」の社会史』**(2007年、勁草書房)が参考になる。「レズビアン」という概念の男性による横奪を相対化することから議論を始める必要がある。(文責・北田暁大)

文献一覧

【A】

Anscombe, E(1957), *Intention*. Harvard University Press. =(1984), 菅豊彦訳『インテンション――実践知の考察』産業図書.

Austin, J(1970), *Philosophical Papers, 2nd eds*. Oxford University Press. =(1991), 坂本百大監訳(J. O. アームソン, G. J. ウォーノック編)『オースティン哲学論文集』勁草書房.

浅野智彦(2011),『趣味縁からはじまる社会参加』岩波書店.

東園子(2006),「女同士の絆の認識論――「女性のホモソーシャリティ」概念の可能性」『年報人間科学』27 号.

―――(2010),「妄想の共同体――「やおい」コミュニティにおける恋愛コードの機能」『思想地図』5 号.

―――(2015),『宝塚・やおい, 愛の読み替え――女性とポピュラーカルチャーの社会学』新曜社.

東浩紀(2001),『動物化するポストモダン――オタクから見た日本社会』講談社.

―――(2007),『ゲーム的リアリズムの誕生――動物化するポストモダン 2』講談社.

―――編著(2010),『日本的想像力の未来――クール・ジャパノロジーの可能性』NHK 出版.

【B】

Baker, G・Hacker, P(2005), *Wittgenstein: Understanding and Meaning: Volume 1 of an Analytical Commentary on the Philosophical Investigations, Part I: Essays*. Wiley-Blackwell.

Baudrillard, J(1970), *La Société de consommation*. Denoël=(1995), 今村仁司・塚原史訳『消費社会の神話と構造 普及版』紀伊國屋書店.

Bennett, T(2011), "Culture, Choice, Necessity: A Political Critique of Bourdieu's Aesthetic," in *Poetics*, 39-6.

―――・Savage, M・Silva, E・Warde, A・Modesto, G・Wright, D(2009), *Culture, Class, Distinction*. Routledge.

Bloor, D(1983). *Wittgenstein: a social theory of knowledge*. Macmillan and Columbia. =(1988), 戸田山和久訳『ウィトゲンシュタイン――知識の社会理論』

勁草書房.

Bourdieu, P(1979), *La Distinction*. Éditions de Minuit. =(1990), 石井洋二郎訳『ディスタンクシオン I』『ディスタンクシオン II』藤原書店.

――――(1980), *Le Sens pratique*. Éditions de Minuit. =(1988), 今村仁司・港道隆訳『実践感覚 1』みすず書房, =(1990), 今村仁司・福井憲彦・塚原史・港道隆訳『実践感覚 2』みすず書房.

――――(1987), *Choses dites*. Éditions de Minuit. =(1988), 石崎晴己訳『構造と実践――ブルデュー自身によるブルデュー』新評論.

――――(1992), *Les règles de l'art*. Éditions du Seuil. =(1995), 石井洋二郎訳『芸術の規則 I』藤原書店.

――――(1994), *Raisons pratiques: Sur la théorie de l'action*. Éditions du Seuil. =(2007), 加藤晴久ほか訳『実践理性――行動の理論について』藤原書店.

――――(2001), *Science de la science et réflexivité. Cours du Collège de France 2000-2001*. Raisons d'agir =(2010), 加藤晴久訳『科学の科学』藤原書店.

――――(2004), *Esquisse pour une auto-analyse*. Raisons d'agir. =(2011), 加藤晴久訳『自己分析』藤原書店.

――――・Darbel, A(1966), *L'Amour de l'art: les musées et leur public*. Éditions de Minuit. =(1994), 山下雅之訳『美術愛好――ヨーロッパの美術館と観衆』木鐸社.

――――・Chamboredon, J.-C, ・Passeron, J.-C, [1968] (1973), *Le Métier de sociologue: Préalables épistémologiques, 2ᵉ édition*. EHESS-Mouton. =(1994), 田原音和・水島和則訳『社会学者のメチエ――認識論上の前提条件』藤原書店.

――――・Chartier, R(1985), "La Lecture: une pratique culturelle. Débat entre Pierre Bourdieu et Roger Chartier," in Chartier, R(eds) *Pratiques de la lecture*. Rivages. =(1992), 露崎俊和訳「読書――ひとつの文化的実践」『書物から読書へ』みすず書房.

――――・Wacquant, L(1992), *Réponses. Pour une anthropologie réflexive*. Éditions du Seuil. =(2007), 水島和則訳『リフレクシヴ・ソシオロジーへの招待――ブルデュー, 社会学を語る』藤原書店.

Brady, H・Collier, D(2004), *Rethinking Social Inquiry: Diverse Tools, Shared Standards*. Rowman & Littlefield =(2014), 泉川泰博・宮下明聡訳『社会科学の方法論争』勁草書房.

【C】

近森高明・工藤保則編(2013),『無印都市の社会学――どこにでもある日常空間をフィールドワークする』法律文化社.

陳怡禎(2014),『台湾ジャニーズファン研究』青弓社.

―――(2016),「現代社会運動における女性達の関係性構築――台湾「ヒマワリ運動」・香港「雨傘運動」を事例に」第 19 回社会文化学会報告.

【D】

DiMaggio, P・Ostrower, F(1992), *Race, Ethnicity and Participation in the Arts*. Seven Locks Press.

團康晃(2013a),「学校の中のケータイ小説――ケータイ小説をめぐる活動と成員カテゴリー化装置」『マス・コミュニケーション研究』82 号.

―――(2013b),「「おたく」の概念分析――雑誌における「おたく」の使用の初期事例に着目して」『ソシオロゴス』37 号.

【E】

Eagleton, T(2004), *After Theory*. Basic Books.

江藤淳(1989),『全文芸時評 下巻』新潮社.

遠藤知巳(2010),「ライトノベル」遠藤知巳編『フラット・カルチャー――現代日本の社会学』せりか書房.

―――編(2010),『フラット・カルチャー――現代日本の社会学』せりか書房.

【F】

Faderman, L(1991), *Odd Girls and Twilight Lovers*. Columbia University Press. =(1996), 富岡明美・原美奈子訳,『レスビアンの歴史』筑摩書房.

Finkielkraut, A(1987), *La défaite de la pensée*. Gallimard. =(1988), 西谷修訳『思考の敗北あるいは文化のパラドクス』河出書房新社.

藤田英典・宮島喬・秋永雄一・橋本健二・志水宏吉(1987),「文化の階層性と文化的再生産」『東京大学教育学部紀要』27 巻.

藤本由香里(2007),「少年愛／やおい・BL」『ユリイカ』39-16 号.

【G】

Garfinkel, H・Sacks, H(1986), "On formal structures of practical actions," in Garfinkel, H(eds.), *Ethnomethodological Studies of Work*. Routledge & Kegan Paul.

Garnham, N・Williams, R(1980), "Pierre Bourdieu and the Sociology of Culture: An Introduction," in *Media, Culture and Society*, (2).

Goffman, E(1951), "Symbols of Class Status," in *The British Journal of Sociology*, 2-4.

―――(1967), "On Face Work. An Analysis of Ritual Elements in Social Interaction" in *Interaction Ritual. Essays on Face-to-Face Behavior*. Anchor Books. =(2012), 浅野敏夫訳「面目－行為――社会的相互行為における儀礼的要素につ

いて」『儀礼としての相互行為〈新訳版〉』法政大学出版局.
Goldthorpe, J(2007),"'Cultural Capital': Some Critical Observations," in *Sociologica*, 2007(2).

【H】

Hacking, I(1995), *Rewriting the Soul: Multiple Personality and the Sciences of Memory*. Princeton University Press. =(1998), 北沢格訳『記憶を書きかえる——多重人格と心のメカニズム』早川書房.

———(1986), "Making up people," in *Reconstructing Individualism*. Stanford University Press =(2000), 隠岐さや香訳「人々を作り上げる」『現代思想』28-1 号.

Halsey, A(2004), *A History of Sociology in Britain*. Oxford University Press. =(2011), 潮木守一訳『イギリス社会学の勃興と凋落』世織書房.

Hermes, J(1995), *Reading Women's Magazines: An Analysis of Everyday Media Use*. Polity Press.

Horkheimer, M・Adorno, T(1947), *Dialektik der Aufklärung: Philosophische Fragmente*. Querido. =(2007), 徳永恂訳『啓蒙の弁証法——哲学的断想』岩波書店.

橋本健二(1991),「文化としての資本主義・資本主義の文化」宮島喬・藤田英典編『文化と社会——差異化・構造化・再生産』有信堂高文社.

———(2003a),「ブルデューと現代の階級・階層分析」宮島喬・石井洋二郎編『文化の権力——反射するブルデュー』藤原書店.

———(2003b),『階級・ジェンダー・再生産——現代資本主義社会の存続メカニズム』東信堂.

長谷正人(2006),「分野別研究動向(文化):「ポストモダンの社会学」から「責任と正義の社会学」へ」『社会学評論』57-3 号.

速水健朗(2008),『ケータイ小説的。——"再ヤンキー化"時代の少女たち』原書房.

———(2012),「ギャル文化とケータイ小説。そして、その思想」小谷敏・土井隆義・芳賀学・浅野智彦編『若者の現在 文化』日本図書センター.

七邊信重(2005),「文化を生み出す「集団」」——オタク現象の集団論的分析から」『現代社会理論研究』15 号.

———(2010),「「同人界」の論理——行為者の利害・関心と資本の変換」『コンテンツ文化史研究』3 巻.

堀あきこ(2009),『欲望のコード——マンガにみるセクシュアリティの男女差』臨川書店.

本田透(2008),『なぜケータイ小説は売れるのか』ソフトバンククリエイティブ.
【I】
池上賢(2013),「社会学におけるマンガ研究の体系化に向けて」『応用社会学研究』55号.
―――(2014),「メディア経験とオーディエンス・アイデンティティ」『マス・コミュニケーション研究』84号.
石井洋二郎(1990a),「本書を読む前に――訳者まえがき」『ディスタンクシオンI』藤原書店.
―――(1990b),「訳者解説」『ディスタンクシオンII』藤原書店.
―――(1993),『差異と欲望――ブルデュー『ディスタンクシオン』を読む』藤原書店.
石田仁(2007),「「ほっといてください」という表明をめぐって――やおい／BLの自律性と表象の横奪」『ユリイカ』39-16号.
石原千秋(2008),『ケータイ小説は文学か』筑摩書房.
磯直樹(2008),「ブルデューにおける界概念――理論と調査の媒介として」『ソシオロジ』53-1号.
伊藤剛(2005),『テヅカ・イズ・デッド』NTT出版.
井上徳子(1993),「切っても切れない関係にあるんです――女子大学生の場合」現代風俗研究会編『マンガ環境 現代風俗'93』リブロポート.
【K】
King, G & Keohane, R & Verba, S (1994), *Designing Social Inquiry*. Princeton University Press. =(2004), 真渕勝監訳『社会科学のリサーチ・デザイン』勁草書房.
片岡栄美(1991),「文化的活動と社会階層――現代女性における文化的再生産過程」『関東学院大学文学部紀要』62号.
―――(1996),「階級のハビトゥスとしての文化弁別力とその社会的構成――文化評価におけるディスタンクシオンの感覚」『理論と方法』11-1号.
―――(2000a),「文化的寛容性と象徴的境界」今田高俊編『社会階層のポストモダン』東京大学出版会.
―――(2000b),「ジェンダー・ハビトゥスの再生産とジェンダー資本」宮崎和夫・米川英樹編著『現代社会と教育の視点』ミネルヴァ書房.
―――(2002),「階層研究における「文化」の位置――階層再生産と文化的再生産のジェンダー構造」『年報社会学論集』15号.
―――(2003),「『大衆文化社会』の文化的再生産――階層再生産,文化的再生産とジェンダー構造のリンケージ」宮島喬・石井洋二郎編『文化の権力――

反射するブルデュー』藤原書店.
———(2011),「小・中学受験の社会学——受験を通じた階層閉鎖とリスク回避」北澤毅編『〈教育〉を社会学する』学文社.
金田淳子(2007a),「マンガ同人誌——解釈共同体のポリティクス」佐藤健二・吉見俊哉編『文化の社会学』有斐閣.
———(2007b),「やおい論、明日のためにその2。」『ユリイカ』39-16号.
柄谷行人(2005),『近代文学の終り——柄谷行人の現在』インスクリプト.
河村賢(2013),「「ルールに従うこと」はいかにして記述されるか」『現代社会学理論研究』7号.
岸政彦(2015),「鉤括弧を外すこと——ポスト構築主義社会学の方法論のために」『現代思想』43-11号.
北田暁大(1999),「マンガ読書空間の戦後史」橋元良明・船津衛編『シリーズ・情報環境と社会心理3 子ども・青少年とコミュニケーション』北樹出版.
———(2002),『広告都市・東京——その誕生と死』廣済堂出版.
———(2003),『責任と正義——リベラリズムの居場所』勁草書房.
———(2010),「国家は自己の人権侵害能力を凌ぐ人権保障能力を持ち得るか」井上達夫編『人権論の再構築』法律文化社.
———(2014),「社会学にとって『アメリカ化』とは何か」『現代思想』42-16号.
———(2015),「社会学的忘却の起源」『現代思想』43-11号.
———(2016),「彼女たちの「社会的なもの the social」——世紀転換期アメリカにおけるソーシャルワークの専門職化」酒井泰斗他編著『概念分析の社会学2』ナカニシヤ出版.
————・新藤雄介・工藤雅人・岡澤康浩・團康晃・寺地幹人・小川豊武(2013a),「若者のサブカルチャー実践とコミュニケーション——2010年練馬区「若者文化とコミュニケーションについてのアンケート」調査」『東京大学大学院情報学環情報学研究. 調査研究編』29号.
————編(2013b),『サブカルチャー資本と若者の社交性についての計量社会学的研究』平成21-23年度科学研究費補助金研究成果報告書(速報版), 東京大学 (2014年11月15日取得: https://sites.google.com/site/kaken21730402/home/distribution).
桑原武夫(1964),『『宮本武蔵』と日本人』講談社.
小泉恭子(2007),『音楽をまとう若者』勁草書房.
紅野謙介(2003),「『文学場』と階級をめぐって」宮島喬・石井洋二郎編『文化の権力——反射するブルデュー』藤原書店.

コミックマーケット準備会編(2005),『コミックマーケット 30's ファイル──1975-2005』青林工藝舎.
近藤博之(2011),「社会空間の構造と相同性仮説──日本のデータによるブルデュー理論の検証」『理論と方法』26-1 号.
【L】
Lahire, B(2001), *The Plural Actor*. Polity Press.
──(2003), "From the habitus to an individual heritage of dispositions: Towards a sociology at the level of the individual", in *Poetics*, 31.
Lazarsfeld, P(1972), *Qualitative Analysis: Historical and Critical Essays*. Allyn and Bacon. =(1984), 西田春彦他訳『質的分析法』岩波書店.
Leavis, Q(1932), *Fiction and the Reading Public*. Chatto & Windus.
Lebaron, F(2009), "How Bourdieu 'Quantified' Bourdieu: The Geometric Modelling of Data," in Robson, K & Sanders, C(eds.) *Quantifying Theory: Pierre Bourdieu*. Springer.
Luhmann, N(1995a), „Kultur als historischer Begriff." in *Gesellschaftsstruktur und Semantik. Studien zur Wissenssoziologie der modernen Gesellschaft, Bd. 4*, Suhrkamp.
──────(1995b), *Die Kunst der Gesellschaft*. Suhrkamp.
Lynch, M(1993) *Scientific Practice and Ordinary Action: Ethnomethodology and Social Studies of Science*. Cambridge University Press. =(2012), 水川喜文・中村和生監訳『エスノメソドロジーと科学実践の社会学』勁草書房.
【M】
Mauss, M(1925), "Essai sur le don: Forme et raison de l'échange dans les sociétés archaïques", in *l'Année Sociologique*. =(2014), 森山工訳「贈与論──アルカイックな社会における変換の形態と理由」『贈与論 他二篇』岩波書店.
前田愛(1973 → 2001a),『近代読者の成立』岩波書店.
────(1973 → 2001b),「読者論小史──国民文学論まで」『近代読者の成立』岩波書店.
前田泰樹(2009),「遺伝学的知識と病いの語り──メンバーシップ・カテゴリー化の実践」酒井泰斗・浦野茂・前田泰樹・中村和生編『概念分析の社会学』ナカニシヤ出版.
────・水川喜文・岡田光弘編(2007),『ワードマップ エスノメソドロジー──人びとの実践から学ぶ』新曜社.
牧田翠(2015),『BL 統計』サークルでいひま.

正岡容(1950),「落語と江戸人」思想の科学研究会編『夢とおもかげ』中央公論社.
松谷創一郎(2008a),「差異化コミュニケーションはどこへ向かうのか──ファッション誌読者欄の分析を通して」南田勝也・辻泉編著『文化社会学の視座──のめりこむメディア文化とそこにある日常の文化』ミネルヴァ書房.
─────(2008b),「〈オタク問題〉の四半世紀──〈オタク〉はどのように〈問題視〉されてきたのか」羽渕一代編『どこか〈問題化〉される若者たち』恒星社厚生閣.
松永伸司(2015),「なにがおしゃれなのか──ファッションの日常美学」『vanitas』vol.4.
三浦展(2004),『ファスト風土化する日本──郊外化とその病理』洋泉社.
─────編著(2006),『下流同盟──格差社会とファスト風土』朝日新聞社.
三浦つとむ(1950),「落語の大衆性」思想の科学研究会編『夢とおもかげ』中央公論社.
三浦直子(2011),「ブルデュー文化社会学における量的調査の影響── 1960 年代の初期文化研究を中心に」『哲學』125 集.
溝口彰子(2007),「妄想力のポテンシャル──レズビアン・フェミニスト・ジャンルとしてのヤオイ」『ユリイカ』39-7 号.
─────(2015),『BL 進化論──ボーイズラブが社会を動かす』太田出版.
見田宗介(1963 → 2012),「ベストセラーの戦後日本史──社会心理史の時期区分」『定本 見田宗介著作集 第Ⅴ巻 現代化日本の精神構造』岩波書店.
南田勝也(2001),『ロックミュージックの社会学』青弓社.
─────・辻泉編著(2008),『文化社会学の視座──のめりこむメディア文化とそこにある日常の文化』ミネルヴァ書房.
宮崎あゆみ(1998),「ジェンダー・サブカルチャー──研究者の枠組みから生徒の視点へ」志水宏吉編著『教育のエスノグラフィー──学校現場のいま』嵯峨野書院.
宮島喬(1991),「文化的再生産論の展開」宮島喬・藤田英典編『文化と社会──差異化・構造化・再生産』有信堂高文社.
─────(1994),『文化的再生産の社会学──ブルデュー理論からの展開』藤原書店.
─────・田中佑子(1984),「女子高校生の進学希望と家族的諸条件」『お茶の水女子大学女性文化資料館報』5 巻.
─────・藤田英典・志水宏吉(1991),「現代日本における文化的再生産過程──ひとつのアプローチ」宮島喬・藤田英典編『文化と社会──差異化・構造

化・再生産』有信堂高文社.
宮台真司(1994 → 2006),『制服少女たちの選択―― After 10 Years 』朝日新聞社.
―――・石原英樹・大塚明子(1993 → 2007),『増補サブカルチャー神話解体――少女・音楽・マンガ・性の変容と現在』筑摩書房.
―――・辻泉・岡井崇之編著(2009),『「男らしさ」の快楽――ポピュラー文化からみたその実態』勁草書房.
村上知彦(1979),『黄昏通信』ブロンズ社.
村瀬ひろみ(2003),「オタクというオーディエンス」小林直毅・毛利嘉孝編『テレビはどう見られてきたのか――テレビ・オーディエンスのいる風景』せりか書房.
村田賀依子(2011),「ハビトゥス・規則性・変化――ブルデュー社会学理論の可能性」『奈良女子大学社会学論集』18 号.
守如子(2010),『女はポルノを読む』青弓社.
―――(2012),「マンガ表現学の視点から見たやおい」『ユリイカ』44-15 号.
森川嘉一郎(2007),「数字で見る腐女子」『ユリイカ』39-16 号.

【N】

Neveu, E(2005), "Bourdieu, the Frankfurt School, and Cultural Studies: On Some Misunderstandings," in Benson, R & Neveu, E(eds), *Bourdieu and the Journalistic Field*. Polity Press.
中野晴行(2004),『マンガ産業論』筑摩書房.
中村由佳(2010),「ユニクロ」遠藤知巳編『フラット・カルチャー――現代日本の社会学』せりか書房.
中森明夫(1989),「僕が「おたく」の名付け親になった事情」『別冊宝島 104 おたくの本』宝島社.
夏目房之介(1995),『手塚治虫の冒険』筑摩書房.
難波功士(2007),『族の系譜学――ユース・サブカルチャーズの戦後史』青弓社.
西阪仰(1997),『相互行為分析という視点』金子書房.
―――・川島理恵(2007),「曖昧さのない質問を行なうこと――相互行為のなかの情報収集」田中耕一・荻野昌弘編『社会調査と権力』世界思想社.

【O】

大澤真幸(2008),『不可能性の時代』岩波書店.
大塚英志(1989),『物語消費論――「ビックリマン」の神話学』新曜社.
―――(2004),『「おたく」の精神史――一九八〇年代論』講談社.
大前敦巳(1996),「教育と社会移動研究における関係的思考様式の適用可能性」『上越教育大学研究紀要』15-2 号.

小田部胤久(2009),「趣味の基準——ヒューム」『西洋美学史』東京大学出版会.
【P】
Peterson, R(1997), "Changing representation of status through taste displays: An introduction" *Poetics*, (25).

―――(2005), "Problems in Comparative Research : the example of omnivorousness," in *Poetics*, (33).

―――, & Simkus, A(1992), "How Musical Tastes Mark Occupational Status Groups," in Lamont, M & Fournier, M(eds). *Cultivating Differences: Symbolic Boundaries and the Making of Inequality*. University of Chicago Press.

――・Kern, R(1996), "Changing Highbrow Taste: From Snob to Omnivore" *American Sociological Review*, (61)-5.

Pittock, J(1973), *The Ascendancy of Taste : The Achievement of Joseph and Thomas Warton*. Routledge.

Purhonen, S・Wright, D(2013), "Methodological Issues in National-Comparative Research on Cultural Tastes : The Case of Cultural Capital in the UK and Finland," in *Cultural Sociology*, (7).

【R】
Rich, A(1986), "Compulsory Heterosexuality and Lesbian Existence," in *Blood, Bread, and Poetry*. W.W. Norton & Company, Inc =(1989), 大島かおり訳「強制的異性愛とレズビアン存在」『血、パン、詩。(アドリエンヌ・リッチ女性論)』晶文社.

Rorty, R(1999), *Achieving Our Country*. Harvard University Press.

―――(2000), *Philosophy and Social Hope*. Penguin Books.

Rouanet, H・Ackermann, W & Le Roux,B(2000), "The Geometric Analysis of Questionnaires: The Lesson of Bourdieu's La Distinction,"(Paper presented at *the Conference on the Investigation of Social Space* in 1998).

【S】
Sacks, H(1974), "An analysis of the course of a joke's telling in conversation." in Bauman, R and Sherzer, J(eds.) *Explorations in the ethnography of speaking*. Cambridge University Press.

―――(1979), "Hotrodder: A Revolutionary Category," in Psathas, G eds. *Everyday Language: Studies in Ethnomethodology, Irvington Publishers*. =(1987), 山田富秋他編訳「ホットロッダー——革命的カテゴリー」山田富秋・好井裕明・山崎敬一編訳『エスノメソドロジー——社会学的思考の解体』せりか書房.

―――(1984), "On doing 'being ordinary'". in Atkinson, J & Heritage, J(eds.)

Structures of Social Action. Cambridge University Press.

Savage, M・Silva, E(2013), "Field Analysis in Cultural Sociology," in *Cultural Sociology*, (7).

Schegloff, E(1992), "To Searle on Conversation : A Note in Return," in Searle, J et al. (*On*) *Searle on Conversation*. John Benjamins.

Searle, J(1969), *Speech Acts: An Essay in the Philosophy of Language*. Cambridge University Press. =(1986), 坂本百大・土屋俊訳『言語行為──言語哲学への試論』勁草書房.

Simmel, G(1911), „Die Mode" wieder abgedruckt in: Simmel, G. *Philosophische Kultur. Gesammelte Essais*. =(1976), 円子修平訳「流行」円子修平・大久保健治訳『ジンメル著作集 7 文化の哲学』白水社.

Suchman, L・Jordan, B(1990), "Interactional Troubles in Face-to-Face Survey Interviews," in *Journal of the American Statistical Association*, 85(409).

Swartz, D(1997), *Culture and Power: The Sociology of Pierre Bourdieu*. University of Chicago Press.

酒井泰斗・浦野茂・前田泰樹・中村和生編(2009),『概念分析の社会学』ナカニシヤ出版.

佐藤俊樹(2008),『意味とシステム──ルーマンをめぐる理論社会学的探究』勁草書房.

清水亮(1994),「文化資本と社会階層──文化的再生産論の日本的展開に向けて」『ソシオロゴス』18 号.

【T】

Thornton, S (1995), *Club Cultures: Music, Media and Subcultural Capital*, Polity Press.

Treiman, D(2009), *Quantitative Data Analysis: Doing Social Research to Test Ideas*. Jossey-Bass.

高橋信(井上いろは作画)(2005),『マンガでわかる統計学 [回帰分析編]』オーム社.

瀧川裕貴(2013),「P. ブルデューの社会空間論と対応分析について」2013 年 1 月 16 日ブルデュー新年会於上智大学報告原稿.

谷本奈穂(2008),『美容整形と化粧の社会学──プラスティックな身体』新曜社.

太郎丸博(2005),『人文・社会科学のためのカテゴリカル・データ解析入門』ナカニシヤ出版.

塚原史(2008),『ボードリヤール再入門──消費社会論から悪の知性へ』御茶の水書房.

辻泉(2004),「ポピュラー文化の危機」宮台真司・鈴木弘輝編著『21世紀の現実——社会学の挑戦』ミネルヴァ書房.

―――他(2007),『それぞれのファン研究』風塵社.

辻井喬・上野千鶴子(2008),『ポスト消費社会のゆくえ』文藝春秋.

筒井淳也(2013),「「ピエール・ブルデューの方法」検討会2配布資料1」「ピエール・ブルデューの方法検討会」2013年10月14日於東京大学報告原稿.

鶴田幸恵(2008),「正当な当事者とは誰か——『性同一性障害』であるための基準」『社会学評論』233号.

鶴見俊輔(1950),「日本の大衆小説」思想の科学研究会編『夢とおもかげ』中央公論社.

―――(1999),『限界芸術論』筑摩書房.

寺地幹人・小川豊武(2013),「若年層の政治関心と趣味——「趣味活動」と「趣味嗜好」という観点から」『ソシオロゴス』37号.

【U】

上野千鶴子(1987 → 1992),『増補〈私〉探しゲーム——欲望私民社会論』筑摩書房.

上野俊哉・毛利嘉孝(2000),『カルチュラル・スタディーズ入門』筑摩書房.

浦野茂(2008),「社会学の課題としての概念の分析——「構築主義批判・以後」によせて」『三田社会学』13号.

―――(2009),「類型から集団へ——人種をめぐる社会と科学」酒井泰斗・浦野茂・前田泰樹・中村和生編『概念分析の社会学』ナカニシヤ出版.

瓜生吉則(1998),「〈マンガ論〉の系譜学」『東京大学社会情報研究所紀要』56号.

【V】

Veblen, T(1899), *The Theory of the Leisure Class*. Macmillan. =(2016),村井章子訳『有閑階級の理論』筑摩書房.

【W】

Williams, R(1958 → 1989), "Culture is Ordinary," in Williams, R(Gable, R, ed.) *Resources of Hope*, Verso.

――― ・ Garnham, N(1980), "Pierre Bourdieu and the Sociology of Culture: an Introduction," in *Media, Culture and Society*, (2).

Winch, P(1958), *The Idea of a Social Science and its Relation to Philosophy*. Routledge. =(1977),森川真規雄訳『社会科学の理念——ウィトゲンシュタイン哲学と社会研究』新曜社.

若林幹夫(2000),「都市と郊外の社会学」若林幹夫ほか『「郊外」と現代社会』青弓社.

【Y】

山岡重行(2016),『腐女子の心理学――彼女たちはなぜBL(男性同性愛)を好むのか?』福村出版.

山中智省(2009),「受容と供給の欲望――何を求め、何を生む」一柳廣孝・久米依子編著『ライトノベル研究序説』青弓社.

―――(2010),『ライトノベルよ、どこへいく』青弓社.

吉澤夏子(2012),『「個人的なもの」と想像力』勁草書房.

吉見俊哉(1987→2008),『都市のドラマトゥルギー――東京・盛り場の社会史』河出書房新社.

―――(1996),「overview――消費社会論の系譜と現在」井上俊ほか編『岩波講座現代社会学21　デザイン・モード・ファッション』岩波書店.

―――(2000),『カルチュラル・スタディーズ』岩波書店.

―――(2003),『カルチュラル・ターン,文化の政治学へ』人文書院.

―――編(2001),『知の教科書 カルチュラル・スタディーズ』講談社.

米沢嘉博(2010),『戦後エロマンガ史』青林工藝舎.

【Z】

Zeisel, H(1985), *Say it with Figures, 6th ed*. HarperCollins. =(2005),佐藤郁哉訳『数字で語る――社会統計学入門』新曜社.

神野由紀(1994),『趣味の誕生 百貨店がつくったテイスト』勁草書房.

―――(2015),『百貨店で〈趣味〉を買う――大衆消費文化の近代』吉川弘文館.

【その他】

インターネットラジオ(ポッドキャスト)『僕らはどこにも属さない』第6回(2011年)(神田恵介・森永邦彦・山縣良和).

「ファストファッション「早くて安い」服が人気(これも知りたい)」『日本経済新聞』2009年2月10日夕刊7面.

あとがき 「ふつうの社会学」のために

北田暁大

　以前、友人の社会学者岸政彦がFacebookに「ブルデューは俺だ！」と書いていて、噴いてしまった記憶がある。噴いたは噴いたけれども、別に悪い意味ではなく、私も似たようなことをツイッターに書いたことがあって、「進学校外れ組」のプチブル的ルサンチマンこそがブルデューの神髄なんだよなあ、とあらためて思い、ひとりごちた、ということである。

　気鋭の社会学者にして小説家である彼がブルデューを愛読していたということ、『ディスタンクシオン』を手にしたとき「ここには俺のことが書かれていると思ってむさぼり読んだ」とは何度か聞いていたが、そう、『ディスタンクシオン』は徹底的に三人称で書かれているように見えて、実は一人称の意志に強く彩られているのだ。『ディスタンクシオン』を「最先端の理論」「壮大なグランドセオリー」としてではなく、「俺」のことが書かれている、と一人称的に読んだ岸さんの感覚はとてもよくわかる。

　岸さんとは少し世代がずれるが、大学生であった私はといえば、過剰なまでに『ディスタンクシオン』を小馬鹿にしていた。今であれば分かるのだが、あれは『ディスタンクシオン』が「生ぬるい経験的研究だから（理論的に中途半端だから）」ではなく、そこに自分のことが書かれていることを知っていたからだと思う。日本型の私小説を小馬鹿にして「敬遠」するようにして、私はブルデューを遠ざけていた。それは、そこに書かれている自分の姿をみたくなかったからなのだ。

　ご存じのひとも多いかと思うが、ピエール・ブルデューは1930年に田舎町の下級公務員の家庭に生まれた。幸いにも勉学の才に恵まれていた彼は、その優秀さでもって故郷からの離脱に成功し、戦後リセ・ルイ

＝ル＝グランを経て高等師範学校にてトラディショナルな正統教育を受ける。卒業後リセの教員を勤めているあいだにアルジェリアに出征、終戦後もその場にとどまり教育の現場に携わる。新政府政権下のアルジェリア大学に赴任し、現地調査等で人類学的な業績を積み重ね、64年にはフランス国立社会科学高等研究院（ÉHESS）教授、そして『ディスタンクシオン』を上梓した後81年には、フランス・アカデミアの頂点に位置するコレージュ・ド・フランスの教授として招聘されるにいたる。絵に描いたようなサクセス・ストーリーだ。こんなサクセス・ストーリーを語られては、ふつうは自慢臭がきつすぎて嫌気がさすものである。しかしブルデューのストーリーは、あまりに屈折が入り込みすぎていて、読む者に複雑な感情を抱かせる。

　ブルデューが『自己分析』や各種のインタビューで語る自己物語からは、立身出世の成功者としての誇りに溢れた自慢も、またアルジェ体験を含めさまざまな社会問題へとコミットしていった左派にありがちな自己否定を交えた自己肯定もない。「麻布高校がどうだった」とかいうのは論外として、ひとは往々にして自らを成功者とみるとき、無邪気な自己肯定か欺瞞に満ちた自己否定（こんなに恵まれた自分がそれでも……）に陥りがちである。保守的なひとであれば前者、左派的なひとであれば後者が多いかもしれない。その意味ではブルデューの「リフレクシヴ・ソシオロジー」は後者の系譜に位置するのだが、ところどころで第三者からみると「そんなに成功したのにみっともない」というような恨み節を披露したりする。自己コーディネートに余念のなかったデリダでは考えられないことだ。

『自己分析』にある、当時の社会学の世界的な第一人者――ということがなぜか日本ではあまり知られていないのだが、ブルデューはパーソンズとマートンと並んで御三家と呼んでいる（Bourdieu 2001=2010: 237）――ラザースフェルドに『美術愛好』の原稿に完膚なきまでに赤入れ（青ペンだったようだが）されたエピソードなどは、その典型である。亡くなったラザースフェルドへの恨み節を、いまをときめく世界的スーパ

ースター・ブルデューが繰り返し吐露する。そうしたブルデューの「王道」への複雑な思いは、実は三人称を装っている『ディスタンクシオン』にも垣間見られる。

『ディスタンクシオン』に通底しているのは、「貧乏な田舎出身のひとりの青年が、プロットされた社会空間の位置から逃れるべく、懸命に文化資本を蓄え、その文化資本の成果を正統的な制度に認めさせると同時に、困難な状況にある人びとの軌道の複数性を切り開いていこう」という、ルサンチマンに満ちたノーブレス・オブリージュ（精神的貴族、豊かな者、持てる者の持つべき社会的責務）の精神である。

コレージュ・ド・フランスやリセの教室風景を描く彼の描写は、けっして「わかりやすくするためのたとえ話」にとどまらないリアリティを持っている。それは、おそらくは、上流家庭に育ち、音楽や哲学や文学に子どもの頃から空気のように慣れ親しんでいる（とくに「学習すべき」ことがらではなく）同窓生たちに囲まれ、必死に彼らが身に着けている「空気」を学習しようとしたブルデューの若き日の自画像のようだ。フランスにしても、ドイツにしても、戦前生まれの左派知識人には「いい育ち」のひとたちが実に多い。ベンヤミンやアドルノの生まれ育った環境を想起すれば、彼らの「批判理論」がおそらくはある種の「空気」のなかからノーブレス・オブリージュとして立ち上がったことは間違いないように思える。そのノーブレス・オブリージュの贈与を受けたブルデューは、今度は、贈与すべき立場に立っていた。かつての同窓生たちが空気のようにして身に着けていたノーブレス・オブリージュに神経質になるのもわからないではない。

ドナルド・トランプの大統領選勝利をうけて——出版はそれ以前だが——一挙に全米ベストセラーとなった『ヒルビリー哀歌（Hillbilly Elegy）』の著者J・ヴァンスは、かつて鉄鋼の街として栄えたものの、衰退の一途をたどり、集合的なルサンチマン——かつての「ふつうの層」が享受していた日常が相対的に剥奪された状況——に満たされた故郷、その街にはほぼ関係のないはずの移民による雇用剥奪（感）などに

より社会不安を生み出し、街全体が他者との細かな（というか構築された）差異化により沈みゆく故郷の風景を精細に、しかし、「成功者」としてではなく、「ふつうの白人」として描き出した（*Hillbilly Elegy: A Memoir of a Family and Culture in Crisis*, 2016)。「何者だったのか知らない男と、知りたくもない女」のあいだに生まれ、暴力と嗜癖にまみれた街で育ったヴァンスは、しかし、周囲の援助もあって、構造的な社会的デフレに覆われたその街から抜け出し、イェール大学のロースクールを修了し、いわゆる「勝ち組」の輪のなかに入る。

ヴァンスが描き出す故郷のあり方は、その故郷の持つゆがんだルサンチマンへの嫌悪、その故郷を見殺しにするワシントンへの疑念と、その故郷から他者の助力を得て抜け出したエリートとしての贈与への意志のあいだでゆらいでいる。「この本を書いたのは、私が何か特別なことを成し遂げたからではない。そんな成功など、私と同じような境遇で生まれ育った子どもたちには無縁である」、「この本があつかっているのは、社会的な腐敗に向かい合うことなく、それを増長させていくようなある種の文化なのだ」。ヴァンスの『哀歌』は、文体こそまったく異なっているけれども、イェールでの同輩たちへの距離感を含め、『ディスタンクシオン』の執筆を起動させたブルデューの位置──「「学校貴族集団」への選任と、地方（ど田舎と言いたいところです）の庶民の出自との矛盾を孕んだ一致」（『科学の科学』加藤晴久訳、藤原書店、255頁）──を思い起こさせる。

晩年にはずいぶんと目の粗い新自由主義批判、ポピュリズム批判を展開したブルデューであるが、『ディスタンクシオン』には、隠そうにも隠しようのない一人称的なゆらぎが書き留められている。ヴァンスにおいてもまた、彼がイェールで感じた違和感といら立ちと使命感は不可分のものとして存在している。

『ディスタンクシオン』は、「育ちのいい」エリートたちによる知的反乱がフランスを中心として拡大した60、70年代の終焉の時期に書かれている。調査自体はまさに「ポストモダン」の全盛期になされており、

ブルデューもまたそうした時代の語彙空間から自由ではない。しかし、ジャック・デリダやロラン・バルト、フェリックス・ガタリ、ジル・ドゥルーズといった、言葉を魔術のように操るスターたちとは一定の距離をとりつつ、ルイ・アルチュセールやニコス・プーランツァスといった明確な政治的態度を示す「構造主義者」と対峙しながら、隆盛をきわめていたポール・ラザースフェルドらの計量社会学やハロルド・ガーフィンケルらのエスノメソドロジーを真剣に向かい合うべき仮想敵として設定するなかで、『ディスタンクシオン』は生み出された。第2章でふれたように、イギリスで立ち上がっていた草創期カルチュラル・スタディーズの知見を参照しつつ、である。

ブルデューにとって、一世を風靡していた記号論の職人芸と難解な用語系は、いかにそれが左派的な問題意識に支えられているとはいっても、「知の共有地」としての学術共同体からはみ出した芸であったし、「共有地」を豊かにするにはあまりに衒学的であるように映ったことだろう。また、「知の共有地」の構築作業としては、著者の固有名を消去していくラザースフェルド・マートン的な方法論は豊饒な成果を生み出していることは間違いないものの、独仏社会学が構築してきた全体性への志向があまりに希薄に映ったことであろうも想像に難くない。ノーブレス・オブリージュを差し出すべき立場にいながら、スノビッシュな衒学趣味も、社会の全体的文脈・政治経済学的な構造との連関を欠いた方法のための方法も、ノーブレス・オブリージュの「施し」を受けとった側として、拒絶せざるをえない。それがブルデューの特異な位置である。『ディスタンクシオン』はこの自らの位置を、自分の社会的軌道に重ね合わせながら描き切った作品であるといえるだろう。だからこそそれは、三人称に覆われながらも、きわめて実存的な、一人称的な読みを可能にしてしまうのだ。

*

岸さんが「ブルデューは俺だ！」「『ディスタンクシオン』には俺が書かれている」といったとき、彼が感じとっていたのは、こういうことな

のではないか、と思う。

　一人称性をテクストに持ち込むという点では対極的な位置にあるニクラス・ルーマン——清々しいぐらいブルデュー的な意味での再帰性・自己語りの臭いを感じさせない——に惹かれていた私は、『ディスタンクシオン』がきわめて危険な書であると感じていた。それは理論・学問と市民的行動とを切り分けるという自己格率を脅かすものであったからだ。逆にいうと、その程度には『ディスタンクシオン』の一人称性を読みとっていたともいえる。2010年代にいたるまで私はブルデューを（もちろん読みつつも、言及することを）回避し続けてきた。岸さんと私とでは、まったく研究スタイルが違うのだけれども、不思議と学問的に意気投合することが少なくない（デイヴィッドソンへの愛やシカゴ学派への屈折した評価など）。『ディスタンクシオン』の読み方についても、実は同じ読み方をもって愛する／拒絶するという異なる道筋をたどってきたのではないか、と思う。『同化と他者化』という彼の初の著作を感嘆して読みながら、勝手に感じとっていた共感は、そうしたところにあったのかもしれない。

＊

　本書は、宮台真司氏らが展開する類型論やサブカルチャーにかんする社会学的研究で広範にみられる「差異化・卓越化」という構図そのものを解体し、「卓越化」とは異なる視点からポピュラーカルチャーを分析する視点を差し出すことを企図して準備された。卓越化というのは、現代社会を生きる人びとが何らかの形で関与せざるをえず、また自覚的にかかわったりすることの少なくない「行為の再定式化」である。しかし、私たちは、本当に「卓越化」を社会関係の基本原理として受け止め、内面化したうえで、社会的行為に及んでいるのだろうか。「卓越化している」という認識そのものが、その認識を支えている社会的な行為の理由空間の一部をなしているにすぎないのではないか。そうした問題設定が、本書を通底している。

　『ディスタンクシオン』の三人称性をさまざまな方法で検討し、その一

人称的な性格を炙り出し、ブルデューとは異なる形で「知の共有地」の作り方を指し示していくこと。それが私と、岡澤康浩氏を中心とする解体研メンバー（「『サブカルチャー神話解体』という神話を解体する」といった意味合いでつけられた名称ときく）の共通課題であったと思う。「サブカルチャー神話解体・解体」とはいっても、宮台氏らのサブカルチャー論を解体したいというだけではない。「卓越化・差異化が重要である」と多くの人たちが考えてしまうサブカルチャーの行為空間の自己記述を書きとめ、他のシステムの描き方を模索していくこと、そうすることによって「卓越化」を意味論的な資源として内包したサブカルチャーとは異なる、「ポピュラー文化研究」、真の意味での「サブカルチャー神話解体」が可能となるのではないか、というのが私たちの狙いどころだ。

この問題設定は、個別のテクストクリティーク、つまりテイストの良し／悪しや、政治的に正しい／正しくない、描き方が複雑／単純といったことにかんする判断を基本的に留保し、マンガや小説、音楽、ファッションの受容態勢・様式という外在的といえば外在的な点から、個々の趣味 hobby における taste の位置、趣味が可能にする政治性・社会性といった論点を掘り下げるという基本姿勢につながっている。

個別の作品を評価するという作業は、ひとつには「作品・作者がいかなる意味で社会学的な代表性を持ちうるか」という問いに踏み込まざるをえず、音楽で確かめられたことなのだが、現代においてはたとえ年齢を厳しく絞ったとしても、作品やアーティストにかんして社会学者が議論しうる範囲は相当に限られている、ということがある（もちろん、「社会学的に」という問題準拠を解除すればこの点の精査は依然重要である）。

またいまひとつには、受容のあり方、能動性が議論されてきたわりには、この観点からの――フィールドワーク以外の手法で――議論が多くなされてきたとは言い難く、このメディア論的な視角の利点を前面に出していくという方法を採りたかった、ということがある。私たちはフィールドワークから多くの意味連関を学び、公的な統計から大きな傾向性を知ることが可能となっている。そうした状況の下で、「受容態勢」と

いう点に照準するメディア論的な方法論の精度を確かめていくことにより、部分的に音楽の聴取形態という形で——考えてみればアドルノ以来の問題設定である——宮台氏らが提示した知見を後続する研究に架橋していくこと。これが個別作品・作家を「ブラックボックス化」する第二の理由である。いうまでもなく「ブラックボックス化」には利点も限界もある。しかしそれは個性記述的／法則定立的という対立軸とは異なる研究の方向性を指し示しているものと自負している。

*

岸さんと私とで連続対談する企画があったのだが（有斐閣『書斎の窓』）、そのさいに何度も確認されたのが、「ふつうの社会学をしよう」ということであった。

どういうわけか2012年以降私は「アメリカ社会調査史」というのをやっていて、「デイヴィッドソン好き」「ブルデュー大切」ということを除いても、彼と私の間で何度も「それな」と同意し合っていたのは、この「ふつうの社会学」ということであった。

私自身はいわゆる「ふつうの社会学」をやってきていなかった。計量分析も地をはうようなインタビュー調査もせず、歴史研究の手助けを借りながら、あるいは哲学や倫理学の手を借りながら、歴史社会学や社会倫理学、あるいは社会批評などを手がけてきた。しかし、学者としての職を得て10年ほどたち、本気の歴史学にはかなわないし、倫理学者や哲学にもかなわない、要領のいい人目を引くことをいわせたら批評家には太刀打ちできないという実感もあり、「ふつうの社会学」の系譜をたどっていく作業にとりかかっていた。そんななかでまず最初にラザースフェルドに焦点を定め、方法を身につければ誰にでも可能、しかし方法の習熟には学術共同体による共同的育成と資金と労力が必要、というきわめて凡庸な、しかし、けっして論壇社会学には共有されていないと思われる事柄の生成過程をトレースすることになった。そのかたわらで、論文生産装置としてブルデュー理論が援用されていくことへの疑念がますます高まってきた。ブルデューは、たぶん「ふつうの社会学＋α」を

したかったのだろう。だとすれば、「ふつうの社会学」とはなにで、「α」とはなにか、という問題が頭をもたげてくる。

　本書に結実した共同研究において、「α」よりなにより、というか「α」がなんであるのかを見定めるためにも、「ふつうの社会学」でできることを、共同研究者や潜在的読者に対して理解可能な形で鮮明化し、「知の共有地」の土壌を広げていこう、という姿勢を教えてくれたのは解体研のみなさん、そしてその解体研を組織した現在ケンブリッジ大学にて博士論文を執筆している岡澤康浩さんであった（解体研のメンバーは、岡澤さんのほか、寺地幹人さん［茨城大学］、工藤雅人さん［文化学園大学］、團康晃さん［大阪経済大学］、大久保遼さん［愛知大学］、新藤雄介さん［福島大学］、小川豊武さん［昭和女子大学］、岡沢亮さん［東京大学大学院］、の計8名）。彼の超人的な能力・作業量はいうまでもないが、なにより彼は「ふつうの社会学」が持つはずの「社会的なもの」、固有名や決め文句的な修辞にピン止めされない共同性のあり方、知の贈与交換のシステムを共同研究者たち全員に教えてくれた。制度上は私が指導教員であったが、岡澤さんの知的共同作業の実践からは、とてつもなく大きなことを教えていただいた。解体研のなかでも岡澤さんに格段の謝辞を捧げることに異論のあるメンバーはいないだろう。

　大げさな表現と思われるかもしれないが、「ふつうの社会学」が持ちうる可能性と豊かさを私に教えてくれたのは、間違いなく岡澤さんである。そして岡澤さんや團さん、工藤さん、小川さんの知にかんする贈与の姿勢をコモンズとしてくれたのは、第2章で書いたように、ルーマン、ブルデュー、エスノメソドロジー、哲学を横断する知の共有地の基盤を作っていただいた酒井泰斗さんであることは間違いない。この知の共有地への志向こそが、私をアメリカ社会学史に導いてくれたのだと思うし、ルーマンについての読み方を変える契機となったと考えている。そうした共有地を後続世代に残せる人材となること、それが私の目下の最大の目標である。

　また、本書で扱ったデータの回収率は一般には「低い」と思われるか

もしれないが、選挙と同じで、若い人たちに回答をお願いするアンケートの回収率（とりわけ郵送法）は低くなる傾向があり、昨今の個人情報管理意識の高まりも相まって、この手のアンケートとしてはけっこうに高い率であったといえる。この高い回収率をえるうえで、アンケート用紙そのもののデザインは重要な意味を持っていたと考えている。私たちの勝手な要望を見事に反映してくださり、若い人たちが回答しやすいような調査紙デザインを担当していただいた辻田真麻さんにお礼を申し上げたい。紙幅の都合上本書には添付することができなかったが、調査票そのものはウェブ http://sites.google.com/site/kaken21730402/home で公開している。

最後になったが、北田が散々脱稿を遅らせ、出したかと思うと、予定よりはるかに大きなボリュームとなってしまい、さらには「やはり年度内に」という無茶振りを受けとめてくださった河出書房新社編集部の藤﨑寛之さんに心よりお礼を申し上げたい。キーを差し込んでから3年以上、編者のエンジンがあたたまるのを待ってくださった忍耐力に頭を垂れるしかない。

*

本書は『ディスタンクシオン』を通底する一人称的な問題意識を念頭に置きつつ、それを三人称的、つまり継承可能で知の共有地の拡大へとつながるものへと翻案しようとする、「ふつうの社会学」の試みである。私たちは自らの独創性をことさらにうたい上げることもしないし、一方で「＋α」にかんして禁欲的にとどまったなどというつもりはない。読む人が読めばわかるように、本書の議論は相当に理論負荷的である。しかし、トレース・批判可能な理論負荷性である。書き上げるまでにだいぶ時間がたってしまったが、「類型化のための類型化」「卓越化という視座（でサブカルチャーを解釈してしまうこと）」を相対化するには、多大な時間と労力を要した。

結論はつまらないものかもしれない。しかし、結論にいたるまでのプロセスにまなざしを向けてくれる読者が一人でも多くなってくれる——

つまり知の共有地の共同耕作者が拡大する——よう、強く願っている。

索引

【ア】

アイデンティティ 8, 15, 27, 34, 182, 199, 212-213, 217-218, 232
アクティブ・オーディエンス 47
浅田彰 7
東園子 262, 268-269, 278, 281, 283-284, 295, 302, 307, 310-311, 325
東浩紀 8, 10-12, 38, 44, 108, 113, 138, 261-263, 266, 272, 281, 302, 307, 325
アンケート 8, 18, 41, 118, 125, 139, 142, 144, 183, 200, 286, 312, 350
磯直樹 43, 65, 90, 123
因果関係 63-64, 165, 227, 290
因子分析 105, 109-111, 118, 126, 265, 307, 326
インタビュー 58, 69-70, 79, 88-89, 139-140, 156, 182, 219, 232, 236, 342, 348
ウィトゲンシュタイン（Wittgenstein, Ludwig） 48, 71, 75, 77-81, 123-124, 316
ウィリアムズ（Williams, Raymond） 47, 50-51, 53-54, 120-121
上野千鶴子 15, 36, 209-211
ヴェブレン（Veblen, Thorstein） 34, 208
エスノメソドロジー（Ethnomethodology） 12, 76-78, 81, 123-124, 127, 142-143, 158, 234, 324, 345, 349
江藤淳 137, 302
大澤真幸 8, 45, 307-309
大塚英志 244, 250, 254-258, 281, 306, 323-324
おたく（オタク） 7-10, 13, 15-16, 38, 40, 108, 110, 113-114, 116-117, 157, 163-165, 168, 170-178, 181, 198-199, 231-237, 244-262, 266, 268-296, 298-302, 304, 306-310, 312, 319, 323-325
オーディエンス研究 90, 181-182, 198
オムニボア 43, 68, 84-85, 103, 117-118, 124-125, 316

【カ】

界 13, 16, 26, 43, 49, 57, 62, 64-70, 75-76, 78-79, 81-82, 84-86, 88-91, 99-100, 103, 107, 108-110, 113, 115-120, 123, 125-127, 203, 262-268, 272, 306, 317
階級 26-28, 34, 40-41, 43, 45, 49-50, 61, 63-64, 67, 69, 84-85, 90, 108, 121-122, 124, 165-166, 208-209, 218, 316-317, 321
χ^2検定 101, 111, 166, 168-170, 172-174, 178, 188, 270-271
概念分析（の社会学） 12, 16, 52, 233-234, 269, 324
会話分析 76, 124, 142-143, 158
片岡栄美 43, 45, 124-125, 316-317
金田淳子 181, 186, 198, 232, 236, 266, 312
家父長制 262, 300, 312
柄谷行人 80, 137, 147, 155
カルチュラル・スタディーズ（Cultural Studies／CS） 37, 45-51, 56, 82, 89-90, 119-121, 124, 181, 306, 345
カント（Kant, Immanuel） 29, 51, 68, 84, 125
記号論 15, 37, 45-49, 345
規則性 63, 69-79, 81, 83, 85-86, 123
北田暁大 12-14, 16, 31-34, 36, 41, 43, 45, 80, 121, 124, 140, 179-180
ギデンズ（Giddens, Anthony） 124
軌道 52, 57-58, 62-66, 68-70, 74, 86, 88, 122, 316, 343, 345
ギトリン（Gitlin, Todd） 46
教養主義 83-84, 107, 109, 113, 124, 263, 265-266, 272
クリプキ（Kripke, Saul） 79-80
クロス表 58, 60-62, 91, 97, 114, 166, 168, 170, 173-174, 189-191, 326
クロンバックのα（Cronbach's alpha） 104, 110, 270, 287
桑原武夫 136

経済資本　26, 58, 63–66, 68–69, 122, 263
郊外化　215–218
交互作用　279, 281–282, 289–290, 298, 310
構成的ルール　85, 90, 125
（社会）構築主義　54, 233
ゴフマン（Goffman, Erving）　44, 77, 123
ゴールドソープ（Goldthorpe, John）　28, 55–57, 68, 121
近藤博之　66, 68, 123

【サ】
差異化　15–16, 28, 31–32, 34, 36–38, 49, 63, 90, 114, 117, 121, 124, 155, 208–211, 214, 218–220, 227, 263, 268, 321, 346–347
サックス（Sacks, Harvey）　78, 124, 234, 240, 246, 254, 324
サブカルチャー（サブカル）　7–9, 13, 15, 18, 48–49, 56, 82, 84, 89, 113, 119, 124–125, 137, 155, 163–165, 168, 170–172, 174–178, 186, 199, 211, 214, 262, 267–268, 346–347, 350
『サブカルチャー神話解体』　8, 119, 318, 347
サール（Searle, John）　85, 124–125
ジェンダー　15–16, 46, 89, 103, 161, 163–165, 168–170, 172, 176–177, 179–180, 182, 184, 186, 188, 191–192, 195, 197–200, 262, 268–269, 273, 276–278, 284–286, 289–294, 298, 300–303, 306, 309, 311–312
シカゴ学派　89, 120, 306, 346
思想の科学　135–136, 156, 181
滴り理論　208–209, 220, 321–322
質問紙　18, 92, 125–126, 139, 142, 147, 155–156, 158, 166, 170, 180, 182, 218, 310, 318, 323
社会空間　57–58, 63–67, 69, 75, 77–79, 81, 83–84, 86, 88, 103, 108, 113, 115–117, 121, 123–124, 263, 268, 343
シャルチエ（Chartier, Roger）　132–133, 155, 320
重回帰分析　60–62, 122, 281, 298, 307, 310
従属変数　60–62, 109–110, 158, 274, 279–282, 287–291, 298–299
主成分分析　126
趣味　7–8, 12–14, 21–25, 27, 44, 50–54, 56, 58, 60–61, 64–65, 67–70, 74, 81–82, 84–85, 87, 89–94, 96–97, 99–104, 107–118, 121–122, 125–127, 140–153, 154–160, 164–165, 171, 180, 198, 200, 236, 238, 241, 243, 251–252, 261, 263–270, 272, 277–283, 286–287, 289, 292–293, 299, 306–308, 310–311, 315, 318, 347
趣味縁　99–100, 102–103, 109, 113, 115, 264–266, 269, 279, 281, 283, 289
象徴闘争　47, 52, 68–70, 72–75, 77–78, 82, 84–89, 91, 100, 108, 120, 125, 263, 266–267, 305–306, 311
消費（消費社会／記号消費／顕示的消費／文化消費）　8, 15, 30–44, 49, 54, 85, 99–100, 102, 108, 113, 120, 140, 145, 154, 156, 158, 174–175, 183, 185, 198, 207, 209–211, 214–217, 256–259, 261–270, 272–273, 277–278, 281, 283–286, 290, 295, 302, 306–307, 325
ジンメル（Simmel, Georg）　208, 220, 322
スクリティニー派　120
成員カテゴリー　81, 324
生活様式空間　57–58, 63–70, 72, 74, 77–79, 82–83, 86, 88, 91, 99, 114–117, 121, 123–125
正規分布　104
セクシュアリティ　262, 284–286, 312
説明変数（被説明変数）　147–148, 150–151, 158
センス　14, 21–24, 42
相関係数（相関関係）　60–61, 97, 99–102, 104, 111, 125, 188, 195–199, 264
相関図消費　262, 268–269, 272–273, 278, 281, 283–285, 302, 307, 325
ソーントン（Thornton, Sarah）　29–30, 34, 36, 43, 45, 48, 90, 120, 263, 306

【タ】
対応分析　57–58, 60–71, 75, 78–79, 81, 86, 88, 91, 114–116, 120, 122–123, 125, 268, 293, 311
瀧川裕貴　54, 57, 65–66, 68, 122–123, 127
卓越化　15–16, 28, 45–50, 52, 63, 69–70, 73, 75, 78, 81–83, 85–88, 90–92, 103, 107–109, 113, 116–118, 120–121, 124–125, 208–209, 262–263, 265–268, 306, 315, 346–347, 350
多重共線性　62, 110, 281, 288, 307
ダミー　110, 112, 148, 150–154, 158, 280, 282

単行本　179–181, 188–193, 195–200, 295, 311
辻泉　92, 120, 263, 302
鶴見俊輔　7–8, 135–137, 156, 181
t検定　94, 168
ディスタンクシオン（Distinction）　14, 23, 25, 45–46, 48, 54, 57–58, 60, 66, 70, 73–74, 88, 120–123, 267, 315–317, 341, 343–346, 350
テイスト（Taste）　13–15, 23–34, 36–44, 52, 56–57, 83–84, 89–90, 104, 107–108, 114, 116, 131–134, 136, 138–140, 146–147, 153–156, 162, 265–266, 347
データベース消費　108, 113, 261–263, 266, 268–270, 272, 281, 283–284, 302, 306–307, 325
投稿ハガキ　236–240, 242, 244–245, 248–250, 258
統制的ルール　72–74, 85, 125
独立変数　60–62, 109–111, 122, 127, 158, 274, 279, 282, 287–290, 298, 307

【ナ】
中森明夫　235, 237, 244–259, 323
難波功士　34, 211, 213
二次創作　16, 111–113, 181–182, 196–200, 269–273, 278–286, 289–295, 298–300, 302, 304, 307–309, 311–312

【ハ】
橋本健二　45, 121, 124, 317
ハッキング（Hacking, Ian）　52, 234, 236, 324
ハビトゥス　46, 54–57, 68, 70–71, 73–81, 86–87, 89, 103–104, 109, 120, 124–125, 263
ハルゼー（Halsey, A.H.）　55–56, 121
BL（ボーイズラブ）　186, 266–267, 284–285, 293, 295–297, 301–302, 305–307, 310–311, 325–326
ピーターソン（Peterson, Richard A.）　43, 84, 316
PwP（Plot what Plot、Porn without Plot）　305, 307
表現論　181
φ係数　101, 264
ファスト風土化　216
ファッション　7, 15–16, 52, 93, 96–97, 99–102, 117, 184–185, 187–188, 196, 198, 205–208, 210–222, 224–228, 264, 321–323, 347
ファン研究　181–182
フィールドワーク　13, 45–48, 51, 53, 68–69, 89, 120, 261, 315, 347
藤本由香里　301
腐女子　13, 16, 181, 198–199, 268–269, 273, 277–278, 281, 283–290, 292–296, 298, 300–304, 307, 309–310, 312, 323–326
ブードン（Boudon, Raymond）　120
ブルア（Bloor, David）　78–79
ブルデュー（Bourdieu, Pierre）　13–14, 17, 23–34, 36–58, 60–84, 86, 88–92, 99–100, 103, 107–109, 113–114, 116–118, 120–125, 127, 132–134, 136, 139, 146–147, 153–157, 162, 165, 208–209, 262–263, 266–268, 306, 311, 315–318, 322, 326, 341–349
文学　9, 14, 120, 133, 136–139, 147, 155–157, 160–162, 165, 176, 271, 320, 343
文化産業　35, 37
文化資本　14, 26, 46, 49, 54–58, 63–66, 68–69, 74, 78, 84, 86, 89–90, 103, 120, 122, 124, 263, 267–268, 306, 316, 343
文化社会学　13, 17, 26, 28–30, 34–35, 38, 40, 44–45, 50–52, 54, 82, 84, 88, 119, 181
文化論的転回　45, 51, 54, 90, 117, 119
分散分析　126, 282, 287–288, 291
ヘルツォーク（Herzog, Herta）　46
ベネット（Bennett, Tony）　29, 40, 51, 67–68
ヘブディジ（Hebdige, Dick）　89
偏相関係数　99, 264
ボアズ（Boas, Franz）　51, 53–54, 73
母集団　166
ポストモダニズム　37
ボードリヤール（Baudrillard, Jean）　35–38, 40, 120–121, 124, 209–210, 325
ポピュラーカルチャー（ポピュラー文化）　29–30, 32–34, 40, 90, 118, 135, 346–347
ホモソーシャリティ　284
ホール（Hall, Stuart）　46–48
ホワイト（Whyte, William Foote）　120

【マ】

前田愛　135, 160, 162, 165, 320
マンガ　7, 14-15, 40, 84, 92-93, 97, 99-102, 109-117, 125-127, 137, 157, 179-200, 236, 247, 249-250, 252, 262, 264-265, 267, 269-280, 282, 284, 295-299, 310-311, 325-326, 347
マンガ雑誌　179-181, 183-188, 190-195, 197, 199-200, 236
マンガ論　181-182
三浦展　12, 216
三浦直子　71, 123, 127
見田宗介　7, 45, 136
南田勝也　100, 104, 120, 263
宮台真司　8-11, 17, 36, 113, 118, 121, 231, 263, 318-319, 346-348
毛利嘉孝　48, 50, 108
萌え　44, 113, 261-262, 269, 272, 277, 281, 295, 302, 307
森川嘉一郎　278, 307, 312
守如子　285, 296, 301, 303

【ヤ】

やおい　181, 186, 266-267, 269, 272, 285, 296, 301-302, 305-307, 311-312, 325
有意　93, 97, 99, 101-102, 104, 107, 111-112, 122, 125-126, 151, 153-154, 158, 166-167, 169-170, 173-176, 178, 188-192, 197, 199, 220-228, 264, 270-271, 273-274, 277-282, 289-292, 298-299, 306, 308
吉見俊哉　8, 44-45, 48, 121, 212-213
吉本隆明　7-8

【ラ】

ラザースフェルド（Lazarsfeld, Paul）　46-47, 54, 89, 120, 310, 342, 345, 348
ラドウェイ（Radway, Janice）　46, 89
ラベリング論　234
理想的親密状態　303
リッチ（Rich, Adrienne）　304, 312, 326
リービス（Leavis, Q.D.）　134
理由分析　142, 158
リンチ（Lynch, Michael）　78-80, 123, 125, 127
ルーマン（Luhmann, Niklas）　8, 54, 80, 121, 124, 276, 309, 346, 349
ルール（規則）　63, 68-81, 83, 85-88, 90, 108-109, 114, 123-125, 127, 208, 263, 267-268, 311
レヴィ＝ストロース（Lévi-Strauss, Claude）　73, 316
レズビアン連続体（Lesbian Continuum）　304-305
ロジスティック回帰分析（Logistic regression）　109-110, 112, 148, 151-152, 265

【ワ】

若者論　11-13, 319

河出ブックス 103

社会にとって趣味とは何か──文化社会学の方法規準

2017年3月30日	初版発行
2017年4月30日	2刷発行

編著者　　北田暁大＋解体研

発行者　　小野寺優

発行所　　株式会社河出書房新社
　　　　　〒151-0051　東京都渋谷区千駄ヶ谷2-32-2
　　　　　電話03-3404-8611（編集）／03-3404-1201（営業）
　　　　　http://www.kawade.co.jp/

装丁・本文設計　　天野誠（magic beans）

組版　　株式会社キャップス

印刷・製本　　中央精版印刷株式会社

落丁・乱丁本はお取り替えいたします。
本書のコピー、スキャン、デジタル化等の無断複製は著作権法上での例外を除き禁じられています。本書を代行業者等の第三者に依頼してスキャンやデジタル化することは、いかなる場合も著作権法違反となります。
Printed in Japan　ISBN978-4-309-62503-4

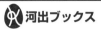

長谷部恭男
法とは何か
法思想史入門【増補新版】
62484-6

人が生きていく上で、法はどのような働きをするか。先人の思想の系譜を読み解き、法とともにより善く生きる道を問う、法思想史入門書の決定版。

斎藤美奈子／成田龍一［編著］
1980年代

62489-1

「戦後」の転換点にして、「いま」の源流とも言えるこの時代を、分野の異なる書き手たちが、鼎談・論考・コラムを組み合わせながら多角的に問い直す。

苅谷剛彦［編著］
「地元」の文化力
地域の未来のつくりかた
62475-4

フィールドワークと調査データをつうじて、Uターン・Iターンといった人の移動と、地域文化に生きる人びとの実像から、日本の「地方」の現在を活写。

長山靖生
「世代」の正体
なぜ日本人は世代論が好きなのか
62478-5

大正青年、焼け跡、団塊、バブル、ゆとり、脱ゆとり……若者たちのメンタリティと大人たちの視線が織りなす100年の物語を通覧する画期的日本社会論。

タイトルの次の数字はISBNコードです。頭に［978-4-309］を付け、お近くの書店にてご注文下さい。

河出ブックス

橋本健二
「格差」の戦後史
階級社会 日本の履歴書【増補新版】
62466-2

いかにしてこのような社会が生まれたのか――根拠なき格差論議に終止符を打った現代社会論の基本文献。「地域間格差」「若者」「主婦」をめぐる章を増補。

橋本健二
はじまりの戦後日本
激変期をさまよう人々
62490-7

戦争によって膨大な数の人々が社会的地位を失い、生きるすべを求めてさまよった。社会のマクロな変化と個人のミクロな経験をともに描く戦後社会形成史。

浅野智彦
「若者」とは誰か
アイデンティティの30年【増補新版】
62488-4

オタク、自分探し、コミュニケーション不全症候群、キャラ、分人……若者たちのリアルと大人たちの視線とが交わってはズレてゆく、80年代からの軌跡。

若林幹夫
未来の社会学

62476-1

「未だ来たらざるもの」を人間はいかに想像し、思考し、時にとりつかれてきたか。未来の「取り扱い方」と社会のあり方との関係を問う冒険的未来論。

タイトルの次の数字はISBNコードです。頭に [978-4-309] を付け、お近くの書店にてご注文下さい。

河出ブックス

溝口紀子

性と柔
女子柔道史から問う
62464-8

オリンピック銀メダリストにして気鋭の社会学者、衝撃のデビュー作！　不祥事が相次ぐ柔道界、その根にある古びた性差を歴史の縦軸から解き明かす。

小熊英二[編著]

平成史
【増補新版】
62468-6

気鋭の書き手たちが描く、新たなる現代史のすがた。執筆：小熊英二、井手英策、貴戸理恵、菅原琢、中澤秀雄、仁平典宏、濱野智史、韓東賢。

永井良和

定本　風俗営業取締り
風営法と性・ダンス・カジノを規制するこの国のありかた
62485-3

「悪い遊び」はいかに規制されてきたか。「風営法」の展開を跡づけつつ、移りゆく娯楽と権力のあり様を活写。「クラブ」「カジノ」について増補した決定版。

永井良和

スパイ・爆撃・監視カメラ
人が人を信じないということ
62425-9

他者を信じられなくなると、何が起こるか――。左翼の地下活動から、無差別爆撃、近年のセキュリティ技術までを一筋に描いてみせる、かつてない社会史。

タイトルの次の数字はISBNコードです。頭に [978-4-309] を付け、お近くの書店にてご注文下さい。